采购师职业技能鉴定培训教程
高等院校规划教材

采购谈判与采购方式

王 刚 刘 鹤 编 著
杨丽萍 王琛宁 参 编

电子工业出版社
Publishing House of Electronics Industry
北京 · BEIJING

内 容 简 介

本书以采购师职业技能鉴定标准为依据，内容编写主要解决"为什么（Why）"，以加强采购理论知识、深化采购职业理念、提升采购管理能力为目的。全书对采购流程中的实操模块——采购沟通与谈判，以及采购方式的选择进行了详细的讲解。相信读者研读完整本教材后，能够独立完成专业层面的采购工作，并能够配合上级领导完成采购项目管理、采购方式选择等管理工作。

本书适用于高年级本科生、研究生和采购师职业培训，以及包括商贸流通业、生活服务业、制造业、政府采购部门在内的所有涉及与物料的供给与管理有关的企事业单位、政府部门的在职工作人员；有志于从事采购与供应链工作的下岗失业人员、就业前人员、转岗转业人员、农村劳动力、退役军人。

图书在版编目（CIP）数据

采购谈判与采购方式 / 王刚，刘鹤编著. —北京：电子工业出版社，2016.2
ISBN 978-7-121-27842-6

Ⅰ．①采… Ⅱ．①王… ②刘… Ⅲ．①采购管理－高等学校－教材 Ⅳ．①F253.2

中国版本图书馆 CIP 数据核字（2015）第 301407 号

策划编辑：张云怡
责任编辑：刘元婷
印　　刷：三河市鑫金马印装有限公司
装　　订：三河市鑫金马印装有限公司
出版发行：电子工业出版社
　　　　　北京市海淀区万寿路 173 信箱　　　　邮编：100036
开　　本：787×1 092　1/16　　印张：12.25　　　字数：313.6 千字
版　　次：2016 年 2 月第 1 版
印　　次：2016 年 2 月第 1 次印刷
印　　数：3 000 册　　定价：39.00 元

前　言

　　为了实现科学合理的采购管理，推动采购师职业培训和职业技能鉴定工作的开展，在采购师从业人员中推行职业资格认证制度，我们集聚行业内的专家于 2013 年 6 月完成《采购师国家职业标准》修订工作（以下简称"标准"）。即以 2005 年劳动部颁布的《采购师国家职业标准》为基础，结合广东经济发展对采购从业人员岗位能力需求的实际，开展对《采购师国家职业标准》的修订工作，并组织参加"标准"修订和审定的专家与产业集群的有关专家对广东省采购行业进行广泛调研，将高级采购师、采购师、助理采购师、采购员每一级别工作岗位的职责所对应的主要知识点进行细分，编著了"采购师职业技能鉴定系列教程"（以下简称"教程"）。

　　"教程"的大纲紧贴"标准"的基本要求，"教程"的内容紧贴"标准"的工作要求，围绕其工作内容、技能要求和相关知识展开。内容上力求体现"以职业能力为核心，以职业活动为导向"的指导思想，突出职业培训特色；结构上针对采购师职业活动的领域，按照模块化的方式，分级别进行编写。本"教程"以"必须、够用、实用"为度，从实际应用出发，理论联系实际，避免不必要的理论探讨和阐述，强化了实用性和实践能力的训练与培养。本"教程"编写中注重知识的科学性和先进性，以及与企业实际的贴近，内容上吸收了企业先进的采购与供应管理的实践经验，以适应采购管理的快速发展。

　　本书的编写目的是使本科生、研究生及具有一定行业经验的从业者能够不断提升自身水平，除了能独立完成一定难度的采购项目的工作外，还能展现出独当一面的采购中层管理人才的潜质。本书主要面向于高年级本科生、研究生及已有较丰富的采购理论知识基础，拥有实际采购工作经验的人员。

　　本书的编写参与者有广东外语外贸大学王刚副教授、广东省经济贸易职业技术学校王琛宁老师、广西师范大学刘鹤老师、杨丽萍老师等。本书在编写过程中得到广东外语外贸大学、广东省职业技能鉴定指导中心、广州物流职业教育集团、广东省采购与供应链协会等单位的大力支持，在此表示衷心的感谢。

　　由于笔者的学识和能力有限，也由于采购管理正在快速发展，本书仍存在许多不足之处，敬请读者批评指正。

王　刚

2015 年 10 月 24 日

目　　录

第一章　商务沟通 ……………………………………………………………………… 1
　　　　　本单元知识结构图 …………………………………………………………… 2
　　1.1　商务沟通概述 ………………………………………………………………… 2
　　　　　1.1.1　商务沟通的意义 …………………………………………………… 3
　　　　　1.1.2　商务沟通的类型 …………………………………………………… 4
　　　　　1.1.3　商务沟通的要素 …………………………………………………… 10
　　　　　1.1.4　商务沟通的过程 …………………………………………………… 13
　　1.2　组织沟通 ……………………………………………………………………… 17
　　　　　1.2.1　组织沟通的分类和特点 …………………………………………… 17
　　　　　1.2.2　影响组织沟通的因素 ……………………………………………… 24
　　　　　1.2.3　选择组织沟通的方式 ……………………………………………… 25
　　1.3　跨文化沟通 …………………………………………………………………… 27
　　　　　1.3.1　跨文化沟通的定义 ………………………………………………… 27
　　　　　1.3.2　跨文化沟通的障碍 ………………………………………………… 28
　　　　　1.3.3　提升跨文化沟通的技能 …………………………………………… 31

第二章　采购谈判 ……………………………………………………………………… 33
　　　　　本单元知识结构图 …………………………………………………………… 34
　　2.1　采购谈判概述 ………………………………………………………………… 34
　　　　　2.1.1　采购谈判的重要性 ………………………………………………… 35
　　　　　2.1.2　采购谈判的特点 …………………………………………………… 36
　　2.2　影响采购谈判的因素 ………………………………………………………… 37
　　　　　2.2.1　物料属性 …………………………………………………………… 37
　　　　　2.2.2　供需双方的关系 …………………………………………………… 39
　　　　　2.2.3　供方对需方的感知 ………………………………………………… 41
　　　　　2.2.4　供需双方谈判相对地位 …………………………………………… 43
　　2.3　采购谈判的过程 ……………………………………………………………… 45
　　　　　2.3.1　采购谈判的一般过程 ……………………………………………… 45
　　　　　2.3.2　准备阶段 …………………………………………………………… 46
　　　　　2.3.3　分析建模 …………………………………………………………… 53
　　　　　2.3.4　谈判阶段 …………………………………………………………… 56
　　2.4　采购双赢谈判 ………………………………………………………………… 64

2.4.1 双赢谈判在采购中的有利作用 ······························ 65

2.4.2 双赢谈判的障碍 ·· 66

2.4.3 如何实现采购中的双赢谈判 ······························ 67

2.4.4 双赢谈判中的技巧 ·· 69

2.5 采购谈判技巧 ··· 71

2.5.1 常用技巧 ·· 71

2.5.2 特殊技巧 ·· 78

第三章 招标投标采购方式 ·· 80

本单元知识结构图 ··· 81

3.1 招标投标制度的建立与发展 ····································· 82

3.1.1 招标投标制度的发展历程 ·································· 89

3.1.2 招标投标制度的现状 ······································ 91

3.1.3 招标投标制度的发展方向 ·································· 93

3.2 招标与拍卖、招标与合同 ······································· 94

3.2.1 招标投标的概念与特性 ···································· 94

3.2.2 招标的方式和方法 ·· 95

3.2.3 招标与拍卖的区别 ·· 97

3.2.4 招标与合同的关系 ·· 98

3.3 招标的范围、采购组织方式与招标投标的作用 ····················· 98

3.3.1 招标的范围 ·· 98

3.3.2 招标投标的作用 ·· 100

3.3.3 招标采购组织方式 ·· 100

3.4 招标投标的基本程序和工作要求 ································· 101

3.4.1 招标准备 ·· 101

3.4.2 组织资格审查 ·· 104

3.4.3 编制发售招标文件 ·· 118

3.4.4 现场踏勘 ·· 121

3.4.5 投标预备会 ·· 122

3.4.6 编制、递交投标文件 ······································ 122

3.4.7 组建评标委员会 ·· 123

3.4.8 开标 ·· 123

3.4.9 评标 ·· 126

3.4.10 中标 ··· 138

3.4.11 签订合同 ··· 139

3.5 招标投标争议的解决 ··· 142

3.5.1 招标投标常见的争议及其表达方式 ························· 142

3.5.2 招标投标争议的预防和处理 ······························· 146

3.6 招标投标的行政监督和行业自律 ································· 150

3.6.1 招标投标的行政监督 ·· 150

3.6.2 招标投标的行业自律 ·· 151

第四章 政府采购 ·· 172

本单元知识结构图 ·· 173

4.1 政府采购的范围、特点和方式 ································ 174

4.1.1 政府采购的范围和管理 ·· 174

4.1.2 政府采购的基本原则和特点 ·································· 175

4.1.3 政府采购的方式 ·· 175

4.2 政府采购的条件、组织和程序 ································ 178

4.2.1 政府采购的实施条件 ·· 178

4.2.2 政府采购的组织形式 ·· 178

4.2.3 政府采购的程序 ·· 178

参考文献 ·· 186

第一章

商务沟通

知识目标

1. 了解商务沟通的意义
2. 了解商务沟通的各种不同类型
3. 详细了解商务沟通的各个要素
4. 了解商务沟通的过程
5. 了解组织沟通的各种类型
6. 了解组织沟通的特点
7. 掌握不同沟通类型的沟通技巧
8. 详细了解影响组织沟通的各个要素
9. 掌握选择组织沟通的不同方式的方法
10. 了解跨文化沟通的含义
11. 了解影响跨文化沟通的障碍
12. 掌握跨文化沟通的原则

能力目标

1. 能够根据不同的商务背景选择不同的沟通方式
2. 学会如何根据不同的沟通对象选择不同的沟通方式
3. 能够根据不同的组织沟通类型熟练运用各种沟通技巧
4. 能够在跨文化背景下进行有效的商务沟通
5. 能够综合运用各种沟通知识合理分析沟通对象、沟通方式和类型，从而进行高效的商务沟通

本单元知识结构图

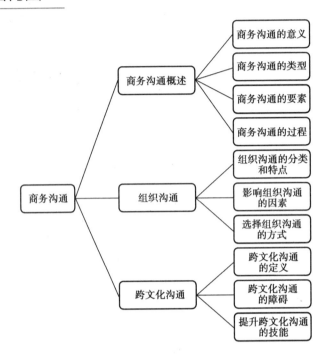

1.1 商务沟通概述

引导案例

　　李先生毕业已经 4 年了，由于大学本科所学的专业是应用电子，所以他在毕业后一直从事电子硬件方面的研发工作。与许多大学生一样，李先生在刚开始上班时并没有清晰完整的职业规划，工作 4 年之后，李先生将自己在校园学到的理论知识应用于实践的同时，也慢慢熟悉了一些职场规则。李先生仔细分析了自己的教育背景和职业背景之后，着重考察了自己所处的电子行业的发展趋势，他发现随着信息时代的发展，传统制造加工业等第二产业在中国经过近 30 年的发展，已经接近成熟，各个行业分工更加精细，各个行业的专业人才数量逐年递增，行业之间的整合趋势也越来越明显，各个行业都在考虑如何整合上下游之间的链条来主导整个供应链。在这样的商业背景下，李先生觉得应该结合社会发展趋势给自己做一个完整的职业规划，更希望在职业生涯上有个转折点。考虑到自己性格偏外向，乐于与人沟通，李先生决定寻找机会，借助自己的技术研发背景向采购与供应链方向发展。

　　将这些背景分析清楚之后，李先生开始寻找机会更换新的工作。投过不计其数的简历后，终于获得几次面试机会。然而，由于李先生之前从事的是技术研发工作，所以并不了解商务沟通的各种技巧。每次面试，在面试官提出问题之后，李先生虽然心里知道如何回答，表达出来的却总是含糊不清，他总是忍不住要将自己的想法通过画图或列表展示给面试人员。几次面试之后，就再也没有下文。有一次，参与面试的除了人事部门的人员外，还有了一位采购部门的供应商质量管理专员，面谈结束之后，这位供应商质量管理专员告诉李先生："你的专业知识非常丰富，这将是你从事采购与供应链工作非常宝贵的经验，然而这也将成为你与人沟通的障碍。你需要将大脑中的知识完整呈现，并转化为能够支持你的采购职业发展的有力工具。我曾经是一名研发工程师，也走过你这一段路，不管是技术人员向采购转型，还是采购人员本身进行职业发展，都需要高效的商务沟通技巧，因为采购人员本身就起着桥梁、窗口的作用，需要将供需双方的信息进行加工，并实现有效的传递和交流。"李先生听后犹如醍醐灌顶，内心的疑惑也得到了一些解答。李先生决定开始了解并学习商务沟通的基本知识，同时也尝试创造性地将自己已有的知识结构结合到商务沟通中，成为自己的知识体系和应用宝库。由于李先生找到了理想与现实之间的桥梁，能够理清目前转型的切入点，因此在寻找新的方向时，目的更明确，信心也倍增。后来，在本企业内的一次岗位轮换时，李先生将自己近几年来积累的技术经验及产品经验进行了逻辑性分析，并对电子行业的前景进行了合理的预测，从而分析自己在这种趋势中可以把握哪些机会。通过这些信息展示，李先生成功地将自己的经验、知识进行口头包装，又成功地将自己作为产品进行推销，最终脱颖而出，得到本企业高层管理者的普遍认可，李先生也成功地转换到采购与供应链部门担任供应商质量管理工程师一职。

案例启示：在信息时代，人们面对的不再是信息匮乏而是信息泛滥，作为职场商务人员，如何将自己的需求、意向、目的编译成信息，如何通过有效的语言组织实现高效的口头表达，是每个商务人员都需要学习和训练的技巧。作为采购与供应链的专业人员，更需要清晰、有效地将短期需求及长远期望进行简要、有效的表达，同时学会在众多繁杂的信息流中捕捉有助于自身需求的信息。商务沟通在职场中扮演着举足轻重的角色，随着社会经济的发展，企业开始关注沟通技巧胜过关注专业背景，这也是为何随着管理者职位的上升，企业对其商务沟通等综合素质的要求也越来越高的原因。

在商务活动中，双方在商务合作前期会通过商务沟通，如谈判等方式明确合作的相关条款。采购人员在商务沟通中，需要将需方组织的需求、愿景和期望进行信息加工并实现有效传达，从而促进供需双方的顺利合作，同时争取己方最大的利益空间。可见商务沟通在采购专业人士的职业生涯中起着举足轻重的作用。根据不同的沟通媒介、不同的沟通对象、不同的沟通背景，商务沟通也表现出不同的沟通特点，从而可以对这些不同的沟通进行分类，每种类别又有其特别需要关注的因素。只有关注并把握这些要素，才能掌握商务沟通制胜的秘诀。商务沟通也有其不同的阶段和过程，作为采购专业人士需要合理把握沟通的进度并能够掌握整个沟通的局面，从而获取对供需双方有力的信息，争取双方合作的机会。

1.1.1　商务沟通的意义

信息爆炸时代，知识更新的速度远远超出我们的学习速度。作为职场商务人员，每天都在接触着各种不同的信息，因此许多商务人士已学会吸收对自己有利的信息，并将其加工成为对自己的职业产生有利价值的原料。在采购与供应链领域，采购专业人士应学会甄别各种信息来源和学会将自己的需求和期望通过有逻辑性、有说服力的表达方式呈现出来，给采购职业生涯锦上添花，更为企业组织带来高效的增值。在企业组织中，采购专业人士对内面对着计划部门、财务部门、工程部门、品质部门和各种从外部组织输入内部组织的其他部门，对外同样面对着供应商组织的不同部门，采购人员扮演着组织喉舌的重要角色。采购人员在组织中是连接内部组织与外部环境的桥梁，因此采购人员进行的信息传递非常频繁，同时也非常重要。正确和快速地接收信息，并对信息进行加工整理，再将信息有效传递给相关人员，在工作中占有非常大的比重。在商务谈判场合中，采购人员的商务沟通和谈判能力能在短期内将实际产生的价格差通过纯利润的形式体现出来。在谈判场合，少则几千、上万元的交易，多则百万、上亿元的金额，若能掌握商务沟通和谈判的各种技巧，则能直接将成本节约转换成企业的利润和绩效。由此可见，商务沟通和谈判的知识与技巧已成为采购专业人士在职场中获得成功的有利武器，也是企业挖掘和培养高级人才的考核标准之一。

沟通是指通过语言、符号和行为传递或交换信息、想法和情感。商务沟通，顾名思义，是在商务环境下进行的沟通，一般包含商品买卖、信息交换等。纵观采购人员的整个日常职业生活，无论在刚起步的中小企业，还是在世界 500 强的跨国公司，或是政府机关和社群组织，他们与组织内各个部门的人员在交换意见、读写报告、写电子邮件、参加会议、进行谈判中都存在商务沟通。商务沟通在采购与供应链职业人员的职业生活中的重要作用已经不言而喻。

1.1.2　商务沟通的类型

由于采购人员面对的部门众多，沟通的对象也非常复杂，可选择的沟通媒体也变得多种多样，根据这些不同特性，沟通的方式和特点也不尽相同，需要掌握与运用的沟通技巧也各有千秋。

1. 根据沟通方式不同，商务沟通可分为语言沟通、肢体语言沟通和书面沟通

（1）语言沟通。

语言沟通是指将想法和意识等脑海中的信息通过语言，有逻辑、有层次地组织并表达出来。日常工作中的听、说、读、写都属于语言沟通。语言沟通在生活和工作中扮演着与外界沟通，将自己对外界的理解进行传递和交流的重要角色。但是很多职场人士并未意识到语言沟通的重要性，语言表达不清晰，对语言的准确度和精练度要求也不高。高效的语言沟通，不仅能够获得良好的同事关系，也容易得到领导的认可。在公众场合，出彩的语言表达能力经常能够给自己的职场生涯带来意外的惊喜。在与外部沟通的过程中，语言的魅力不仅能带来良好的个人形象，也代表着所在企业组织的形象。

要运用好语言沟通，不仅需要平日积累，更重要的是找到有效的方法。

① 需要锻炼思维能力。一个思想水平不高的人是无论如何说不出高水平的话来的，纵然强调语言表达技巧，也只会给语言带来华而不实的感觉。作为采购专业人才，更需要通过学习基本职业知识和文化知识来提高自己的职业水平，采购人员需要广泛涉猎各方面知识，从基本能力开始锻炼。

② 要求采购人员要有从企业层面出发的大局观。采购专业人员若一直将眼光局限在有限的框架内，不管是企业框架、行业限制还是观念桎梏，都将影响采购人员对大局观的塑造。一个能从行业高度、企业组织角度考虑问题的专业人士在进行语言表达时，其考虑问题的长远性能够明显体现大局观和全局观。有了这些观念的突破，语言表达水平也会相应提高一个台阶，职场人士也不会将眼光局限于个人得失与利益上面。

③ 需要学习语言表达技巧。在进行语言沟通之前，需要明白沟通的目的是什么，再考虑通过何种方式呈现，所有的技巧和方法都是围绕最终目的而服务的。在进行语言呈现时，不仅要求结构清晰，合理遣词造句，同时也要求对语速、语音和语调进行合理把握。语言沟通最基本的要求是意思表达清晰准确，所以基本的逻辑要清晰。在商务场合，对词句的要求也以清晰明白为准，避免华而不实的辞藻。

（2）肢体语言沟通。

肢体语言包括身体移动、手势动作、头部动作及眼神、神态等。在商务场合，能够用到肢体语言的地方有需要演示的场景和会议谈判场景。

① 在演示场景，会涉及身体的移动。商务人士需要根据舞台的大小和现场的布置来确定身体移动的范围和幅度。由于演示需要，合理地移动身体，配上手势和头部动作会给演示带来生动的效果，避免生硬和死板。需要注意的是，所有的移动都是为商谈主题而服务的，不可毫无目的地移动，带给受众飘忽和不稳重的感觉。

② 在会议谈判场景，商务人士大多坐在谈判桌前。这种场合无须移动身体，但却增加了对手势、头部动作和眼神的要求，个人的沟通风格通过这些非语言的辅助形式进行表达。一个高效的商务谈判者通过观察这些细微的表情变化和动作形式来揣摩说话者的深层动机和实际目的。同时，通过观察对方的神情动态，也能极大地提高自己的洞察力。

值得一提的是，作为采购专业人士，由于供需双方的市场地位不平等，经常会出现沟通者言不由衷的表达。作为采购职业人士，需要对说话者的真实可靠性进行甄别和揣摩，而对对方这些肢体语言的解读和观察就是获取其真实意图和实际目的的一个有效渠道。这就要求我们的采购专业人员在平日的沟通与谈判中进行观察总结和积极实践。

（3）书面沟通。

将想法和意识通过书面文字表达出来的都属于书面沟通。在实际的工作中，书面沟通分为邮件、报告和文案写作等。良好的书面沟通所要求的观念改变与语言沟通所需要的观念改变是相同的，包括思维能力的锻炼和提高，对企业组织全局的把握等，不同的是如何提高书面沟通的有效性。由于书面沟通给对方的是视觉的呈现，那么就需要对呈现的界面进行整理和美化。在这一方面，沟通者需要注意以下几个方面。

① 书面的整洁度。包括对字体和排版等的美化。

② 书面沟通的中心思想突出，目的明确。对不同的沟通对象和沟通目的将在后面章节中做详细介绍。

③ 结构清晰、有层次。要求对文字的逻辑性进行梳理和细化。

在信息时代，知识文化碎片式地展现在大众面前，商务人士往往缺乏的就是书面沟通能力，而书面沟通能力却是在商务知识和专业知识长期积累之后输出的一个过程，这个书面沟通的过程，是对以往经验和知识的总结和提升。商务人士若长期说得多，而写得少，就不会在基本素养上建立起强大的地基。在谈判场合，书面沟通还是对语言沟通的梳理和查漏补缺的过程，若能清晰明白地将谈判过程进行总结，也是对双方关系的推进和升华。另外一方面，书面沟通的高超技能可以有效帮助采购人员进行职业升迁，因为不管是述职报告还是会议展示，都需要职业人士良好的写作技能。

职场中典型的书面沟通形式包括以下几种方式。

① 电子邮件。通过网络传递的信息。在当今的办公室，电子邮件已经取代了传统的备忘录，也在很多情况下取代了信件。

② 网站。网站包括一页或者多页相关信息，这些信息被公布在网站上。在很多大型公司，内部网络也公布一些公司相关信息。

③ 内部刊物。一些大型公司会有一些宣传公司产品、人物或公司动态的杂志刊物，这些内容也都是书面沟通的媒介。

④ 报告。报告是有条理、有目的的信息呈现，在做决策、解决问题时，起辅助作用。场景的商务报告包括现状报告、财务报告、人事报告及提案或提议。

⑤ 其他。书面沟通的其他例子包括合同、产品资料、简讯和各类通知。

在当代社会组织中，写作至关重要，因为写作是文件编制的主要途径。直接的语言沟通会随着时间的流逝而淡化，但是文件记录将会被长期存档，若有人问及相关信息或有争议发生，就可以查阅相关文件记录。

2．采购职业人员需要根据不同的沟通对象选取不同的沟通方式和沟通技巧

采购与供应链职业人员在企业组织中所处的位置与企业的组织结构有关，这就决定了采购职业人员需要根据不同的沟通对象选取不同的沟通方式和沟通技巧。采购组织内部沟通对象分类图如图1.1所示。

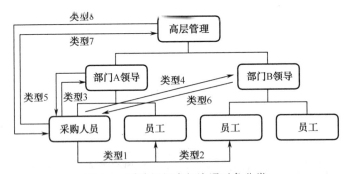

图 1.1　采购组织内部沟通对象分类

在图 1.1 中，采购人员需要与不同职位、不同部门的人员进行沟通，调查分析他们的工作动机和心理需求。

根据组织内部沟通对象的不同，商务沟通可分为平行沟通、上行沟通和下行沟通。

（1）平行沟通。

在图 1.1 中，类型 1 和类型 2 都属于平行沟通，既包括采购组织内部平行职位的同事之间的沟通，也包括跨部门、同级别的同事之间的沟通。在职场中，采购组织内部不同采购工程师之间沟通关于工作分配的问题、互相学习探讨，以及采购工程师与研发部门的工程师之间确认产品规格书的问题，都属于这一类沟通。

平行沟通很重要，它能帮助协调工作任务，分享关于计划和活动的信息，协商不同意见，发展人际支持，因而使工作单元更具凝聚力。越是需要组织中个人或部门间互相沟通来完成的目标，平行沟通发生的频率就越大、越密集。作为采购专业人员，承担的工作任务更需要分工协助和互相配合来完成。

（2）上行沟通。

上行沟通是指低层员工向高层员工传递信息。在图1.1中，类型3、类型4和类型7都属于此类沟通。上行沟通可通过电子邮件、会议、报告或内部刊物进行，有些公司还会设立总裁信箱等特殊沟通渠道与高层管理者进行沟通。

上行沟通非常重要，因为他向高层管理人员提供决策所需信息，良好的上行沟通渠道能够有效提高员工的忠诚度。有研究表明，高员工流失率有一个非常重要的因素就是上行沟通渠道的缺乏或不合理，特别是在当代中国企业，员工的忠诚度及观念与以前有非常大的区别，当代员工更加关注沟通氛围和认可度，良好的沟通渠道能够有效提高员工的安全感和归属感。上行沟通还可以反馈高层信息向下传达的有效性，让管理者知道他们的下属是否接收甚至接纳了其所传递的信息。

（3）下行沟通。

下行沟通是指从较高职位的人向较低职位的人传递信息。在图1.1中，类型5、类型6和类型8都属于此类沟通。下行沟通传递的信息大多是关于工作表现、公司政策和程序、公司运营，以及更多的工作指示和授权。高层管理人员与低层人员沟通的方式大多是电子邮件、会议、面谈、员工大会和年终总结等方式。采购人员随着职业升迁，也会慢慢步入中高层管理岗位，高层管理者向下属传递信息会引起更多的关注，得到更快的回复和更多的肯定，但有时候，下属出于善意的回复，并不一定意味着你的决定是正确或有效的，作为管理人员需要保持清醒的头脑。

在后续章节，将针对如何与不同沟通对象开展沟通进行更加详尽的介绍，特别是如何将商务沟通放在采购与供应链的商务背景下，采购专业人员如何根据实际的商务场景进行有效沟通，后文会对此进行更加详细的阐述。

3. 根据地理位置、沟通内容、目的及对象的不同，可选择不同的媒介

采购人员根据所处的地理位置、所沟通的内容和目的，以及对象的不同，可选择不同的沟通媒介，常见的电话、电子邮件和会议几乎能占据日常沟通的绝大部分。这些沟通方式又各有特点。

（1）电话沟通。

电话沟通的媒介是电话，电话沟通是日常工作中非常便捷和常见的洽商方式。电话沟通不限于时间和地点，对于紧急情况都能随时与当事者进行沟通。同时，若在电话中收到一些不利的信息，更容易通过电话拒绝。由于具有这些特点，电话沟通在采购工作中受到采购人员的普遍欢迎。但是，由于电话信号不稳定，沟通双方无法通过表情以及神态来判断沟通者的潜在意识，电话沟通在很多情况下都被认为是非正式沟通，相比电话沟通，面谈显得更加有效和有诚意。特别是在一些重要的谈判背景中，商务人员都不会选择电话进行谈判，即使是跨国交易，商务人员也会选择面谈的方式来促成谈判。

电话沟通的优点有以下几个方面。

① 便利，不限于时间和地域。

② 信息快速传递。

③ 沟通成本低，特别是进行跨地域沟通时。

④ 因为是非面对面沟通，更容易拒绝对方。

⑤ 更加直接，直奔主题。

⑥ 结束谈判容易。

⑦ 提高听的专注度。

电话沟通与面对面沟通有本质上的区别，因为缺乏看得见的线索来获取信息和促进商谈进度，应充分考虑电话沟通的缺点，可规避由于选取沟通方式不当而带来的沟通失效。电话沟通的缺点有以下几个方面。

① 信息可能被误解。

② 可用时间不可控制。若沟通内容较多，就需要多次电话沟通调整，使得整个沟通时间过长。

③ 初次洽商难以建立信任。面对面的沟通容易捕捉对方的感情状态，建立关系相对容易；而电话沟通，由于关系未建立，又无法通过面部表情来判断对方的状态，因此难以建立彼此的信任。

④ 易受信号干扰。

⑤ 准备不充分。采购人员经常在紧急情况下拿起电话与对方进行沟通，基本上是没有准备的。

（2）电子邮件沟通。

电子邮件是通过文字和图表描述问题，进行信息传递。电子邮件有如下优点。

① 不限时间和地点。由于邮件中的信息都保留在邮箱中，所以可随时进行发送和接收，并不限时间和地域，比较适合地理位置相距较远的沟通双方。

② 可以进行记录保存。邮件沟通中的文字信息可被保存，且邮件可作为一个单独的附件进行转发和传递，发送对象也可以是单人或者多人，可有效提高沟通效率。

③ 可以进行数据分析。由于邮件中可插入图画、表格及各种媒体信息，所以可以直接在邮件中对数据进行分析，如准时交货率、供应商的物料采购金额变化情况，均可以通过图表进行分析。

④ 收发方便，成本低廉。邮件沟通的媒介是网络，只需要沟通双方均有网络便可不限时间和地点地进行沟通。

⑤ 便于跟进和监督。由于邮件洽商的内容可保留并进行追溯，邮件负责人可根据邮件历史对邮件内容进行跟进和监督。对于临时参与的收件人，也可追溯邮件历史，了解问题背景，快速参与邮件的讨论。

由于具有以上优点，在企业中，特别是大型企业中，人们几乎都是通过邮件来进行日常工作沟通的。但是电子邮件也有其缺点。

① 非即时性。邮件沟通虽然能够马上到达对方邮箱，但是收件方并不一定能够马上看到邮件并进行回复，这中间有比较多的时间进行思考，也存在较多的变动性。若网络不通

畅，则可能会造成邮件延误或丢失，这些都导致了邮件沟通的非即时性。

② 邮件回复不可控。由于邮件发送是单方面行为，对方虽然收到邮件，但是却可以选择不回复，导致无法正面面对问题和解决问题。

③ 或许会影响部门沟通的直接性。由于邮件可发送给多人，除了所需要沟通的对象外，还可以将一些能够影响沟通对象的人也加入收件人之中，如可以抄送给沟通对象的直接上级和自己的直接上级，若沟通双方无法达成一致，则上级领导还可出面协商，也正因为如此，沟通双方将会放弃面谈这种更高效的沟通方式。

（3）会议沟通。

会议沟通能将信息进行有效传递并及时获得反馈；同时面对面沟通能够让双方更真切地感受对方的情感状态，通过面部表情可有效帮助沟通者进行信息解码；面对面沟通的压力使双方更容易做出承诺和建议。会议面谈作为一种常见的沟通方式，有着其自身的优点。

① 运用肢体语言帮助理解信息。会议面谈，可以通过观察对方的面部表情、手势和坐姿帮助理解谈话者所表达的信息。这些观察比较直观和真实地反映了沟通者的想法，这是电话沟通和电子邮件沟通所无法做到的。

② 开门见山，容易获取对方观点。由于没有外界环境的干扰，沟通者可以直接提出问题，而不需要做情感铺垫和背景铺垫。

③ 面对面沟通，容易获取承诺。在会议面谈中，一方提出需求，在众人的压力之下，另一方比较容易做出承诺，特别是在问题解决型会议和项目跟进型会议之中，选择会议面谈最大的原因就是获取各个参会人员的承诺。

④ 提出要求，难以拒绝。正如前面提到的，在会议面谈中，参与者容易做出承诺，即使责任人不做出承诺，监督者也会提出要求。在这种压力之下，责任人也是难以拒绝这些要求的。

在企业组织中，几乎各个部门都是靠会议来解决问题的，其涉及的部门广泛，并且能够汇集不同的期望和意见，有效解决问题。但是会议沟通也有其缺点。

① 耗费时间和精力。采购人员经常参加各种类型的会议，这占去了采购人员的大部分时间，而且一些事先无通知和无准备的会议，更会影响采购人员的正常工作时间。

② 会议面谈没有准备。一些低效率的会议，不仅不计划会议所需时间，而且不做任何会议准备，导致无法抓住会议进行的方向和目的，造成会议效率低下。

③ 从众心理。在会议面谈中，会议主持者提出的观点和要求，有时候并不会得到全体人员的同意，那些犹豫不决的人，迫于众人压力，会选择附和大多数人的意见，此时达成一致的意见可能并非当事人本人的真实意见，会在以后执行中造成较大的障碍。

④ 口头承诺。正因为责任人在会议中是迫于众人压力给出的承诺，所以在以后的执行中难以保证效果，有些人更是只说不做，导致会议毫无效果。

任何沟通方式都有其优点，也有其缺点，作为采购专业人员，需要掌握各种沟通方式的优缺点，并根据不同的商务背景合理选择有效的沟通方式。

1.1.3 商务沟通的要素

商务沟通中并非全部依靠听、说、读、写的方式进行信息传递。管理学之父彼得·德鲁克说过："沟通中最重要的是听到别人没说出来的信息。"非语言信息是指没写下来也没有说出来的信息，但是它们往往伴随着语言交流产生。这里隐含的商务沟通要素比较随性，但是这并不意味着这类信息不重要。下面主要讨论4种商务沟通中的非语言要素。

1. 语音和语调

没有人用一成不变的语音、语调和语速说话。举例来说，请读者朗读下面的句子，并重读斜体字。注意每个重音带来的句意变化。

*我*没说小张拿走了小李的手机。（强调是谁说的。）

我没*说*小张拿走了小李的手机。（强调的是透露的方式。）

我没说*小张*拿走了小李的手机。（到底是谁拿走了？）

我没说小张拿走了*小李*的手机。（拿走了谁的手机？）

我没说小张拿走了小李的*手机*。（拿走的是什么呢？）

语音和语调包括音量大小、语速、语调及口音，这些不同特征的组合都是向听众传递的不同信息。有时这些要素是无意发出的，如人在紧张时说话会显得更加急促，音调也会相对提高。调整语音和语调的时候，需要配合呼吸，同时需要注意抑扬顿挫的说话方式。根据不同的商务背景选择说话方式，能提高沟通的魅力。另外，作为采购专业人员，在与不同的对象进行交谈时都需要饱含感情，语音和语调代表了沟通者本身的态度与期望。同时，采购专业人员也要学会辨别语音和语调，从而帮助自己更好地理解信息传递者的意图和动机。特别是在一些需要达到双赢甚至多赢的商务谈判中，采购专业人员要充分调动语音和语调，以获取谈判对象的共鸣，这样就能给谈判带来更有利于双方的结果。

我们再来看看一些会给沟通带来负面影响的情况。

最让人恼火的语音，如表1.1所示。

表1.1 让人恼火的语音排序

语 音	占 比 例
牢骚、抱怨、唠叨	44%
尖声叫嚷	16%
咕哝	11%
说话太快	5%
虚弱轻微的杂音	4%
单调无聊的声调	4%

资料来源：《商务沟通》，斯科特·奥伯。

了解了以上负面影响，采购人员在日常商务沟通中需要尽量避免这些语音，提高自己的语言沟通质量。

2．身体语言

身体语言包括站姿、坐姿、手势、头部动作及沟通距离。手势和身体上半部分的动作可以在面对面的交流中提供重要信息。即使不开口、不写作，沟通者的身体语言一样可以传递大量的信息。在很多商务场合，手势是用来帮助解释或强调语言信息的。身体姿势是另外一种非语言沟通。举例来说，身体稍微前倾，意味着沟通者对此次交流感兴趣并乐在其中；反之，如果沟通者双手交叉放在胸前并且身体靠后，那么意味着沟通者对此次交流并不感兴趣。还有一些人在说谎话的时候喜欢摸鼻子或下巴，这些动作细节，需要采购人员在平日的工作中进行仔细观察和总结，掌握沟通对象的动作习惯，可以帮助采购人员获得非常重要的潜在信息。

如表 1.2 所示，为一些手势所代表的潜在信息。

表 1.2　手势代表的潜在信息

手　势	代表的潜在信息
拍手	高兴、赞同
捶胸	悲痛、懊恼等
挥拳	愤怒
手紧紧相握	焦躁
摊开双手	真诚、无可奈何
挠后脑勺	尴尬、为难、不好意思
双手叉腰	挑战、示威、自豪

在商务沟通中，需要特别注意的一个问题就是沟通的距离，先来看看如表 1.3 所示的这些沟通距离所代表的人际关系。

表 1.3　沟通距离代表的人际关系

距　离	人　际　关　系
小于 0.46 米	亲密地带
0.46 米～1.2 米	私人地带
1.2 米～3.2 米	社交地带
大于 3.2 米	公共地带

资料来源：《商务沟通》，斯科特·奥伯。

作为采购专业人士，需要认识这些空间距离，当和别人沟通时，学会调整自己和他人之间的距离，以达到自己的沟通目的。

3．面部表情

根据研究，人类身上最富有表达力的部分就是面部，尤其是眼睛。信息接收者倾向于持续解读对方的表情所传递的信息。许多表情在不同的文化中表达着相同的含义，如微笑代表着友好和善；表情木然代表漠不关心或不感兴趣；眉头紧锁代表疑惑不解或心事重重；唉声叹气代表有问题悬而未决。这些面部表情需要沟通者在商务场合中多观察、多积累，与对方的沟通习惯相联系再进行判断，不可生搬硬套。

在面部表情中，眼神是最重要的交流窗口，眼神交流会向沟通者透露非常多的个人信息。在沟通中，面部的其他部位可以通过伪装来掩饰真实情感，但眼神通常能反映说话者的真实意图。保持眼神交流是对沟通双方的尊重，但在有些文化中，一直关注沟通对象的眼睛是不礼貌的行为。

4．倾听

倾听是我们用得最多的沟通技巧。在4种语言沟通技能中（听、说、读、写），听，恐怕是发展得最不完善的一个了。但问题是，低效的倾听技能并不如说得不好或写得不好那么明显。不善于倾听是很难被发现的，因为人们可以假装自己听得非常认真。而事实上，可能连听者自己都意识不到这一点，以为听见声音就是倾听。

在商务沟通过程中，倾听的必要性是显而易见的，但要听得明白却并非易事，特别是在紧张的谈判中，要做到听明白就更难了。倾听可以使你了解对方的观点，体会他们的感情，并理解他们想要表达的意思。认真倾听不仅能让你听得更明白，而且能使对方说得更清楚。如果你集中注意力，并不时地插一句"如果我没有理解错的话，你的意思是不是……"，对方就会因为有人倾听而感到满足。谈判者向对方做出的最不费力的让步就是让他们知道，你确实在倾听他们说话。

在商务沟通中，需要做到如下几点来提高倾听的能力。

（1）全神贯注。

倾听者将注意力集中到发言者所讲的内容上，需要做到排除来自外界和内心的干扰。来自外界的干扰容易消除，如关门或避开喧嚣的环境，就能消除大部分来自外界的干扰。但是内心的干扰比较难以克服。首先人们需要意识到要集中注意力，否则自己"开小差"了都不知道问题出在哪里，然后可以通过练习来抛开内心的杂念，而将注意力集中在当下。有一个提高注意力的技巧就是与发言者保持眼神交流，让发言者觉得你对他讲的内容很感兴趣，并且眼神互动也能提高你的注意力与参与度。

（2）保持开放和"空杯"的心态。

在商务场合，由于沟通双方都具有多年的工作经验和不同的职业背景，所以容易在沟通过程中将自己已经形成的观念和意见掺杂在发言内容中。倾听别人发言时，应该保持客观的心态，学会接受新鲜事物和新观点，不管这些观点是否和你已有的观点相冲突。特别是在一些重要的沟通中，发言者和倾听者双方的地位相当或倾听者的地位更高一些的时候，倾听者很容易否定发言者的观点，这个时候倾听者就需要提醒自己保持"空杯"的心态。倾听者需要将注意力集中在发言者的内容上而不是发言者本身。保持开放和"空杯"的心态，首先需要倾听者接收发言者的观点，"接收"并不代表"赞同"，而是要将观点在头脑中进行过滤，再下结论。如果倾听者无法保持开放和"空杯"的心态，那么这些信息连进入头脑中的机会都没有，就更没有后续被加工和认可的可能性了。特别是作为采购与供应链的从业人员，在与其他部门的人员进行沟通时，很容易产生对抗的情绪，需要提醒大家注意的是，沟通过程并非对抗的过程，并不是你接收对方的观点就代表你输了，对方赢了。沟通过程是实现双赢的必经之路，是解决问题的重要渠道。

（3）不要打断别人。

不管人们是否承认，在以往的沟通经历中，经常出现因为对方语速太慢，而忍不住插嘴打断对方，或者想到如何驳回别人的观点，就立马提出来打断别人的情况。虽然大家知道打断别人会产生不好的结果，至少是不礼貌的，而且打断别人只会减慢沟通的速度——对方不得不回想自己讲到哪里了。更为严重的是，在你打断别人的时候，你在向对方传递一个信息：我讲的内容比你的更重要，我说的是正确的，你说的是错误的。这会严重影响沟通的效率和效果。由于沟通双方的地位根据双方的关系而各异，所以要求采购人员根据双方的地位适当调整自己沟通的方式，特别是在沟通细节上体现出自己的沟通水平，从而在沟通与谈判中占据有利的地位。

（4）换位思考。

在倾听时，应时刻保持思考的状态，不仅问自己听到什么，还要不停地问自己发言者为何这样说，发言者的内容对自己产生什么样的影响，发言者现在说出这样的话的原因和动机是什么。只有让自己的大脑时刻与发言者的内容保持同步，才不至于"开小差"，不容易产生对抗心理。

1.1.4　商务沟通的过程

在商务沟通中，发言者在大脑中将信息进行编码，通过语言或非语言的方式传递出来，在通道中进行传播，到达听众耳中，听众接收声音之后经过大脑解码变成自己可以吸收的信息。在发出信息与接收信息的过程中会加入个人的情绪、情感和已有经验。如图 1.2 所示为商务沟通的过程。

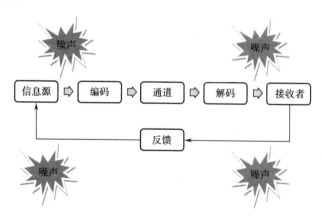

图 1.2　商务沟通的过程

下面通过一个实例来解释商务沟通的过程，如表 1.4 所示。

表 1.4　商务沟通过程实例

事　件	沟通过程
王经理看到小张的桌面较乱，而最近需要做检查，王经理决定提醒一下小张	信息源，来自于观察到的某个现象或某个事件

续表

事 件	沟 通 过 程
王经理组织了语言，考虑了一些说话方式和注意事项	编码，发言者对信息进行思考、加工、整理和组织的过程
王经理说：小张，最近要做检查了，你可能已经看到通知了吧	信息在通道中传递
小张听到后，想起昨天看到的检查通知，但是他想为何王经理偏偏提醒他呢？是不是有特别的原因	解码，语言或者非语言信息到达接收者耳中，先经过接收者大脑的过滤、加工和整理
小张明白了，是因为他的桌面较乱，王经理是来提醒他的	到达接收者

从以上信息编码、解码的过程中可以看到，信息从传递到接收的过程并非一帆风顺，而是掺杂了众多个人情感、经验和他人干扰等主观和客观的"噪声"。这些噪声都会影响信息的有效性。采购人员在与供应商沟通的过程中，经常出现误解的现象，这并不是双方有意而为之。作为有效的沟通者，采购人员需要努力减少沟通障碍，提高沟通效率。下面介绍几种沟通障碍，并简要说明如何有效克服这些沟通障碍。

1. 常见的沟通障碍

（1）在发送者处产生的障碍。

① 逻辑思维能力：指阐述事情的因果关系、先后顺序的一种能力。信息发送者的逻辑思维能力越强，阐述问题的条理性越强。若信息发送者的逻辑混乱，则想要表达出清楚明白的意思是不可能的。

② 语言表达能力：指语言组织能力，对信息结构的构造、遣词造句的使用等能力。选用不同的词语表达不仅能增加信息传递的有效性，还能提高信息传递的感染性。

③ 情感偏见：这是大多数人都不可避免的一种障碍，由于每个人的生活经历、工作背景、价值观和信念不同，所以对每件事情都存在不同的看法并带有个人的理解。

（2）传递通道中产生的障碍。

① 自然环境：指传递通道中的客观环境，是否有噪声，是否有干扰，是否有影响信息正常传递的客观障碍等。

② 组织环境：指传递通道中，发言者与接收者在组织结构中所处的位置。组织环境是以组织架构为基础的，就商务沟通双方所承担的角色而言，同样的话语和沟通双方，由于所处的职位不同，对沟通产生的障碍也是不同的。例如，发言者如果是一位中层管理者，那么其在与基层员工进行沟通时，就要考虑企业组织的整体目标，不应像两位基层员工进行沟通那样随意。

③ 沟通时机：若沟通时机选择不对，则会成为沟通过程中的最大障碍。例如，沟通者处于情绪低落之时；整个企业处于经济低迷之际；沟通双方处于关系紧张的关键时期……这些时候进行沟通都会给沟通带来障碍。

（3）在信息接收者处产生的障碍，与在信息发送者处可能产生的障碍都是一样的。因为沟通双方所处的地位是平等的，都是两个独立的个体在进行沟通。根据采购与供应链专业人士日常所处的商务环境，以及对现代采购与供应链专业人士的职业要求，在这里特别提出如下障碍，提醒大家注意。

① 专业知识：如果信息接收者的专业背景知识不够全面，那么会对信息造成全面的解读障碍甚至误解。例如，信息发送者在产品规格方面提出疑问，若接收者的专业知识不够，则会在沟通时间方面产生延误，而且会降低采购人员在商务环境中的职业形象。

② 经验限制：由于参与信息沟通的双方具有不同的工作、生活经验，所以对不同事物的看法就会受经验的影响，这也是为何有相似生活或工作背景的人在沟通方面更容易达成一致的原因。

③ 情感偏见：沟通者都是有情感的人类，每个人的感情基础和情绪都根据沟通时机、沟通对象的不同而不同。

2．克服沟通障碍的要点

案例链接

小杨在一家大型上市通信企业的供应链系统的采购部门担任采购工程师一职，主要职责为开发新供应商，维护供应商体系。2014年，工程研发部门新来一位通信软件工程师潘工，由于潘工是重点大学的硕士研究生毕业，所以非常受部门领导器重。某次，小杨收到来自研发部门新的物料申请系统编码，其在电子信息流程中看到对这个物料的规格描述出现了错误，小杨正准备直接从电子信息流将申请驳回，并建议做修改，但考虑到以后与潘工在工作中接触的机会较多，而且潘工的专业技术背景可以有效提高自己在与供应商团队谈判中的专业支持，小杨决定亲自去找潘工解释。来到潘工办公室，小杨先是寒暄了一下，询问潘工在哪个学校毕业，故乡是哪里。小杨发现自己的故乡与潘工的故乡虽然不是一个省份，但是地理位置非常接近，甚至方言都可以互通，小杨与潘工聊得十分投机。寒暄之后，小杨提出物料编码申请的事情，潘工立马警觉起来。小杨说："可能你对电子信息流程还不是很熟悉。其实我当初来这家公司时，对这个电子信息流程也很陌生，幸亏有一些热心的同事帮助我顺利度过适应期。"潘工说："电子信息流程不过是按章办事而已，事情符合逻辑和原则就可以。"小杨听罢，觉得潘工明事理，也不乏较高的自尊心。小杨心想，由于初次打交道，如果因用词不当而导致关系僵化，对以后的合作是非常不利的。小杨接着说："你一语道破系统的真谛。确实，系统只是个工具而已，工具用得好不好体现了用工具的人的智慧和水平。然而在大公司，太多人却被信息系统绑架了，反而发挥不了自身的专业优势和智慧。"潘工听到这里，坚硬的目光顿时柔和了下来。小杨顺势说："如果对这个物料编码的描述不准确，那么会给后续部门的工作带来很多隐患，你应该也是明白的呢。"潘工点点头，说道："这些我都知道，我稍后看看规格书，再结合你那边关于供应商的建议再做修改。"

启示

由于上文提到的各种因素，诸如专业背景、工作经历及组织环境等，在商务沟通的过程中经常出现意想不到的障碍。作为采购专业人士，需要充分把握沟通对象与自身之间的差距，找到这些差距，从而有效消除沟通障碍，达到沟通目的。

在商务沟通中，结合采购与供应链专业人士在企业中所处的位置，可以从以下几个方面克服沟通障碍。

（1）战略方向。

企业的战略方向是企业各个部门实施具体工作的指南针和风向标，只有牢牢把握企业的愿景和使命，实时实践企业的价值观，才能不至于在实际工作中走偏方向，导致低效率的沟通和工作。考虑企业的战略方向，可以从以下方面入手。

① 企业战略。企业的战略是靠产品质量和稳定性占据市场还是以创新引领行业方向，将会导致不同的企业策略和战术，分解而来的采购职能目标也会千差万别。如果依靠产品质量和稳定性，那么采购部门将会把供应商的绩效目标集中在企业质量体系和专业背景上；如果依靠创新技术，那么采购部门会把供应商的绩效指标集中在灵活性和增值服务方面。对这两者不同的态度，使采购部门与内部和外部的沟通重点也发生相应的改变。

② 价值观念。价值观念影响沟通双方对事情的判断，若双方的价值观念不一致，将会导致严重的沟通障碍。从这一点上看，同一个企业的人员由于具有共同的企业价值观，将会有较少的沟通障碍，但是在实际工作中，并非每位员工都能深刻理解和贯彻企业的价值观。

③ 沟通动机。沟通双方为何目的进行沟通——不管是客观的企业目标还是潜在的个人动机，都会影响沟通双方的沟通方式和沟通结果。

④ "空杯"心态。在案例链接中就可以看到，潘工的学历背景和专业背景，使其容易拒绝接受外界的信息输入。在商务沟通中，特别是沟通双方都有较高的实力和权威时，保持"空杯"心态是非常重要的，不然再好的信息输入都会被拒之门外。

（2）专业技能。

① 技术知识。在企业中，对技术知识的掌握能够提高沟通者在技术方面的权威，但若沟通对象对技术不理解，则会造成较大的沟通障碍，此时应请一个中间协调者，避免沟通进度产生较大延误。技术知识的获取是需要通过在工作岗位上不断学习和积累并实践的。

② 专业背景。专业背景更偏向于理论和通用知识，不仅是指在学校所学习的专业知识，还包括工作经历中的专业背景。强大并广阔的专业背景，能够有效缩小沟通双方之间的鸿沟，使理解对方的处境变得更加容易。

（3）基础素养。

① 具备逻辑思维能力。基本的逻辑思维能力可使采购专业人士在烦琐的日常事务中理清头绪，并将事情的脉络和原委根据事态发展顺序，按照一定的逻辑线条表达出来。不管是时间顺序还是空间顺序，关键是事情发展的因果能让受众明白并接纳。

② 选择恰当的措辞。将事情的原委在脑海中进行整理之后，就需要考虑如何将其表达出来。不同的遣词造句，会使意义的表达有天壤之别。例如，在采购商务领域，使用"妥协"与"折中"在不同的背景中，代表谈判双方的地位和利益有非常大的不同。在心理优势上，"折中"显得更加平等，而且更容易让人接受；而"妥协"略显委曲求全和地位劣势。若将不同的词语错用在不同的商务背景中，不仅不利于谈判的发展，更容易给对方造成负面的印象。

③ 就事论事的心态。在商务沟通与谈判中，谈判的内容是事务，谈判的主体是人，由于谈判对象是有感情、有思想、有自己的价值观和看问题的角度的人，所以在谈判中涉及实际问题和人际关系两个方面。如何将客观的事务与主观的人物进行分离，考验的是采购

专业人士的基础商务素质。举个例子，在瓶颈性物料中，由于采购方所处的商务地位和优势，导致采购人员需要采取更加柔和的方式进行"妥协"，如果采购人员意识不到谈判涉及的是实际问题和人事关系两个方面的问题，就容易将实际问题的解决结果误认为是自己人际关系处理的结果，错误采取强硬态度导致采购方感觉非常没有"面子"。作为采购专业人士，需要区分这中间的关系，做到就事论事，只有这样，才能客观分析问题，而将自己的主观情感独立出来。

1.2　组织沟通

引导案例

　　小潘刚跳槽到一家新公司，从事采购工程师的工作。小潘已经毕业 5 年，不管专业知识还是职场经验都有一定的积累。新到一家公司后，经过多方了解，他发现总管采购与供应链系统的总监与他是校友，同时他发现采购经理已在公司工作 10 年有余，但是不管学历背景还是专业背景都不太令人满意。在一次采购组织重组的重大变革中，采购经理将给供应商分类的工作交给小潘处理。小潘接到工作后，一次偶然的机会，他与供应链总监在电梯里相遇了。小潘借机对自己与总监是校友的背景进行了一番寒暄，之后他将自己在此项改革中即将准备实施的计划汇报给了总监，总监表示非常赞赏。在之后的几个月，小潘在将给供应商分类的工作进展汇报给经理的同时，找机会将工作进展反馈给总监，并要求总监提供各个方面的支持，甚至有时会直接将供应商管理中的进度和难点反映给总监。

　　在改革项目接近尾声之时，采购经理否定了小潘在供应商分类工作上的决定，并且借故将此项工作转移到另外一个同事身上。此时，小潘赶紧找到供应链总监，希望其协调这项事务。但是，总监出差海外一直到项目结束。当总监回到办公室时，改革项目已经完成，各个部门已经开始写项目总结，总监对组织重组的结果比较满意，而对中间的过程和人物分配也不再那么计较。

　　案例启示：

　　由于采购部门在组织中所处的地位和角色越来越重要，所需要面对的组织和个人也越来越复杂，所以每个沟通对象所处的环境和背景都会影响沟通者表达方式的选择和运用。在此案例中，小潘有对直接领导的上行沟通，又有对高层领导的越级沟通，如何处理与沟通对象的关系和沟通方式，直接影响小潘在采购工作中的实力发挥。在这里，小潘需要对沟通对象进行分析和判断，并辅以不同的沟通方式，或许可以改善其在采购组织中的角色和作用。

1.2.1　组织沟通的分类和特点

　　组织沟通基于采购组织在企业组织中的位置和企业战略对采购组织的定位。随着信息时代的到来，行业发展变得更加扁平化，采购组织在企业整个供应链中的地位慢慢突出，进而整合部门上、下游并主导企业供应链的计划和发展。在这样的企业背景下，采购组织对外需要与供应商进行采购合同的商谈、供应商关系的培养、采购品类的管理等，都涉及采购组织与外部之间的商务沟通。在采购组织内部，根据企业组织架构的繁简，采购人员需要与不同部门、不同级别和职位的人员进行沟通。在这里，我们将组织沟通分为组织内部沟通和组织外部沟通。

1. 组织内部沟通

在 1.1.2 节"商务沟通的类型"中，我们提到根据采购组织内部沟通的对象分类，可以将沟通分为：平行沟通、上行沟通和下行沟通。平行沟通、上行沟通和下行沟通的定义和重要性在前文已经提到。在这里，我们主要介绍在面对不同沟通对象时，采购人员需要使用的沟通方法和技巧。

（1）平行沟通。

在图 1.1 中，类型 1 和类型 2 都属于这一类沟通。类型 1 是同一个职能部门内的平行沟通，包括日常工作中的分工协作、信息共享、相互学习等；而类型 2 是跨部门之间的同级别沟通，跨部门沟通一般涉及信息流、物流的传递和共享，这一类沟通所需要的技巧和方法更多涉及的是沟通双方部门之间的共同职能目标和分歧，涉及企业组织对不同部门的定位，信息流和物流在不同部门之间流动进而增值，沟通的成败直接关系着增值的多少。类型 1 和类型 2 中的沟通，其共同特点如下。

① 角色决定沟通风格。在任何一个企业组织中，平行沟通需要沟通者认真思考自己所处的职位和角色，不同的岗位赋予人员不同的职位目标，如采购助理更多的是服务于采购专业人士和采购职能部门中的中高层领导，而采购管理者更多关注的是采购职能绩效的实现和团队建设的目标，这两个不同的角色在与各自同级别的同事进行沟通时，风格是迥然不同的。采购助理会更关注细节，并依据领导的不同需求而进行有变化的沟通；中高层领导在进行沟通时，关注的是如何坚守自己部门的利益和立场。因此角色决定人格，角色决定沟通风格。

② 沟通基于信任。虽然任何类型的沟通都是基于信任的，但是在平行沟通中，更需要以彼此间的信任为前提。因为平行沟通的次数频繁，而且琐碎，即使是任务分配这些重大决策都是隐藏在日常琐碎的沟通对话中进行的，若沟通双方的信任关系存在问题，则不仅带来工作效率的低下，而且容易导致工作氛围的紧张和不融洽。特别是在类型 2 的跨部门平行沟通中，由于跨部门之间有不同的职能目标，这些职能目标有时是相互冲突的，而沟通双方又无法摆脱彼此相互依赖的职能关系，因此只有选择信任才能开始沟通。

③ 充满冲突和合作。在类型 1 的沟通中，沟通对象之间的冲突更多体现在团队合作中，由于不同队员有不同的意见和做事方式，容易产生冲突，很多沟通者希望避免冲突。冲突本身会带来正面和负面的影响，采购人员需要正视冲突，并利用冲突来促进自己的沟通进程。这里需要提出的是，冲突是针对事情本身而言的，而非人际关系的冲突，大家都知道，在组织部门中，人际关系的和谐是平行沟通最重要的目的之一。

根据上述沟通特点，采购人员在组织内与这些沟通对象进行沟通时所需要注意的沟通技巧如下。

① 平等互助。同部门、跨部门之间的平等互助，在此不做过多说明。需要提醒各位采购人员注意的是，互相帮助的深层动机需要以职能部门的目标为基准，简单来说，就是随

时考虑本部门的职能要求，尽量避免个人需求和喜好。

② 就事论事。沟通双方都是有感情的，更何况是在同部门和跨部门、同级别这种高频率的沟通工作中，很容易将个人情感掺杂于客观事实。因此在平行沟通中，需要时刻提醒自己将个人情感与客观事实隔离，尽量做到就事论事。

③ 良好关系。上文已经提到，在平行沟通中需要注意就事论事，而良好关系则是强调在日常工作中通过私人交往来增进感情，以便在谈论公事时更利于提高效率。因为平行沟通中不可避免地会涉及个人私事，而此时正是增进感情、化解冲突的良好时机。同时应提醒自己在谈论公事时，尽量避免私人情感和期望。

④ 基于岗位沟通。上文提到过，平行沟通是角色决定沟通风格，在进行沟通之前需要充分考虑各自所处的岗位和角色。在与跨部门的平行沟通中，特别要注意彼此的岗位要求，如果跨部门沟通受阻，需要本部门领导与对方部门领导直接沟通来帮忙扫除沟通障碍。

（2）上行沟通。

在图 1.1 中，类型 3、类型 4 和类型 7 都属于上行沟通。但是这 3 种沟通类型又各有特点。

类型 3 属于本部门内直接上下级之间的沟通，包括汇报工作、请示方案、提出意见和建议等。采购人员在本部门内进行上行沟通时需要注意如下事项。

① 求同存异。在向上沟通时，需要尊重领导的不同意见，尽量避免当面争执和反对，对于不同的意见应伺机提出，委婉表达。这里需要强调的是，尊重领导的不同意见并非要求一个专业的采购人员溜须拍马，而是要以最大化实现自己的岗位职责为目标，尽忠职守。

② 关注管理层的战略方向和动机。每个采购人员的工作职责都是从采购部门的职能目标分解而来的，而每个采购部门的职能目标又是从企业战略方向分解而来的。在进行上行沟通时，需要仔细揣摩上级管理者的思考方式和动机，这不仅有助于自己理解岗位职责，更容易让上级领导对自己的工作产生认同感。

经过职业人士多年的总结，在与上级领导沟通时应注意如下要点。

a．汇报工作讲结果；

b．请示工作讲方案；

c．分析问题讲过程；

d．发现问题讲细节；

e．总结工作讲感受。

除了类型 3 外，类型 4 和类型 7 也会在工作中出现。采购人员如果需要进行类型 4 的沟通，还应提前与本部门上级领导进行沟通，明确双方部门的职责划分。类型 7 的沟通属于越级沟通，在出现一些紧急事情，而本部门领导又无法处理的时候会发生。但是在任何时候进行越级沟通，都需要本部门上级管理者具有知情权，只有这样，沟通才能产生效率，从而尽量避免负面影响。

（3）下行沟通。

在图 1.1 中，类型 5、类型 6 和类型 8 都属于下行沟通。类型 5 属于本部门内的上级与下级之间的沟通，这种沟通在企业组织中进行得频繁，类型 6 和类型 8 的沟通则相对较少，出现的背景也比较特殊。首先讨论在类型 5 的沟通中，采购人员需要注意的事项。在类型

5 的沟通中，采购人员已经处于管理者的角色，这个时候，采购人员已经不再仅仅关注个人的职位了，而需要更加关注整个采购团队，更加关注企业的战略方向。这时的采购人员承担着将企业高层的期望和目标合理而有效地向下传递的任务，同时汇集整个采购团队的智慧与力量来达到采购职能部门的绩效目标。那么在下行沟通中，采购管理人员需要怎样做才可以既激发队员的潜力，提高整个团队的效能，又有效地将企业战略分解在各个采购职位之中呢？采购管理人员在进行下行沟通时需要具备如下能力。

① 开放的心态。作为管理者，其承担的角色已经发生变化，需要具备一个开放的心态来获取来自各个不同岗位的信息和声音。万不可故步自封，拒绝接受任何挑战和质疑。

② 公平公正。做事公平公正，是每个基础采购人员都会关注的能力。采购管理人员此时需要平衡的角色和对象变得更加多样化，因此需要综合考虑各个阶层、对象的目标和需求。

③ 有效授权。作为中、基层管理者，学会有效授权是提高管理沟通能力的一个必经途径。有效授权不仅可以让自己从烦琐的杂务之中脱身，而且可以让下属获得较高的认可和归属感。

④ 适当激励。激励的话语在管理中充当着非常重要的角色，适当激励，可以极大地提高下属的工作效率。激励的话语中必须透着真诚、认可及信任，这样才会充分发挥下属的潜能。

2．组织外部沟通

上文提到，采购职能部门是连接企业组织内、外部的桥梁，因此采购人员还有相当大的一部分时间用来与企业组织外部的供应商和个人进行沟通。根据不同的划分方法，与企业组织外部的供应商进行沟通也分为不同的类型。

根据采购组织与供应商组织之间的关系层次，可将组织外部沟通分为不同类型。供应商关系是根据采购组织与供应商之间交易时间的长短、交易物料的重要性以及双方优势地位决定的，根据不同的供应商关系，采购人员进行沟通的方式和方法也有所不同。

（1）现货交易。

采购组织与外部供应商处于现货交易阶段，要求采购人员具备的沟通技能相对比较简单，由于涉及的条款和事项都是执行层面、较为直接，所以采购人员在这个层面所进行的沟通都是事务性的，只需要做到思维清晰，语言清楚明白即可。但是，由于现货交易供应商一般都与公司交易较少，所以采购人员很有可能因对沟通对象不熟悉而导致沟通交流出现障碍，若沟通对象又正好是职场新手或情绪态度欠佳，则很容易导致沟通低效甚至会影响正常工作的进行。

（2）无定额交易。

由于无定额交易会规定一个期限，在此有效期内不限定数量进行交易，因此采购人员将会有较多机会与此类供应商进行沟通。在此类关系阶段，虽然双方已有信任关系，但是建立起来的信任是基于框架合同的，在订立框架合同之前，由于没有限定数量或价值，采购方对供应商的约束力较小，采购人员需要有强有力的议价能力与供应商协商框架合同的各项条款。在这个阶段，供需双方的关系比现货交易时更为紧密，仍处于既竞争又合作的状态，采购人员需要掌握沟通和谈判的技能和技巧。

（3）定额交易。

定额交易的阶段在大多数情况下与无定额交易的阶段相同，不同之处在于定额交易在合同期限内规定数量或价值。由于这个数量的限定在给谈判带来了优势的同时也限制了更多的弹性空间，所以采购人员需要灵活把握这一项条款。若规定数量占供应商处的比例较大，则会成为有力的谈判变量，可以通过杠杆效应来争取其他较好的条件；若规定数量占供应商处的比例较小，供应商又对采购方的期望值不是很高，则采购方就会处于谈判劣势，这个时候采购人员需要组合其他谈判变量来拉平这个变量的地位。

（4）合伙关系。

供需双方达到合伙关系的阶段，是指双方已经经过长期合作，处于彼此信任的阶段。这个时候的沟通和谈判都是比较融洽、顺畅的，带给供需双方的挑战是如何创造性地提出双赢方案。这个时候，由于大家的信任度较高，在达成合作伙伴关系之前遇到的各类问题已经纷纷解决，现在遇到的瓶颈问题是如何将"蛋糕"做大，让供需双方都有利可图，达到双赢的沟通谈判结果。在这个阶段，参与谈判的不仅是采购中的基层人员，更多的还涉及中高层管理者，供需双方交换的是彼此的愿景和发展战略，这些方向性指南将潜在地影响每笔合同交易的条款制定和实施。

（5）合资企业。

供需双方若能够最终发展为合资企业，双方的命运将变得休戚相关。供需关系直接关注的所有权总成本，以宏观发展为最终导向。这个阶段更多地要求中高层进行前期洽商，涉及中基层采购人员的沟通与谈判反而会变少，中基层采购人员更多是对日常性事务进行沟通和谈判。供需双方发展为合资企业的虽然也在现实企业中存在，但是有此计划的企业数量很小，实际成功的案例也寥寥可数。

上述是根据采购组织与供应商组织之间所处的关系阶段分析如何进行商务沟通，接下来将根据所采购的物料属性来分析如何进行采购的商务沟通。

（1）流程性物料。

此类物料占据采购总金额的10%，但是数量（项数或种类）占采购总数量的70%。这类物料的特性是价值低、供应风险低、供应商资源较多、可替换性强、转换成本也较低。采购人员针对此类采购物料，应注重提高沟通效率，减少日常操作。采购此类物料还需要采购人员具备较强的书面沟通能力，由于这些流程性物料具有很多共性，所以采购人员可以从这些共性中提取一些常用的采购流程性操作文件。这就要求采购人员具备从烦琐的事务性工作中总结出规律的能力和相应的文字写作能力。

（2）战术性物料。

此类物料与风险性物料的总和占据采购总金额的20%，数量也占据采购总数量的20%。此类物料的特性是价值较低、供应风险较低、市场供应资源较丰富、产品本身具备较多通用性或共性、进入该类产品的技术壁垒不高等特点。采购人员在对此类物料进行沟通谈判时，需要具备较多的语言技巧和谈判技能，将更多的精力放在谈判立场和谈判技巧上。该类物料采购对采购人员战略思维方面的要求相对较少，只要求采购人员对物料、供应商、市场及谈判本身有充分的了解，而对采购人员控制谈判现场的能力要求较高。

（3）风险性物料。

此类物料与战术性物料的不同之处是，该类物料的市场供应资源较少或供应源不稳定，产品具有独特性或通用性较低，技术壁垒或所需资金壁垒较高。采购人员在采购此类物料时需要同时注重与组织内部的沟通和与组织外部的谈判。在与组织内部沟通时，需要将市场供应现状和未来发展趋势全面有效地提供给内部跨部门的专业人员，协助这些部门人员进行产品更新或替换。在与组织外部沟通时，采购人员需要通过一些谈判柔性战术来保证供应的连续性和稳定性，这里更多要求采购人员将其所在组织所具备的优势展现出来，这种优势有时候是外在的，有时候是软实力，如某个行业的领头企业，母公司具备悠久的历史和高信誉度等。采购人员需要充分了解这些柔性变量来提高自己在谈判中的地位。

（4）成本性物料。

此类物料与战略性物料在采购金额方面占据总金额的 70%，但是数量只占据采购总数量的 10%。这类物料可能具备较高的单价或较高的附加值。该类物料的供应渠道较多，可替换性较强，或者市场通用。由于总金额较高，在实施采购或做成本节约计划时都是优先需要考虑的对象。在对此类物料进行采购谈判时，采购人员需要具备敏锐的市场嗅觉，在充分了解市场的前提下与供应商展开沟通或谈判，同时要求采购人员有较强的议价能力和稳定的心态，在大多数情况下运用"我赢你输"的谈判策略。由于此类物料的议价空间较大，也是最有可能对成本节约做出贡献的一类物料，拥有不同谈判技能的采购人员的实际绩效将会有较大的区别，所以采购人员若负责此类物料，需要注意提升自己的采购谈判技能，这是投入—产出比例较大的一项举措。

（5）战略性物料。

此类物料与成本性物料不同的是，此类物料的可替换性较小，市场供应资源相对较少，或者所采购物料是采购组织所提供的产品或服务的非常重要的组成部分，如汽车制造商的发动机。这些物料对采购组织的作用非常人，属于关键性物料。因此在进行此类物料的采购谈判时，采购人员需要综合考虑的因素非常多，不仅需要考虑市场供应资源的多寡、是否稳定，还需要考虑此类物料的短缺或充足对自身组织的产品产生的影响，这些因素一般都涉及企业高层制定的发展战略和发展方向。如果企业本着创新的价值观，那么对这些关键性物料的尝试都会比以稳定性为宗旨的企业要更多。采购人员在进行沟通谈判时，应更多采用双赢的谈判策略，双赢的谈判思维和态度需要具体落实到实际的交易和合作之中。在后续章节，将会着重介绍双赢的谈判技巧。

不管是根据组织间的关系来分析，还是从采购物料属性的角度进行判断，采购人员都需要根据实际商务背景，综合考虑沟通对象的性格特征，从而选择有效的沟通表达方式。本书一直在强调，任何沟通对象都处于组织结构中的具体位置，角色决定人格，所以最后一个分类方向就是沟通对象所处的组织架构类型。

（1）网状结构。

网状结构是以某个精神领袖（一般是企业创始人或主要负责人）为中心，各部门围绕此人物为中心构建的组织架构。在网状结构的企业中，企业负责人周边都是其较为信任的员工，采购人员身处这样的企业组织，需要关注主要责任人的心态动机和其制定的发展战略。同样的，在与此类结构的供应商进行沟通谈判时，需要关注对方谈判代表所处的位置，与核心人物的远近，得到的授权大小，以及谈判代表是否能充分理解和落实核心人物的战略。采购人员需要注意的是，在与网状结构的供应商进行沟通谈判时，由于每位员工对于核心人物的理解有不同的水平和层次，因此需要进行较长时间的接触才能理解供应商的谈判动机。

（2）职能型结构。

职能型结构是指围绕职能活动进行组建的组织结构，每一层级逐级向上汇报工作，这种结构趋向于集权化。在职能型结构中，各个职能部门的技能专业化，在组织内部沟通时，若各个部门只关注各自的立场，则容易形成沟通壁垒。部门与部门之间的绩效冲突往往需要更高一级的管理者出面协调，采购人员在这种组织结构中进行沟通时可以利用这一特点。若供应商是职能型组织结构，则需要在与供应商的沟通谈判中，注意出席沟通谈判的人员组合，是否为来自不同部门的人员，同时要考虑采购人员是否得到中高层管理者的充分授权，进而对谈判结果具有决策权。这些潜在信息都能帮助采购人员在沟通谈判时有效把握谈判者的心态和动机。

（3）事业部型结构。

事业部型结构组织围绕不同的产品或区域形成。每个事业部都有自己完整的职能部门，在不同的业务单元和地理区域创造分权结构。这种结构有助于给各个事业部授权，让事业部门更接近客户。若采购人员所处的企业组织是事业部型结构，则采购人员将更多关注的是本事业部内的战略目标，这些目标虽然是从企业组织整体目标分解而来的，但是由于事业部的独立性，本事业部的战略目标和绩效指标将会更直接地影响采购人员的谈判策略。采购人员需要花费精力分析本事业部的战略目标，进而制定谈判策略。在与事业部型结构的供应商沟通谈判时，由于供应商谈判代表反应更及时和迅速，采购人员需要提高反应灵敏度，而且需要考虑供应商谈判代表所处的事业部的性质和目前的发展状况，这些隐性因素都会更加直接地影响供方谈判的策略。

（4）矩阵型结构。

矩阵型结构是结合了职能型结构和事业部型结构的企业组织结构，各个职能部门抽调出专业人员临时组成一个项目小组对某个项目或任务负责，直到此项目或任务结束为止。这种企业结构既能发挥事业部围绕客户和产品的灵活优势，又能发挥职能部门责任明确和技能专业化的优势。当然，这种结构也有其弊端，如临时组成的项目小组对谈判造成的可变性，谈判代表需要向项目领导和职能领导同时汇报导致的谈判决策权的复杂性。采购人员若处于矩阵型结构中，需要清晰地区分项目领导和职能领导各自的授权范围，在进行沟通谈判时，分析谈判内容是属于项目范围内还是属于职能范围，两者之间的不同是由两者的绩效目标决定的。若与矩阵型组织的供应商进行沟通谈判，则需要做更多的准备工作来了解谈判代表所处的项目小组和职能部门。如果不是长期合作，那么在刚开始进行谈判时可能并不能充分考虑这些因素，在多次沟通谈判之后，需要了解项目小组的构成和职能部门与项目小组之间的关系，以及两者领导之间的配合。采购人员在意识到这些因素之后，就会有目的性地进行沟通和谈判。

1.2.2　影响组织沟通的因素

前文主要分析了采购人员如何面对不同的组织沟通类型，这里将介绍如何分析组织特征，以及在任何一个组织中进行沟通时，需要关注的因素和事项。因为任何一个沟通对象都是处于不同的组织环境，在组织中担任不同的职位和充当不一样的角色，沟通主体的立场和态度已经不单纯代表沟通者本人，采购人员不管是作为信息发送者，还是作为信息接收者，都需要意识到这个问题。当作为信息发送者的时候，需要考虑组织的目标和需求；当作为信息接收者的时候，需要分析和揣摩说话者所代表的组织角色和立场。下面逐一指出在组织沟通中需要关注的因素。

1．企业文化

企业文化，是一个组织由其价值观、信念、仪式、符号和处事方式等组成的其特有的文化形象。企业文化是企业在生产经营实践中逐步形成的，为全体员工所认同并遵守的，带有本组织特点的使命、愿景、宗旨、精神、价值观和经营理念，以及这些理念在生产经营实践、管理制度、员工行为方式与企业对外形象的体现的总和。

作为采购人员，对以上定义可能会觉得太虚化，无法将这些抽象的概念直接与日常商务谈判联系起来。但是企业文化就像身边的空气一样，即使无法直观地看到，但也在时刻影响着人们的日常生活。作为采购专业人员，对这些抽象概念理解得越深，在商务谈判中对沟通对象的风格越容易把握，分析谈判对方的深层动机也更加容易。从表面上看，一些直观的企业文化有其外在表现形式，包括厂容、厂貌、机械设备、产品造型和质量等；而"软文化"则是各种行为规范、价值观念、企业的群体意识、职工素质和优良传统等，是企业文化的核心，被称为企业精神。

2．组织结构与制度

不同的企业文化会从不同的企业组织结构反映出来；同时，小同的企业组织结构反讨来也能够促使不同企业文化的形成。我们在前文也提到过，组织结构可以分为网状结构、职能型结构、事业部型结构和矩阵型结构，这些不同的组织结构能够反映不同的企业文化，如权力范围、等级意识、授权有效性甚至诚信度高低等。网状结构的企业组织，多以家族式企业为代表，在这样的组织结构中，大事小事都是创始人说了算。在与网状结构的企业组织的员工进行沟通时，需要密切关注最高领导的价值观和战略方向，同时按照这位领导乐于接受的沟通风格进行沟通，可以显著地提高沟通效率。矩阵型结构的企业组织人员的背景相对复杂，沟通人员需要分析与考虑的沟通风格也多种多样。在矩阵型组织中，由于员工处于不同的项目组中，同时又属于不同的职能部门，所以这个时候不仅要考虑项目领导的需求和风格，更需要考虑员工所属的原始职能部门中的职能目标和领导目的。例如，在项目型采购中，对商务条款的谈判需要与供应商的商务谈判人员及法务人员进行沟通，此时的沟通重点是在风险防范方面要更加专业，技术条款的谈判需要与供应商的技术专家和中高层管理人员沟通，此时的沟通重点应放在技术规格及项目适用性方面，这两种谈判背景要求采购人员在谈判准备阶段及谈判现场所具备的沟通技能是不同的，前者要求的更多是具备双赢意识和考虑各种可能的信誉风险，而后者要求的是关于技术条款的落实，以及如何满足质量和进度的要求。

3．组织战略和目标

沟通谈判者的谈判目标均是从企业组织的总体战略方向中分解而来的。任何一个谈判者的谈判目标不是凭空产生的，也不会偏离企业组织的总体战略方向。如果在某个企业组织中，追求卓越质量是企业组织的一个使命，那么可以发现此组织在质量方面的要求会非常严格，而且在众多变量组合中，该组织的人员也是尽量选择质量为上，而牺牲或放弃其他变量目标；相比较而言，如果另外一个组织以"创新"作为企业价值观念的一项要求，那么采购人员在谈判中会发现该组织的人员在思维或实际产品上都是追求与众不同，或者异于他人的。这些不同的组织战略方向，会在谈判对象的话语和行为中隐约体现。作为采购专业人员，需要做的就是捕捉这些细微之处，具备抽丝剥茧的能力来解读谈判对手的谈判行为。

4．管理者风格和领导能力

能对谈判者的风格、动机及目的产生最直接影响的莫过于谈判者的直接管理者和领导，这些管理者的风格和领导能力能直接对谈判者的谈判方式和态度产生影响。如果管理者是一个乐于放权的人，那么谈判者在谈判桌上的决策权将更大也更有效，与这样的谈判者进行谈判可以直接获得谈判结果；如果管理者是一个集权主义偏好者，那么最有效率的谈判就是让这个管理者自己多参与谈判并做出决策。对管理者的管理风格和谈判风格进行考虑和分析，不仅可以有效提高自身的谈判效率，而且可以让对方减少挫败感，提升对自我的认同感。

1.2.3　选择组织沟通的方式

我们在前文分析了影响组织沟通的因素，接下来需要讨论的是对沟通方式和沟通时机的选择。在1.1.2节部分，我们简要提到了邮件沟通的方式，接下来主要分析不同沟通媒介的优点和缺点。

此处的沟通方式主要是从对沟通媒介的选择方面进行考虑。

1．邮件沟通

邮件沟通的优点如下。

（1）不限于时间和地点。

（2）可以进行记录保存。

（3）可以进行数据分析。

（4）收发方便，成本低廉。

（5）便于跟进和监督。

同时，也需要注意邮件沟通本身具有的缺点，如非及时性，对方是否回复不可控制，并且若将邮件同时抄送给多人，会造成沟通效率的低下。采购人员在选择邮件沟通的时候，需要充分考虑这些优点和缺点，学会扬长避短以达到高效商务沟通的目的。

2．会议面谈

会议面谈的优点如下。

（1）运用肢体语言帮助理解信息。

（2）开门见山，容易获取对方观点。

（3）面对面沟通，容易获取承诺。

（4）提出要求，难以拒绝。

由于企业组织的会议比较多，尤其是在一些大型企业组织中，因此采购人员需要关注会议面谈的缺点，如耗费时间和精力；会议面谈没有准备；参与会议的人员有太多从众心理；对于没有实际决策权的与会人员做太多口头承诺。

3．电话谈判

随着通信技术的飞速发展，电话谈判已经成为商务环境中一种较为普遍的谈判方式。作为采购人员，需要分析电话谈判的优点和缺点，综合分析谈判双方所处的环境和状况，进而决定是否采用电话谈判的方式。电话谈判的优点如下。

（1）便利，不限于时间和地域。

（2）信息快速传递。

（3）沟通成本低，特别是进行跨地域沟通时。

（4）因为非面对面，更容易拒绝对方。

（5）更加直接，直奔主题。

（6）结束谈判容易。

（7）提高听的专注度。

电话谈判与会议面谈有本质上的区别——电话谈判缺乏看得见的线索来获取信息和促进谈判进度。特别需要注意的是，在与供应商开始交易的阶段，谈判双方如果采用电话谈判的方式难以建立信任。

在考虑选择何种沟通媒介与沟通方式时，还需要考虑沟通时机的问题。在中国，从古代就讲究"天时地利人和"，其中"天时"就是强调时机的重要性。作为采购人员，考核供应商供应物料时有一个非常重要的指标是交期，而在谈判中，采购人员能否占据有利的地位，与时机也是密不可分的。在考虑沟通时机的时候可以从以下两个方面入手。

（1）采购方在沟通时机方面占据优势。

在此种商务背景下，采购方对沟通的紧急性要求并不高，相对而言，沟通方更急于进行沟通或谈判，此种情形表现在供应商急于成交或急于建立商业关系。在这种商务背景下，采购方占据更多的客观优势和心理优势。时间的紧急性可作为有效的筹码来换取关于价格或付款条件等其他谈判变量。

（2）供应商在沟通时机方面占据优势。

同样，如果采购方对沟通的急迫性高于供应商，如紧急采购、货期异常处理及项目进度赶工等，而供应商处于正常销售或谈判阶段，那么供应商显然占据更多的客观优势或心理优势。在这种情况下，如果供需双方处于战略合作阶段，那么供应商可能不会依据时机优势对采购方进行盘剥，但也从另外一方面体现出供应商的服务绩效指标；如果供需双方处于磨合阶段或双方本身就是处于竞争状态，那么供应商可能会在此时把谈判时机的优势作为自己谈判的筹码。

不管是采购方还是供应商占据沟通时机的优势，采购人员都需要沉着冷静。即使采购方处于劣势，也需要综合其他谈判变量，通过有效变换和组合来获取谈判的优势。

以上提到的这些因素都是独立于谈判者个人而存在的客观因素。作为采购专业人士，除考虑这些客观因素外，还需要考虑对方的性格特点和风格。谈判方式纵然有千万种，但并不是每种都适合于某个人。例如，有些采购人员善于语言沟通谈判，而有些人更善于文字表达；有些人好胜心强，不管是战略合作伙伴关系，还是现货交易关系，都希望能够"打败"对方而不考虑双赢的谈判方式。这些例子都是采购人员的个人主观因素在影响采购谈判方式的选择。因此在考虑上述客观因素的同时，采购人员不可忽略的是冷静思考自己的性格特点，以选择适合于自己的沟通谈判方式。

1.3　跨文化沟通

引导案例

小刘在一家台资企业担任通信终端设备寻源工程师一职。该台资企业的组织结构是分工明确的职能型结构，每个部门的专业职能都非常强大。小刘深谙台资企业的文化背景，在每次跨部门沟通时，小刘都事无巨细地将沟通的过程和结果汇报给自己的直接主管，而且任何跨部门的冲突也都是由主管或经理等中基层管理者出面沟通协调的。最近，小刘联系到一家美资企业作为备选供应商，他发现该美资公司采用的是矩阵型组织结构，他的联系人是负责大型客户的项目经理李先生。在一次新项目导入的采购中，小刘要求将其中一台小型设备的交付周期缩短。经过多次沟通，李先生虽然态度诚恳，表示愿意作为紧急事项处理，但是没有给出具体的可实施方案。小刘决定找到李先生的上级领导来处理这个问题。但是小刘翻遍与李先生的沟通邮件，发现在每次与李先生的沟通中，只有小刘把他的上级领导抄送在邮件中，而李先生每次都是单独出现，只是偶尔会有项目协调人发来的邮件督促项目进度。后来，小刘通过其他方式找到李先生的直接领导人之后，通过电话向这位领导人反映问题，对方却告知，由于他只是间接管理此项目，对项目进度并不知情，而且若李先生是项目经理，则李先生会全权受理各类投诉和进度安排。小刘意识到李先生被公司授权的范围比他想象的要大很多。

案例启示：

采购人员接触的企业组织各不相同，企业文化也各有特色。采购人员需要了解各个不同的企业文化，对关键的采购谈判还需要掌握跨文化沟通的技巧来提高采购谈判的绩效。

1.3.1　跨文化沟通的定义

在引导案例中我们看到，处于不同企业文化中的人员，其沟通方式和习惯都是不一样的。采购人员首先必须意识到这个客观情况，在对不同文化背景的人员进行沟通谈判时，还需要了解这些差异，才能在谈判中占据有利的地位。不管是在你赢我输的谈判中，还是在双赢谈判中，了解并运用这些差异都能给谈判双方更多的选择余地和谈判空间。

先来了解跨文化沟通的定义。跨文化沟通是指不同文化背景的成员、群体及组织之间的信息、知识和情感的互相传递、交流和理解的过程。文化可涉及不同地域、不同宗教、不同信仰或不同历史背景，商务谈判中主要涉及的企业文化背景即前文提到的企业组织的使命、愿景、宗旨、精神、价值观和经营理念，以及这些理念在生产经营实践、管理制度、员工行为方式与企业对外形象中的体现。当然，参与沟通与谈判过程的都是个体，个体就不可避免地会涉及国家、地域、宗教和信仰，但在商务背景下，主要以讨论企业文化背景为主。根据以上分析，可将跨文化沟通分为：

（1）跨文化人际沟通；

（2）跨文化组织沟通；

（3）跨文化国际间沟通。

跨文化因素涉及如下 4 个方面。

1．个人主义/集体主义

个人主义是指一种组织松散的社会结构，其中的人仅仅关心他们自己和与之关系最紧密的家庭。集体主义的特征是严密的社会结构，其中有内部群体与外部群体之分，他们期望内部群体（亲属、氏族、组织）来关心他们，作为交换，他们也对内部群体绝对忠诚。

2．权力距离

权力距离是指社会承认的权力在组织机构中不平等分配的范围。权力距离也可以理解为职工与管理者之间的社会距离。权力距离具有大与小的显著差异，它代表两个极端的民族文化的差异程度，但大多数民族位于两个极端之间的某处。

3．男性度/女性度

这一维度的内容代表了社会中"男性"优势的价值程度。例如，自信、获得金钱和物质、强调生活质量。这些价值被称为"男性度"，因为差不多在所有社会中，男性在这些价值的肯定面上比否定面上（如自信，而不是缺乏自信）将得到更高的分数。

4．不确定性避免

不确定性避免是指一个社会感受到的不确定性和模糊情景的威胁，并试图提供较大的职业安全，建立更正式的规则，不容忍偏离的观点和行为，相信可以通过绝对知识和专家评定的手段来避免这些情景。在一个高不确定性规避的组织中，组织趋向建立更多的工作条例、流程或规范以应对不确定性，管理也相对是以工作和任务指向为主，管理者决策多为程序化决策。在一个弱不确定性规避的组织中，很少强调控制，工作条例的流程规范化和标准化程度较低。

1.3.2 跨文化沟通的障碍

前文提到了跨文化沟通的一些因素，这些因素或者明显或者不明显地影响着沟通者的谈判策略和战术。这些因素经过长期的积累在环境和个人身上产生影响。

我们再次回想一下如图 1.2 所示的商务沟通过程，信息发送者在信息编码时，是根据自己的知识和文化基础进行，组织成语言或非语言表达的。下面主要分析影响沟通的主观因素。

1．影响沟通的主观因素

（1）感知。

感知是指人们对外部刺激的反应，对外部环境的倾向性，接受的优先次序等主观反应方式。例如，在进行跨部门沟通的时候，很多接口部门在催促某个节点进度时，由于着急，说话语速偏快，对一个职场经验非常丰富的采购人员来说，这种情况比较常见，并不会在心理上产生排斥，而对一个刚涉足职场或个性偏内敛的新手来说，可能会觉得对方的说话方式难以接受，这就是不同的人对同一件事的不同感知方式。

（2）成见。

成见是指偏见、固化的看法和先入为主的观念。个人成见是几乎每个人都会存在的潜在沟通障碍，不管是否意识得到。商业社会上普遍存在的成见有"谈判就是一场你死我活"的战争，不涉足采购行业的人普遍认为"采购就是花钱购物"，这些都是比较常见的成见，是人们在社会的长期发展中形成的固有观念。

（3）环境。

不同的人文环境、地理环境都会造就不同的沟通背景。在中国的商务背景中，人们会寒暄人情往来；在美国的商务背景中，人们会寒暄天气冷暖。在休闲场所进行商务谈判，在中国北方比较普遍，而在中国南方则较为少见。这些都是环境导致的沟通方式和习惯的不同。中国有句古话：橘生淮南则为橘，生于淮北则为枳。这句话体现了不同的环境对事物的改变，同样的影响也会存在于商务沟通之中。

（4）自我。

自我是指站在自己的立场而不是他人的立场上理解、认识和评价事物。大多数人理解问题的方式都是基于自我的立场，这是客观存在的。例如，采购人员若长期工作在职能型结构的企业组织之中，在与矩阵型结构的企业组织的人员进行沟通时，认为对方只需要将沟通进度和决策事项直接汇报给职能部门的管理者而无须汇报给项目部门的管理者，这就是由于自己的经历、所处的背景影响了自己的判断，这些出发点都是从自身开始的。

以上提到的各种因素使沟通过程并不那么顺畅，也增加了沟通的难度。下面指出在跨文化沟通中存在的一些障碍。

2．跨文化沟通中存在的障碍

（1）认知。

具有不同文化背景的人在进行沟通时，会在认知层面造成跨文化沟通的障碍。

① 类我效应。从沟通的角度来说，人们不管文化、背景如何，总是先假定他人与自己有相似的思维方式与行为方式。这个沟通障碍与"自我"是一样的，任何人都是基于自我立场开始考虑问题的，这是人思考问题的本能。

② 先入为主。是指在通常情况下，人们通过大众媒体或其他传播媒介得来的对某件事固化的看法。人们在沟通时，对已经接触过的人或事都有优先考虑的可能性。例如，对于一个采购新手来说，如果在职场初期接触到的物料都是成本性物料，而这一类物料几乎都会要求采购人员采用"我赢你输"的谈判策略，那么在遇到其他物料时候，采购人员首先考虑的是就是"我赢你输"的谈判策略。

（2）价值观。

价值观代表着基本的信仰——个人或社会接受一种特定行为或终极存在方式，摒弃与其相反的行为或终极存在方式。在前文跨文化因素中，就提到集体主义和个人主义就是其中一个非常重要的因素，若在谈判中对沟通对象的文化背景了解清晰，则会将沟通障碍转变为有利的谈判变量。

（3）集体主义与个人主义。

集体主义强调社区和群体和谐，集体社会联系紧密，相互依赖程度较强。个人主义强调自我与个人成就，与集体联系松散，相互依赖程度弱。

（4）语言和非语言因素。

语言源于不同的文化，不同的语言有独特的文化内涵，语言的多样性和复杂性是构成跨文化沟通的主要原因。其障碍表现在以下几个方面。

① 语义：中文与英文；不同方言。

② 语用：所用环境与语境。

③ 非语言因素：包括肢体语言、动作手势和礼节性动作等，这些非语言因素也与文化有密切关系。

3．组织内部沟通障碍

在企业组织中，由于企业组织的文化不同，产生的沟通障碍表现为组织内部沟通障碍和组织外部沟通障碍。在组织内部，沟通障碍主要体现在如下两个方面。

（1）员工结构的多样性增加了沟通的难度。

在现代企业中，员工都是来自全国各地，甚至是全球各个国家。每个员工的文化背景迥异，给组织内部沟通带来更多的挑战。特别是采购人员，需要学习和了解来自不同文化背景的员工的习惯和风格。

（2）组织层次和部门的冗杂，导致信息丢失。

企业越大，企业组织结构越复杂，跨部门、跨级别、跨职能的沟通就越频繁，这些沟通都会根据员工、管理者及企业总负责人对不同角色、职位的不同观点发生改变。信息的层层传递，很可能导致最后的信息扭曲和信息丢失。这些因素自然就成为有效沟通的障碍。

4．组织外部沟通障碍

再来看看组织外部的沟通障碍，采购人员面对的组织外部的沟通情况更加复杂，对其障碍也难以察觉。主要表现在以下几个方面。

（1）信息多元化。

（2）社会文化多元化。

（3）由组织外部沟通对象的多元化导致的冲突。

① 观念冲突：成员意识、外在和内在动机取向、道德观。

② 制度冲突：标准、规则、制度。

③ 行为冲突：待人处事的方式、方法上的冲突。

5．跨文化沟通障碍产生的原因

经过前文分析，我们发现在沟通的过程中，有这么多平日并未注意的因素或障碍在影响沟通效果，我们需要探索出这些障碍背后的深层原因。在跨文化沟通的重重困难背后，产生这些障碍的原因如下。

（1）信息封闭。

在现代社会，信息的更新速度越来越快，若跟不上信息的变化，则不仅将与外界隔绝，个人心态也容易变得封闭。获取信息不仅要关注自身组织的变化，同时要关注供应商的变化及市场的变化。信息封闭是导致沟通不畅的客观因素。

（2）过于保守。

除了上述客观原因之外，还有一些主观原因，如思想保守，不愿意接受改变和进步，特别是长期处于单一企业组织环境中的采购人员，对外界新鲜事物保持戒备的心理。若采购人员负责的是流程性和成本性物料，则更容易产生保守的思想，对供应商的进步与信息社会的改变视而不见。这些主观因素经常隐藏在采购人员的谈判风格之中，如果自己不意识到，较难改变。

（3）情绪反应。

即使不存在上述因素，采购人员也并不能保证在每次沟通时都保持开放的心态，进行换位思考，因为人都不可回避情绪问题。随着职场经验的加深，采购人员会逐渐克服情绪化的问题，进而避免情绪化影响沟通效率。

1.3.3　提升跨文化沟通的技能

1. 跨文化沟通的原则

前面分析了众多跨文化沟通的要素，以及跨文化沟通的障碍。意识到这些障碍之后，采购人员才能找到清除这些障碍的方法。虽然跨文化沟通涉及的因素众多，但作为采购人员需要掌握一些最基本的原则来应对来自不同文化背景的沟通对象。这里主要提示如下几个方面的原则。

（1）全球意识。

具备全球意识是对采购人员进行跨文化沟通的最基本要求。采购人员需要关注全球信息，意识到不同国籍、不同地域、不同企业所具有的不同文化。若采购人员身处跨国企业，或者需要与跨国企业进行谈判，全球意识更能帮助采购人员跨越来自不同文化背景的障碍，关注这些细节能帮助采购人员剖析谈判对象的深层动机。

（2）开放心态。

前文提到保守的心态对沟通进程造成的障碍，开放心态就是针对这些保守心态所提出的应对政策。保持开放的心态才能对不同的文化背景有接受的欲望和接受可能性，若一直处于保守的心态，会拒绝接纳所有新的文化因素，拒绝理解新的事物和观念。只有保持开放心态才能打开心门，消除障碍，才有可能让不同的文化、观念进入大脑，这些都是接受改变的第一步，若观念不改变而想让行为发生改变，则是非常困难的。

（3）包容心理。

求同存异是对采购人员更进一步的要求。当沟通对象由于文化差异而造成心理或情绪上的伤害，自身的利益或立场由于文化的原因而受到影响的时候，就需要采购人员分析其中深层原因，若确实是由于双方的文化观念所导致的，就需要有包容的心态来容忍对方带来的影响甚至伤害。在这里，包容并非是指观念或言语上的改变，而可能会涉及行为上的改变和让步。

（4）尊重平等。

尊重是对沟通的最基本要求。不同的商务场合对尊重有不同的解读。在英国文化中，男士保持绅士风度为女士服务是一种尊重，而在女性地位日渐提升的东方国家，女士的自立自强也是一种尊重。我们这里所说的尊重是指采购人员发自内心的一种尊重，而不一定是外在的形式。

2. 跨文化沟通的技巧

了解了跨文化沟通的各项原则后，接下来就是如何在实际的沟通谈判中运用这些原则，以及灵活运用沟通技巧来推进跨文化沟通。

（1）合理预期，识别文化差异。

合理预期的前提是要充分理解对方的文化背景，包括国籍、地域等基本文化差异，还需要了解沟通对象本人的一些文化特性。了解了这些背景之后，才能识别双方的文化差异。

（2）发展共鸣，理解对方文化。

识别文化差异之后，应尝试理解不同的文化背景。这里就要用到前文提到的开放心态，去接受来自不同文化的冲击和挑战。

（3）求同存异，弱化文化冲突。

理解了不同的文化背景之后，就需要更深一层地找到双方的共同点，拉近彼此的心理距离。如果双方有观念上的不同，就需要避免冲突，尽量提及双方的共同点。做到求同存异之后，双方的信任度才会进一步加深。

（4）取长补短，坚持开放心态。

能够做到取长补短并非易事，需要双方坚持开放的心态并保持信任的关系。已经意识到双方的差异，还能继续保持沟通的愿望并取长补短，需要的是采购人员的胸怀和智慧，因为在理论化的跨文化沟通背后，是采购人员在实际沟通中逾越心理障碍和接受打击的心态。

以上是关于跨文化沟通的一些基本因素、障碍、原则和技巧，这些理论知识需要采购人员在实际的沟通谈判中慢慢体会和运用。因为每一次观念的改变不仅涉及心态的转变，甚至会涉及实质的利益付出。只有一遍又一遍地进行谈判演练，才能最终形成自己跨文化沟通的风格和习惯。

第二章

采购谈判

知识目标

1. 了解采购谈判的特点
2. 理解各种不同的采购谈判策略
3. 了解采购谈判的过程
4. 深刻理解谈判之前需要收集的信息
5. 了解议价阶段可能出现的各种困境及解决办法
6. 理解各种不同的采购谈判技巧
7. 了解需要运用双赢谈判的采购背景

能力目标

1. 能够分析不同的采购背景所应该采用的谈判策略
2. 能够区分不同的谈判策略的不同之处
3. 能够有效收集谈判前所需要的信息
4. 熟练掌握采购谈判所需要的各种谈判技巧
5. 能够分析双赢谈判的运用背景并适时运用双赢谈判的方法

本单元知识结构图

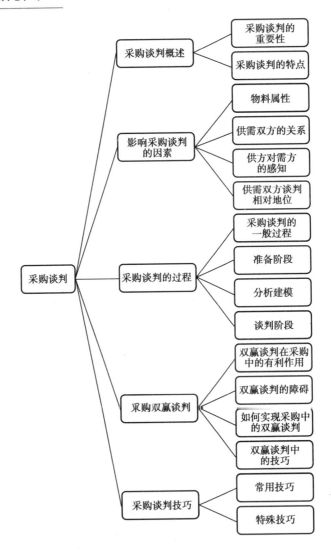

2.1 采购谈判概述

提起采购谈判，大家首先想到的是签订合同前的讨价还价。采购谈判在采购人员的日常工作中占有非常大的比例；不仅如此，在制造加工行业中，企业采购的总金额更占到企业总支出的一半以上，采购谈判的重要性由此可见一斑。在企业中，采购人员多是在一次次的沟通碰壁、谈判失败中慢慢悟出谈判的技巧，大多数人并未系统了解采购谈判的原则、策略和技巧。更需要采购人员注意的是，由于没有经过系统性的理论指导，很多从失败经历中吸取的经验教训并非科学合理的，如采购人员普遍存在的"我赢你输"的谈判心态，不管是公开的，还是潜在的，这种心态已经在采购人员的观念中根深蒂固，由此带来的危害就是无法与供应商进行长期合作，供应系统不稳定。因此作为采购人员，需要系统学习采购谈判理论知识，并掌握相应的谈判技巧，将采购人员在谈判中的作用发挥到最大。

2.1.1 采购谈判的重要性

采购谈判的重要性是不言自明的，特别是在制造加工行业，由于企业采购物料的成本占到企业总成本的一半以上，若每次谈判都能带来成本的降低，将会给企业带来直接的利润收益。相对于每年市场销售的艰苦努力，谈判可以在较短时间内获取的成本降低，因此谈判的效率是非常高的。特别是谈判在如下方面更加能够体现为企业获得利润的重要性。

1. 在成本性物料方面

成本性物料的特点是采购总金额非常大，市场供应风险相对较低，这一块是实现成本降低的最优来源。针对此类物料进行采购谈判能够有效降低采购成本，因为此类物料的通用性较高，转换成本低，采购人员可以充分利用商业地位的优势来进行有效谈判。采购人员的谈判技能越高，对采购成本的节约越高，而且对相应的风险规避也能进行有效处理。

2. 在关键性物料方面

这一类物料一般对企业的影响较大，因此更多的谈判精力将会放在长期合作、平衡短期利益和长期利益、从供需双方的共同利益考虑可选择的谈判方案上。由于谈判破裂导致关键性物料的供应出现风险，是采购人员最应该避免的情况。在后文中会提到，对于关键性物料，我们更多的是需要采取双赢的谈判策略，而使用双赢谈判策略对谈判人员的要求非常高，不仅要求其了解供需双方的市场地位、关系等基本信息，更重要的是需要探索供需双方的深层需求，这些需求一般隐藏在各方的表面立场之下，甚至谈判人员本身都不一定能够意识到自己的立场与利益是可以分离的。在这种情况下，采购人员对谈判的重视程度将直接影响最终的供应水平。

3. 在瓶颈性物料方面

瓶颈性物料的特性会导致采购方在采购谈判中处于不利的市场地位，如果采购方被动地接受市场局面则会使其背负太多风险，如高价格、长交期、不稳定的供货周期，以及反应迟钝的服务等。这个时候，需要采购人员通过谈判来最大限度地提高自己的商业地位，如通过有效组合、创新性方案，或者满足供方的一些心理需求来拉近自己与供方之间的商业地位。这种物料的采购，对采购谈判人员的"软技能"要求相对较高一些，因为很多客观条件已经注定采购方在谈判中的不利位置，如何通过一些隐性技巧来促使谈判进行并尽量接近自己的预期是非常具有挑战性的。

4. 在意外状况下

意外状况一般都会导致紧急事件的出现，要么是时间上紧急，要么是成本上的额外支出。在这些情况下，采购谈判都需要获得紧急支援来缓解问题的紧急程度，同时，谈判也将变得非常敏感，因为采购人员将承担谈判破裂带来的所有后果。而即使在谈判中达成协议也可能无法满足涉事各方代表的满意，这里对谈判参与者的要求就比较复杂。

2.1.2　采购谈判的特点

谈判作为商务沟通的一种特殊形式，显然具备其一般特征，包括沟通双方的信息发送和接收、沟通双方的主观影响因素等，这些特点都会体现在采购谈判中。由于采购谈判所处的特殊商务背景，所以具备一些不同于其他商务沟通的特点。

1．具备合作和竞争的双重性质

供需双方肯定因相同的利益或共同关注的方向而走到一起开展谈判，如供方提供工业控制设备，此类设备正好可满足需方的采购需求。由于关注这个行业，双方有了后续谈判和合作的可能性。但是，由于双方所代表的立场不同，供方希望设备采购得越昂贵越好，而需方却希望设备能够采购得越便宜越好，这就导致双方存在矛盾。双方需要不断挑战这些竞争状态，来逐渐拉近彼此间的距离以达成最终协议。这是在任何谈判中都存在的特性，供需双方需要意识到彼此间的关系，既不是敌对又不是全盘接受，谈判的过程才能在良好的氛围下进行。这也要求采购人员以较好的批判性思维来进行谈判，对问题从正反两方面进行分析，如供应商的服务优势。如果所考虑的问题是供需双方共同关注的一个方面，那么既有合作的基础，又需要不断去掉供需双方额外的、不合理的要求。

2．具有议价过程

对商品讨价还价已经成为人们的习惯，不管你是否意识到，人们都生活在一个讨价还价的世界中，一些购物爱好者甚至已经成为讨价还价的高手。在采购谈判中，讨价还价也是一个必然的过程，但是这里所说的议价过程不仅仅停留在对价格的讨论上，还代表了对信息的收取和反馈，以及说服对方从而占据有利地位的能力。采购谈判中的变量较多，不仅仅涉及价格，还涉及交期、质量、服务、技术及反应速度等众多影响因素。对这些因素进行协商和掌控，都属于议价的过程，脱离这些影响因素的价格在采购谈判中是毫无意义的。对这些谈判变量进行变换、组合、让步、争取的过程就是议价过程。议价过程在采购谈判中起到核心作用，不管是对战略供应商还是对现货交易供应商来说，议价过程都是非常重要的，区别只是所花费的时间和精力不同，所关注的谈判变量的重点不同。这个议价过程不同于其他商务沟通的特点，议价已经成为采购谈判的一个标志，没有经过议价过程而达成的交易是存在供应安全风险的。在后文我们会提到，如果采购人员在没有经过任何议价的情况下接受供方的第一次报价，所带来的不仅是利益损失，更重要的是会扰乱供方对需方的需求判断，供方并不会感激需方无条件接受第一次报价的行为，而是会在下一次报价和谈判中提高初始报价，给供需双方的合作关系埋下隐患。

3．信息交换的过程

不同于商务沟通中的一些单向沟通，如信息发送者负责对信息进行传递，对应的信息接收者是否收到、是否反馈存在不确定性，采购谈判一定是供需双方进行的信息交换的过程，对于信息发送者所传递的内容，信息接收者必须有所反馈，并给出是否接纳的答复。在一般情况下，采购谈判提供相互关注的共同利益及不同的立场信息，后续的谈判进度都是建立在信息交换的基础之上的。信息交换的质量高低及真实程度直接影响谈判的效果和进度。采购谈判中的信息交换不仅涉及本谈判内所需要的各项信息，甚至会涉及长远合作的信息，因为在后文中我们会提到，物料属性的不同、供需双方的市场地位的不同，以及供需双方的关系密切程度，都会影响信息的表达和接收，采购人员也只有多次谈判后才能从这些复杂的因素中提取有利于谈判的信息。议价的过程是以信息交换为载体进行的，所以若能把握信息交换的过程，就能为议价提供良好的沟通平台。

4. 需要具备说服技巧

毋庸置疑，说服技巧是采购谈判人员必备的技能之一，甚至是最重要的一个谈判技能。前面提到，由于采购谈判具备合作和竞争的双重性质，就导致采购人员在谈判中必须说服对方来对各方面进行让步、妥协，或者发现新机遇等。每次说服对方或自己都是想与最终达成的协议更靠近一步，那么说服技巧越高，能够达到自己的预期的可能性也就越高。在大多数情况下，说服技巧在谈判中非常难以施展开来，特别是当供需双方的竞争意识大于合作意识的时候。在每次谈判中，供需双方都把说服当成一次进攻，自己被说服了就意味着自己被打败。在双赢谈判中，供需双方并非是敌对状态，达到自己的预期并不意味着无法达到供方的预期。说服技巧与其说是一项技能，还不如说是一种心态的转变。

5. 需要具备促成签约的能力

谈判的目的是希望供需双方能够达成一致，签订合约，进而满足需方的采购要求。因此，采购人员需要具备促成签约的能力。这种能力从多方面体现，如果采购的是生产物料，那么必须具备对物料的技术专业能力；如果采购的是无形的服务，那么需要具备对服务质量的把控的能力。除了这些可见的"硬技能"之外，更多的是要求具备"软技能"，如供需双方的影响力、决策能力和应变能力等。这些能力都无形地体现在谈判过程中。供需双方的关系密切程度越高、物料属性越关键，对这些"软技能"的能力要求就越高，这也是为何随着谈判重要性的升高，参与谈判人员的级别和资历也逐渐升高的原因。供需双方能够走到谈判桌前，首先不希望谈判破裂，因为这将给供需双方都带来损失，不仅是经济上的损失，更多是时间、名誉及双方的信任，这些潜在的资源都会被浪费掉，因此能否促成谈判成功也是考验采购人员能力的一项指标。

2.2 影响采购谈判的因素

2.2.1 物料属性

我们在 1.2.1 节中已经介绍了物料的分类，在商务沟通中，物料的属性会影响沟通双方采用的方法和心态，在采购谈判中一样需要根据物料属性来采用不同的策略和战术。

1. 流程性物料

前文提到，此类物料占据采购总金额的 10%，但是数量（项数或种类）占总数量的 70%。这类物料的特性是低价值、低供应风险、供应商资源较多、可替换性强、转换成本也较低。此类物料一般不涉及生产，几乎集中在一些辅料、行政类需求等方面。需方针对此类物料的采购谈判相对比较占优势，由于备选供应商资源丰富，需方拥有较多更换供应商的决定权，但是由于此类物料的价值不高，不值得采购人员花费太多的精力进行谈判和议价，因此采购方在针对此类物料进行谈判的时候，找到 3～5 家做对比分析即可。在进行分析对比的时候，除了考虑价格因素外，还需要考虑此类物料的采购金额占据供方的销售额的高低，因为采购人员无须花费太多精力在此类谈判中，所以需要选择一些重视这类物料采购的供方来合作，尽量避免供方不重视的情况，因为受其影响的后续服务与响应速度是此类谈判更需要考虑的因素。若此类物料的采购金额本身占据供方的总销售额也非常低，而供方觉得需方的吸引力也不那么高的话，很容易导致合同签订后的谈判非常吃力，如交货不稳定，质量问题无法及时解决。后续会更加详细地从供方角度来分析此类物料的谈判特征。

2. 战术性物料

此类物料与风险性物料的总和占据采购总金额的 20%，数量也只占据采购总数量的 20%。此类物料的特性是价值较低、供应风险较低、市场供应资源较丰富、产品本身具备较多通用性、进入该类产品的技术壁垒不高等特点。此类物料一般是生产中的一些低值易耗物品，如低值配件、零件等。由于此类物料的可替换性强，因而需方将会占据一些谈判优势，但是如果供方在该物料生产方面的规模较大、实力较强，那么供方会占有较大的市场优势。采购方在谈判中需要综合考虑其他因素，如生产规模大小、专业实力、采购组织内部跨部门沟通的结果等来选择谈判策略。单从物料属性上分析，谈判策略以我赢你输居多，因为此类物料的采购风险低，采购方拥有较多的谈判筹码与优势。在确定谈判策略之后，需要更多关注谈判过程中所运用的谈判技巧，因为虽然此类物料的采购风险低，但是采购金额占比不大，采购谈判者需要找到一个较好的平衡点来推进谈判。

3. 风险性物料

风险性物料与战术性物料不同的是，该类物料的市场供应资源较少，或者供应源不稳定，产品具有独特性，技术壁垒或资金壁垒较高。有些采购类专业书刊中也称风险性物料为"瓶颈性物料"，由此可见，此类物料是生产稳定与企业发展的瓶颈，大多数生产部门缺料、断货、停产都是由此类物料的供货异常所致。因此，在针对此类物料进行谈判时，采购人员最大的期望就是保证物料供应的安全和稳定。为此，采购方在进行谈判时，可能会牺牲很多其他方面的利益，或者对其他变量进行不同程度的让步，如接受较高的价格，接受更好的付款条件或签订更符合供方利益的合同条款。仅仅从物料属性上分析，谈判策略多以"我赢你输"的策略进行，这是因为供方拥有太多的客观优势，如果采购方对供方的吸引力较大，或许可以拉平供需双方的谈判地位，此时是双方建立信任的良好机会。随着企业的长期发展，风险性物料经过改良升级或普遍性使用而逐渐降低了供应风险，也可能改变物料属性，此时原本双方的战术关系或许可能升级为战略关系。谈判双方的谈判地位并不是固定不变的，而是随着商业环境、供需双方企业的发展而发生改变。采购人员只有意识到这一点，才可能在谈判中游刃有余，即使是采购风险性物料，也一样能够达成有利于采购方的协议条款。

4. 成本性物料

此类物料与战略性物料在采购金额方面占据总金额的 70%，但是数量只占据采购总量的 10%。这类物料可能具备较高的单价或较高的附加值。该类物料的供应渠道较多，可替换性较强，供应风险较低。由于此类物料在采购金额方面占据的份额较大，单从这个要素分析，就可知道此类物料是企业每年节约成本的首选对象，而且此类物料的供应风险低，有众多的供应资源作为备选，也给采购方提供强大的谈判优势和筹码。单从物料属性而言，采购方可采取"我赢你输"的策略进行谈判，在实际的谈判准备中，需要充分考虑供方的战略方针、规模大小及实力强弱，这些都将影响谈判策略的实施，若正好选择了一个实力较强的供方进行谈判，则采购人员需要准备更多的谈判"软技能"来促使谈判按照需方的期望进行。为了能够体现成本性物料本身的优势，采购方在选择供应商的时候，需要考虑自身实力的大小，以及供方是如何看待采购方的企业组织的，若供方在这些方面占据优势，会提高供方在谈判中的商业地位，进而影响采购方的谈判优势。

5. 战略性物料

与成本性物料不同的是，战略性物料的可替换性较小，市场供应资源相对较少，或者所采购物料是采购组织所提供的产品或服务的非常重要的组成部分，如汽车制造商的发动机。这些物料对采购组织的作用非常大，属于关键性物料。在前面 1.2.1 节中已经提到，由于此类物料会直接影响企业的产品定位及长期发展战略，所以需要与供应商建立长期的战略合作关系。这种战略合作关系并非是一朝一夕"谈"出来的，而是在实际的合作中彼此建立起来的坚固关系。基层采购人员一般很少直接涉及战略性物料的谈判，此类谈判在大多数情况下需要中高层管理者的参与和指导，即使在一些扁平化的结构组织中，由采购专业人士执行谈判，也都是有高层管理者的监督和指导。从重要程度和关键程度可以看出，此类物料的谈判需要采取双赢的谈判策略。若从供方的角度看，需方的战略重要性并不高，这对需方而言是一个非常大的威胁。由于双方的谈判地位不平等，几乎难以达成双赢的谈判结果，因为站在对方的角度看，供方并不需要长期的战略发展，或许对方只是一个吸引力并不大的"鸡肋"而已。从这些方面看，采购人员务必做到"知己知彼"，从而合理采取谈判策略。

2.2.2 供需双方的关系

在分析物料属性的时候，我们已经提到物料属性只是制定谈判策略的一个考虑因素，这里分析另外一个考虑因素：供需双方的关系类型。不可回避的一个事实是，谈判双方企业组织正如两个具有独立思考能力的个体，会随着时间及合作的增加而逐渐加深感情。下面分析各个关系阶段是如何影响采购谈判的。

1. 现货交易关系

现货交易涉及的谈判较简单，各项谈判的条款和目标也比较明确。在一般情况下，只需要把产品型号、数量、价格和交货期等基本信息列明即可。在采购工作中，需要进行现货采购的分为两类。

一类是由物料属性决定的，如流程性或战术性物料的临时购买，采购人员遇到这类现货采购谈判的次数相对较多，所以需要通过熟悉物料供应市场来简化谈判进程。

另外一类是由采购的时机决定的，如比较重要的成本性物料或战略性物料在紧急情况下的临时购买，这一类现货采购的谈判需要考虑的因素较多，需要防范由于突发状况、临时性措施导致的潜在购买风险。由于谈判人员对找到的供应商并不是非常熟悉，所以其关注的重点将会集中在供应商的资质和实力上面，这个时候的现货交易既有可能采用"我赢你输"的策略也可能采用"我输你赢"的策略，关键看双方在特殊时期的谈判地位。不管是以上两类中的哪一种情况，采购人员都需要关注这类谈判所具有的临时性和不稳定性的特点，在采购谈判进程中，要注意捕捉对方表现出来的谈判风格和谈判意图。

2．无定额交易关系

由于无定额交易规定了一个期限，在此有效期内会不限定数量进行交易，处于这个阶段的供应商已经与采购方建立了一定的信任关系，供需双方进行的谈判会分为两类。

（1）签订新合同之前。

此类谈判主要涉及的合同条款是合作期限、交货方式、争议的解决方法等框架性条款，对这些条款的谈判需要采购人员结合物料属性进行分析，进而决定采取哪一种采购策略。若物料为流程性或战术性、成本性物料，则多以"我赢你输"的谈判策略进行，若物料为瓶颈性物料，且对方的合作意愿较强，则能实现"双赢"谈判策略就是非常成功的谈判了。这些谈判策略都需要根据更加具体的谈判时机和双方地位来灵活选取。

（2）合同签订后的谈判。

合同签订后的谈判一般发生在日常合作中，在合同条款的履行出现异常的情况下进行。这个时候的谈判主要以合同条款为依据，若责任在需方，则采购谈判人员更多的是运用谈判技巧来说服供方提供较好的服务和配合来满足异常需求；若责任在供方，则采购谈判者客观上就占据谈判优势，这个时候要将精力放在如何快速、高效地协助供方解决问题上；若是客观原因，责任不在供需双方，则需要供需双方重新回到签订合同之前的谈判地位来考虑各项因素。这个时候需要特别注意的就是时间因素，因为这一类谈判的前提肯定是因意外状况的发生而导致的紧急情况，这个时候时间因素将是双方需要争取的最大谈判变量。

3．定额交易关系

定额交易阶段的大多数情况与无定额交易关系阶段相同，不同的地方就是在合同期限内规定的数量或价值。同样，处于这个关系阶段的供需双方经常会涉及以下两类谈判。

（1）签订新合同之前。

处于定额交易阶段的关系，相比无定额交易阶段的关系更为紧密，双方的信任更进一步，对彼此的了解程度也更深刻。谈判相对前面的阶段都更容易进行，少了相互磨合的过程。在定额交易阶段，由于数量的限定给采购方谈判带来了一定的优势，这个优势来自于对数量的确定性：如果采购数量对于供方来说比较大，那么是一个谈判优势变量；如果对于供方来说数量较少，那么就是一个谈判劣势了。所以还是要结合供方的信息背景来确定采用哪种谈判策略。

（2）签订新合同之后。

类似于前文所述，签订新合同之后的谈判多以处理异常事件为主。相比无定额交易，定额交易的异常事件较少，如果有异常的话，大多数情况是脱离供需双方责任的客观原因，如标准产品的代理商告知原制造加工商停产或断货，非标准产品的协作加工商罢工等，这些情况都需要供需双方同心协力，共同解决问题，谈判大多数是以"双赢"策略为主。如果采购方提出独立于合同的额外需求，如要求比合同期限更短的交货期，或者比合同数量更多的备货数量，那么这种谈判将以双方之间的信任为基础达成口头协议或附加协议。

4．合伙关系

供需双方在达到合伙关系的阶段时，双方已经经过了长期合作，处于彼此信任的阶段。而且能够一路走到这个合作关系，其合作的物料也大多数是成本性物料和战略性物料，若风险性物料的采购金额占据供方的份额较大，则也有可能发展为合伙关系。对合伙关系的谈判也分为两类。

（1）签订新合同之前。

由于合伙关系合同涉及的物料都是非常重要的，或者合同期限比较长，因此这个关系阶段的谈判过程一般都是非常长的，因为涉及的因素较多，产生的影响也比较大，如对某个非标准产品的共同投资加工协议，这个协议签订之前的谈判将会涉及多个部门、多个级别的管理人员，涉及的条款也并非一些产品的基本信息那么简单。这些协议一般都会有附加协议或以附录的形式来说明在初次谈判中未曾提到的一些条款。

（2）签订新合同之后。

签订新合同之后，合作伙伴一般都已是休戚与共的了，出现的一些问题一般是战略合作发展方向的。双方都需要有双赢的思维来创造性地解决出现的问题，在这个关系阶段，双方已经不再纠结于立场，而是关注共同的利益和发展方向了，所以这个阶段的谈判挑战已经不同于前面关系阶段的挑战，这里需要的是在充分了解市场，接受信息变化之后的创新智慧和胸怀。

2.2.3 供方对需方的感知

前文曾多次提到，采购人员不仅要分析自身组织的物料属性、市场地位，同时也要分析供方对采购方的感知，考察采购方在供方心目中的地位。如图 2.1 所示的供应商偏好模型，其横轴代表需方的采购额占据供方总销售额的比例，纵轴代表需方对供方的吸引力。

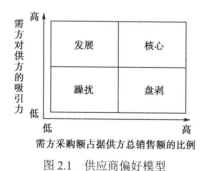

图 2.1　供应商偏好模型

根据以上两个维度，供方会将需方分为如下四类客户。

1．核心客户

供方认为此类客户是其企业生存发展的主要支柱，不仅在业务量上占有非常大的比例，而且是一个非常有吸引力的客户。供方对此类客户的支持力度也比较大，企业的战略发展方向会与这类客户进行分享，年度计划及销售目标也都是最早与核心客户进行分享。如果供方将需方视为核心客户，那么显然供方倾向于使用"双赢"谈判策略，甚至在合作的初期，供方还有可能选择"我输你赢"的谈判策略来赢得采购方的认可。如果供方给需方供应的物料又正好是需方的战略性物料，那么双方合作共赢的意识将会得到格外重视，这个时候的谈判是非常愉快的，合作过程也是最为顺畅的；如果供方给需方供应的物料属于风险性物料，那么此时需方在风险性物料的供应上将会得到充足的保障，若供方采取双赢的谈判策略，则需方此时的谈判目标将会得到意外的满足；如果供方给需方供应的物料属于成本性物料，那么可以肯定的是供方将非常乐意将各种成本节约方案与此核心客户共享，随着双方合作关系的加深，各种降低成本的途径与方法都会用尽，接下来就是供应模式与信息共享的挑战了。

2．发展客户

供方认为此类客户虽然目前的采购额占据本企业总销售额的比例不高，但是此类客户对供方具有吸引力，这些吸引力根据不同供方的需求而表现不同，大部分供方会认为此类客户具有潜在的增长优势。此类客户还有一些软实力上的吸引力，如业务份额虽然不高，但是在某个行业具有领导地位。除此之外，需方企业的付款信誉、财务实力、企业员工素质等都是供方认可的吸引力。综合而言，供方希望通过长期的努力将此类客户发展成为核心客户。通过以上分析可以看出，供方也希望通过双赢的谈判策略来促进合作。

再来综合考虑需方供应的物料属性。如果供方供应的物料属于战略性物料，那么需方无疑也会非常努力地推进双赢的谈判策略；如果供方供应的物料属于风险性物料，那么对采购方而言是一种幸运，因为供方把需方视为发展客户，不管是在配合度还是在响应速度方面都是非常积极的。这里存在的一个潜在威胁是，如果供方当初认为需方具有吸引力的原因是期望扩大业务份额，而需方又长期未做到，那么可能会丧失供方继续积极供应的信心。简而言之，供方对此类客户投资的是"未来的发展"，如果未来的发展并未满足供方当初的预期，客户的地位就会相应下降，双方的合作也会越来越困难，谈判的策略也会随着双方的关系而调整。

3．盘剥客户

此类客户的采购额占据供方销售额的较大份额，但是供方认为此类客户的吸引力并不大，其中原因大多是需方的采购战略与供方企业长期发展战略不一致，如供方立足于高科技的发展，而采购方是通过密集劳动力来降低成本的，这就导致采购方在长期发展的战略中以密集劳动力提供的价格优势对采购物料进行定位。供方对此类客户的谈判大多数采用"我赢你输"的策略，这个关系阶段一般处于动态发展的阶段，不管是供方也好，还是需方也好，都希望处于平等的谈判状态。供方或许需要通过低价迅速占领市场而暂时盘剥此类客户，而需方或许是目前所购产品属于风险性物料，但正在寻找替代物料或其他降低风险的渠道，因此双方都不是在被动维持此类关系。由此可见，"我赢你输"或"我输你赢"的谈判策略均不是符合长期发展需求的策略选择。

4．骚扰客户

从图 2.1 中可以看到，此类客户对供方而言，既无实际交易额以稳定当初状态，又无潜在的吸引力。需方购买的物料会集中在流程性物料和成本性物料一类，对供方而言，做一笔生意算一笔，并无长远的计划和进一步合作的意愿。

需方是否具有吸引力，对这一问题的判断标准一般比较主观。例如，一个跨国公司的企业背景是否具有吸引力，不同的企业对此有不同的理解，如果供方主攻国内市场并且产品适用范围集中在本土，那么需方跨国公司的背景对供方而言并不是突出的优点，而若供方正处于向国际市场扩张的阶段，而且下一个目标就是找到一个具备跨国公司背景的客户，那么这个背景对供方而言就是一个非常具有吸引力的优点，供方将会牺牲其他谈判变量来争取这个客户的订单。吸引力的体现是多方面的，而且是根据供方自身发展需要确定的，供方的发展状态发生改变，各项变量是否具有吸引力也相应地发生改变。如果供方在谈判开始之前做过充分准备，那么其可能会对需方是否是一个具有吸引力的客户进行量化分析，如列出具体表格，将自身组织的需求作为判定变量，对每个变量划定权重，最后加权得分就可以将主观判定进行量化。作为采购人员，在谈判准备之前就需要进行换位思考，对需方在供方心目中的地位有一个初步预判，这是通过一定的猜测，并在谈判过程中进行确认的过程。若双方已经经历过多次谈判，则可在前几次的谈判过程中总结出此结论。

2.2.4 供需双方谈判相对地位

供需双方的谈判采用何种谈判策略，除考虑企业的总体目标，关键是要考虑双方的相对地位。影响相对地位的因素较多，这里将集中考察谈判双方所处组织的相对地位。在整个商业供应链中，每个商业组织都处于供应链中的一个环节，都有上游供应商和下游客户存在，供需双方在商业谈判的相对地位可以通过波特五力模型来分析。

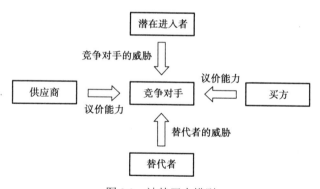

图 2.2 波特五力模型

通过图 2.2 可以看出，企业组织在商业谈判中的相对地位取决于五种力量的相互作用。

1. 竞争对手

竞争对手之间的竞争是否激烈，取决于以下几点。

（1）市场上现有竞争对手数量的多寡。

（2）竞争对手自身的财务实力大小和产品的成本构成。

（3）产品本身与同类产品之间的差异，差异越大，同类产品的竞争性越弱。

（4）若客户选择其他竞争对手的产品时转换成本低，则产品间的竞争激烈。

（5）竞争对手退出竞争市场越容易，该市场竞争越激烈。

2．供应商

供应商又称供方或卖方，是产品、材料或服务的提供者。供应商的议价能力高或低取决于以下几方面。

（1）提供相同产品的供应商数量的多少，数量越多，供应商的议价能力越低。

（2）客户更换供应商的转换成本越高，供应商的议价能力越高。

（3）若客户对供应商而言，吸引力不大，则供应商的议价能力也相对较高。

3．买方

买方是指材料的使用者或产品、服务的消费者。买方议价能力的高低取决于以下几方面。

（1）市场上购买此类产品/服务的客户数量。客户数量越多，买方的议价能力越低；客户数量越少，买方的议价能力越强。

（2）从客户角度看，若市场上所提供的产品差异度较小，客户选择其他产品的可能性较大，则买方的议价能力较强。

（3）若买方选择其他供应商的产品，转换成本较低，则买方的议价能力较强。例如，使用苹果手机的客户，如果要换成其他品牌的手机，则相应的配件都需要更换，对系统也需要重新适应，这样切换成本较高；如果使用安卓系统的手机，在更换同系统其他品牌手机的时候，切换成本要小得多，此时消费者的议价能力就较高。

（4）从客户角度来看，若供应商的重要性相对较低，则买方的议价能力就更高一些。

4．潜在进入者

潜在进入者是指拟进入某个产品生产或行业领域的企业组织。潜在进入者的竞争威胁来自于以下几方面。

（1）进入该领域的资本投入，这里涉及的是固定资产的投入，如生产厂房、设备等资本的投入，这些投入越大，潜在的竞争威胁越小。

（2）进入该领域的生产成本，生产成本越高，进入该行业的可能性越小。例如，公司运营的基础原材料成本、人员数量多少及相应成本、生产管理类成本等。这些成本越高，潜在进入者进入的可能性就越小，相应的竞争激烈程度也越低。

（3）是否具备市场定位能力和营销手段。无须赘言，这些是关系产品/服务能否直接转换成效益和利润的关键因素。相应的能力越欠缺，潜在进入者的竞争激烈程度就越低。大多数初涉新领域企业的营销和销售部门都是较健全和强大的，就是这个原因。

（4）现有产品/服务提供者的反应程度是否激烈。这个因素体现在，现有生产制造商、服务提供者是否会根据新企业的进入实施一系列的降价、技术限制或行业垄断等措施来排挤和打击新进入者，这些抵制措施越明显，潜在进入者的难度越大。

5．替代者

替代者的出现可能是由于技术更新，有升级版本的产品或服务出现；也有可能是有价格更低的产品出现；还有可能是有性能更好的产品出现。因此影响替代者威胁程度大小的因素有以下几个。

（1）技术因素是否占据产品的主要性能特征，反映在消费者最看重的一条性能参数。这些技术更新速度的快慢，影响了对替代者的威胁程度，很明显，技术更新速度越快，对替代者的威胁越大。

（2）价格因素是影响消费者购买最重要的因素，价格的变化也会影响对替代者的威胁程度。

（3）若客户购买替代者产品的转换成本较低，则替代者的威胁程度较大。

2.3 采购谈判的过程

2.3.1 采购谈判的一般过程

采购人员在进行采购之前，需要好好思索即将进行的谈判所具备的特点和可能会受到影响的因素。任何谈判都会涉及以下因素。

（1）谈判参与者：有时候是个人，有时候是团队。

（2）谈判的目标：解决双方的冲突，最终达成一致。

（3）讨价还价的过程：这里的"讨价还价"是广义上的，指彼此间不断提出异议，不断消除异议的过程。

（4）谈判的结果：解决冲突，消除差异，最终达成一致的协议。

（5）谈判的态度：双方致力于解决冲突与达成一致，而可能会采取的妥协、让步、合作或支持。

（6）谈判的过程：不仅是对协议、谈判双方人员等有形之物的有效管理，也是对观念、态度、情感等无形之物的有效管理的一个过程。

任何谈判都是以上几个因素的综合体现，在实际的谈判中，我们将无形的谈判过程分为有形的几个阶段：准备阶段、分析建模、谈判阶段及结束谈判，如图 2.3 所示。

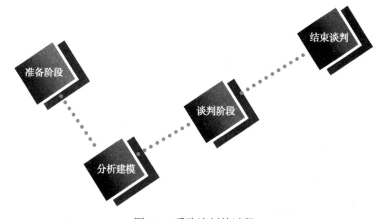

图 2.3 采购谈判的过程

2.3.2　准备阶段

引导案例

小刘刚刚进入一家中型民营手机制造公司（下文称"K 公司"）担任采购工程师，其所负责采购的物料是塑料外壳。K 公司对新进员工有各项绩效考核制度以便帮助新员工及时转正，出于这样的考虑，小刘在采购部成本节约方面的工作非常积极。

在熟悉了自己所负责的物料外壳方面的产品属性之后，小刘发现塑料外壳每年所采购的总金额占据公司所有采购物料的三分之一，其中最大的两家供应商中有一家供应商（下文称"Y 公司"）的规模实力比自己公司的规模小，而且小刘在去过 Y 公司考察之后，发现 Y 公司接近 90%的产能都是为 K 公司生产塑料外壳，这些塑料外壳的加工工艺并不复杂，在 Y 公司所在工厂的附近有多家生产此类零配件的工厂。小刘回来之后仔细分析了 Y 公司的各项信息，认为 K 公司在谈判降价方面具有非常大的优势，因此打电话给 Y 公司负责人，邀约对方进行年终降价谈判。对方听闻后并没有小刘想象中那么积极，并告知小刘，以前都是 K 公司负责行政采购的张经理跟自己谈判的。

小刘挂上电话后，赶紧向身边的同事间接打听到关于张经理的一些信息。张经理在 K 公司创业之初就跟随总经理，他是随着 K 公司的发展而成长起来的。小刘在接下来的几天通过公司内部网络、同事之间的言谈，最终明白原来 Y 公司是早年 K 公司总经理参与投资的一家子公司，后来 K 公司关注于主公司的手机制造业务，Y 公司渐渐脱离 K 公司的直接管理，只在资金方面接受投资。小刘通过这件事情，对公司的各项信息有了更加详细的了解，在谈判准备阶段就能够清楚地知道供需双方的谈判地位。

案例启示：如果没有准备好，千万不要开始谈判，任何谈判都是如此，对于可能对整个企业产生利润影响的采购谈判更是如此。准备阶段不仅需要收集供应商的相关信息，同等重要的是需要整理分析自身组织的信息，学会运用这些信息在谈判中发挥作用，这是采购人员在准备阶段就需要考虑的重要过程。

1. 需方信息收集

（1）自身企业基本信息整理。

并不是每位采购人员都熟悉自身企业的优势和劣势，并将自身企业组织的商务地位放入整个商务背景中进行考虑，大多数采购人员看到企业的问题比较多，反而将各项优点忽略了。在谈判进行中，如果谈判对手对采购方的企业表现出极大的兴趣，采购人员就会恍然大悟——原来自己企业有这么多优点。可如果到那个时候才明白，就会失去太多谈判机会。采购方所在企业的基本信息包括：企业的行业地位和名声，企业规模大小（包括占地面积、员工人数和固定资产等）。

（2）物料属性分析。

根据采购金额和市场供应风险两个维度，可将物料分为 5 类：流程性物料、战术性物料、风险性物料、成本性物料及战略性物料。每种物料的特点在章节 2.2.1 中有详细介绍。在这个阶段，需方需要重点了解将要进行谈判的物料属性，根据物料的属性选择市场上可能存在的供方信息和谈判对手。在进行具体的谈判之前，需要明确的细节更多，如物料的总数量、金额、质量、交期、交货方式、服务水平、技术要求及响应速度等。

（3）了解供应市场环境。

全球化经济时代的谈判，需要在谈判准备时把眼光放到整个商业环境中去考察，以了解国际市场的趋势及行业动态。章节 2.2.4 中已经介绍了波特五力模型，可以利用这个模型分析所需要采购的物料所处的市场环境。重点关注如下几个要素。

① 所采购物料的全球（至少要在亚太或中国区域内）供应地域分配。

② 技术发展趋势或可替代品牌或产品。

③ 价格趋势（看涨还是看跌）。

④ 影响市场供应的政府规定。

（4）供需双方关系阶段分析。

供需双方的关系阶段在章节 2.2.2 中有详细介绍。采购人员需要分析每个潜在的谈判对手与自身组织所处的关系阶段，关系阶段的不同会影响谈判策略的选择及谈判技巧的使用。

（5）组织结构分析。

在进行谈判之前，需要考虑自身组织结构的复杂程度，需要汇报的对象及谁会对谈判结果进行决策，能够进行决策的人可能会受到哪些部门及人员的观点影响。这些信息都需要在谈判开始之前进行收集和整理分析。这里需要读者对采购环境及采购组织进行进一步的学习和分析。

（6）谈判团队。

谈判是以个人方式进行还是以团队方式进行，进行团队谈判需要邀请哪些部门的人员参与，都是需要提前考虑和分析的。是否要进行团队谈判，需要分析完以上因素之后再做决定。在这里，大家可以思考团队谈判相对于个人谈判可以带来的优势。团队谈判的参与人员必然比个人谈判更多，涉及的部门肯定也更复杂。由于信息提供渠道变宽，谈判变量的弹性相应变大，因此更有可能产生创新性想法而达成双赢谈判。当然也需要注意团队谈判存在的弊端——人员变多，意见分歧就容易变多，如果团队内部意见不统一，很容易变成对方攻击的突破口。

2．供方信息收集

（1）企业基本信息了解。

知己知彼，百战不殆。在梳理完企业自身的基本信息之后，接下来就要开始收集对方，即供方的基本信息了。

① 企业规模大小。包括注册资金；是否有子公司或分公司；厂房或办公占地面积；员工人数；设备数量等。

② 企业中高层管理者背景。主要是指核心领导、管理者或直接参与谈判者，所涉及谈判金额越大、重要性越高，需要了解的企业背景越深层。例如，重大项目的启动，至少要了解参与谈判或会影响谈判决策的高层管理者。

③ 成立时间。如果供方企业成立时间不超过 10 年，组织结构一般还是相对简单，处于一次创业阶段，这个时候需要关注的是企业创始人的发展动机；如果供方企业成立时间超过 30 年，很多人脉关系已经形成，这个时候需要调查哪些相关者会对谈判产生直接影响，

如参与谈判的人所代表的立场除了企业最高层的利益之外，是否还代表了某些职能部门的利益，这些微妙关系都需要采购谈判人员在细微之处进行捕捉。

④ 主要客户。可以请求供方提供主要客户名单，这也是很多企业在进行企业宣传的时候会重点突出的一部分，这个名单反映的是供方的服务能力及客户对供方的认可，在不了解供方背景的前提下，若能从供方客户中找到同行业的伙伴或对手，则采购人员可以依此分析利弊。

⑤ 财务指标。供方的注册资金、固定资产、流动资产、负债率、年度销售额及盈亏分析，上市公司的这些数据都是比较容易获取的，而对于一些中小型企业，这些数据几乎都属于保密状态，这个时候更多的是依靠采购人员的信息收集能力，从不同渠道、人脉打听到这些财务信息。如果与供方已经合作一段时间的话，这些信息就相对容易获取，从一些迹象也能初步判断供方目前的财务状况，如供方突然之间要求缩短账期，对付款要求变得更加敏感等。

⑥ 产能。供方的员工人数、厂房设备及资金占用情况都可以反映供方的产能状况是否饱和，或是否超负荷运转，这些情况可帮助采购人员分析是否需要将谈判进行下去，或者已经选择谈判对象了，把这个因素作为谈判中的一个变量加以运用。

⑦ 流程管控。供方是否有流程控制，控制水平如何，员工的流程控制意识如何，以及管控的指导性如何等，这些信息是作为谈判变量存在，还是作为是否谈判的指标进行判断，都是采购人员需要分析的。

（2）供方对需方的感知偏好。

章节 2.2.3 已经分析了供应商的偏好模型，供方会将需方分为躁扰客户、发展客户、盘剥客户和核心客户，在进行采购谈判之前，采购人员需要从所获取的信息中揣摩和判断供方将自身企业置于什么样的地位。

（3）供方成本结构分析。

① 供应商定价方法。

a．成本定价法。供应商将各种生产所需要的成本作为产品或服务的定价基础，这种方法称为成本定价法。这种定价法在制造加工企业被广泛采用。需方一般要求使用这种定价法的供应商进行价格分解，后文在介绍分析供应商成本时会进行重点解释。

b．需求定价法。有些商品并不是根据生产该产品的成本来定价，如大家常见的奢侈品的定价方法，一件衣服、一双鞋子、一个箱包，他们的售价往往超出其生产制造成本的几十倍，甚至有时候这些售价根本让人无法将其与成本联想起来，但是依然存在一定的消费人群愿意为其买单。供方在制定价格的时候根据消费定位人群的消费能力进行定价，这就是需求定价法。

c．市场导向定价法。还有一些产品或服务是根据市场需求量的大小进行价格变化的，如流感期间的口罩，2008 年金融危机之后芯片市场的需求反弹导致缺货时的芯片价格上升，这些都是市场需求量的大小导致供应商对价格的定位出现差异。

d．差异定价法。采购人员也曾经遇到过这样的情况：制造某个塑料瓶的最低成本是 8 角钱，但是供应商竟报出 6 角钱的售价。这让采购人员开始判断这 6 角钱售价的真实性，或者开始怀疑塑料瓶是否存在质量问题。如果供应商就是制造商，那么这个供应商所使用的定价方法就是差异定价法，该供应商已经在产品推出之后将所有的固定投资产生的成本全部收回，如厂房投资、设备投入等，这个时候的成本仅是生产这些塑料瓶的一些材料成本、人工费用等可变成本。

供应商使用什么样的定价方法并不固定，而且这些定价方法在一般情况下并不会透露给需方，这个时候采购人员需要做的是对同类供应商进行多方比较，并将比较方式固定，后面会单独介绍如何分析供应商成本。

② 供应商成本模型。供应商的价格可以分解为不同的部分，虽然每个供应商都有不同的分解方法和解释，采购人员可以自己固定一个成本构成的模型，并将每个供应商的报价填入此模型之中。以制造加工行业为例，供应商的总成本包含以下几方面。

a. 原材料成本。生产每单位产品所用的原材料的数量是多少；原材料的单价是多少；原材料的质量水平怎么样；供应原材料的市场复杂度如何。如果供应商提出涨价的原因是原材料涨价，那么采购人员不仅要调查市场供应情况，还需要供应商提供实际发生涨价的凭证。

b. 人工成本。生产每单位产品所耗费的生产时间；供应商员工的劳动工资水平。如果供应商提出涨价的原因是员工工资上涨，那么采购人员需要关注相应的劳动时间是不是减少了（因为学习曲线理论表明随着生产加工熟悉程度的增加，相同工序的劳动时间是减少的）。

c. 管理成本。这个因素相对比较复杂。管理成本根据供应商企业背景的不同而有非常大的区别，对于组织结构复杂、市场宣传力度较大的企业，管理费用的比例相对较高。管理成本一般包括市场营销费用、行政管理费用等。

d. 利润。总价格减去以上的成本就剩下利润了，虽然每个供应商提供的利润水平并不一定真实，但是可以给采购人员一个初步的概念，而且对于一个成熟的行业来说，利润水平都是稳定平衡的。如果某个供应商的利润水平长期显著低于该行业平均利润水平，那么采购人员需要考虑该供应商将来的生存、发展问题；如果某个供应商的利润水平长期显著高于该行业平均利润水平，那么采购人员需要考虑分析此供应商的核心资源问题及长期战略方向。

下面来看看如何运用供应商成本模型分析供应商的成本构成。如表 2.1 所示为供应商 A 和供应商 B 的成本构成比例。

表2.1　供应商 A 和供应商 B 的成本构成比例

成本项 供应商	原 材 料	人 工 成 本	管 理 成 本	利 润
供应商 A	45%	25%	20%	10%
供应商 B	55%	18%	15%	12%

根据表 2.1 可得出如图 2.4、图 2.5 所示的供应商 A、B 的成本构成饼状图。

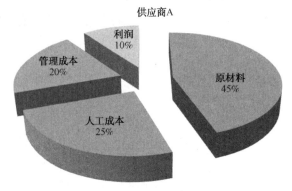

图 2.4　供应商 A 的成本构成饼状图

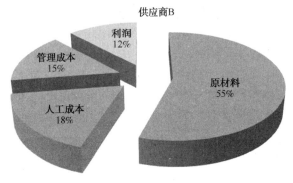

图 2.5　供应商 B 的成本构成饼状图

从图 2.4、图 2.5 中可以看出：

● 供应商 A 的人工成本比较高，可能是由于 A 的工资水平稍高，也有可能是由于 A 的生产效率稍低；

● 供应商 A 的管理成本较高，可能是由于 A 的市场宣传费用较高，也有可能是由于 A 相对于 B 而言规模更大，组织结构更加复杂，管理成本相对高昂；

● 供应商 B 的原材料成本更高一些，有可能是由于 B 购买的质量要更好一些，有可能是由于 B 的供应渠道稍差一些，也有可能是由于 B 的市场地位稍弱无法占据较强的采购地位；

● 供应商 B 的利润率相对较高，是保持目前的利润水平，还是把供应商 B 作为剥削的对象，降低其利润水平？都需要通过采购谈判的策略来决定。

以上分析可以帮助采购人员比较成本差异存在的具体位置，有利于其在谈判过程中找出谈判变量的变化范围和努力方向。

③ 分析供应商成本的方法。

a．全成本分析法。

全成本=固定成本+可变成本=固定成本+单位可变成本×产品数量

如图 2.6 所示，总成本由固定成本和可变成本组成，固定成本是不随产量的变化而变化的成本，如厂房租金、设备资金；可变成本是随着产量的变化而变化的成本，如原材料成本。这个分析方法的典型应用是在供应商的阶梯报价上，随着数量的增加，供应商的价格是逐步降低的，通过可变成本进行分析可以知道该供应商的阶梯报价是否合理。

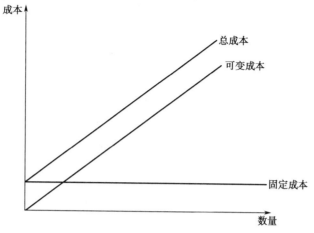

图 2.6 总成本、可变成本和固定成本

b. 盈亏平衡分析法。

当供应商的所有生产成本与所有销售收入相等时，就是盈亏平衡的时候，这个时候所需要生产的数量就是盈亏平衡点。

总成本（用 C 表示）=固定成本+可变成本=固定成本（用 FC 表示）+产量×单位可变成本（用 Q·VC 表示）

即 $C=FC+Q·VC$

总销售收入（用 S 表示）=产量×销售单价（用 P 表示）

即 $S=Q·P$

当盈亏平衡时：总成本=总销售收入

即 $C=S$，$FC+Q·VC=Q·P$

那么 $Q=FC/(P-VC)$

盈亏平衡点如图 2.7 所示。

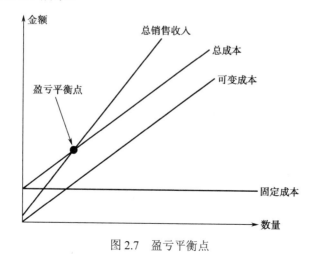

图 2.7 盈亏平衡点

c．学习曲线分析法。

这个方法是分析供应商的人工成本所用到的方法。学习曲线认为，产品每增加一倍，生产所需时间将为原来所用时间的 80%～90%，即生产效率提高了。生产时间并不会随着产品数量的增加而无限减少，两者间的关系如图 2.8 所示。

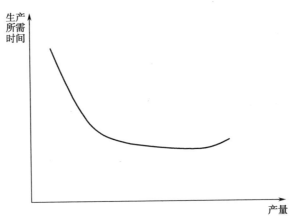

图 2.8　生产所需时间与产量间的关系

以上成本分析法是站在供应商的角度分析供应商产品成本的方法，采购人员也可以站在采购方的角度分析某些产品的采购成本。

d．总体拥有成本分析法。

总体拥有成本分析法如表 2.2 所示。

表 2.2　总体拥有成本分析法

成　本　项 \ 供　应　商		供应商 A	供应商 B
采购前成本	沟通成本	2	2
	文件准备与传递	1	1
交易成本	采购价格	1 230	1 350
	采购管理费用	23	21
	运输费用	26	17
	付款与票据	3	6
	验收	15	16
	不合格处理	33	7
采购后成本	库存持有	44	47
	生产报废成本	12	25
	质量不良成本	0	43
总成本		1 389	1 535

成本的细分方向和种类是根据采购方需要关注方向的不同而不同的，或者是根据采购谈判策略的不同而不同的。

④ 供需双方都应该考虑的因素：供方谈判风格。

所有的谈判都是由谈判人员完成的，所以谈判人员的个性和风格对谈判结果肯定会产生影响。对性格分析的方法多种多样，这里我们仅从思考问题的方式和表达方式两个维度入手，对谈判人员的性格进行分析，来推断谈判人员的谈判风格，如图 2.9 所示。

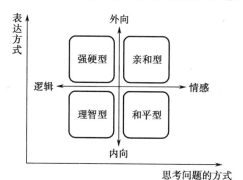

图 2.9　谈判风格

a. 强硬型。这种风格的谈判者思维清晰、判断力和决策力都比较突出，在谈判中比较容易占据主导地位，有强烈的表达欲望。这种风格的人比较适合参与"我赢你输"的谈判策略，但是不适合参与"我输你赢"的谈判策略。

b. 亲和型。这种风格的谈判者平易近人，容易与谈判对手拉近关系，关注关系更重于关心结果，对情感的表达和捕捉较为敏感。这种风格的人比较适合"双赢"的谈判策略，不太适合"我赢你输"的谈判策略。

c. 理智型。这种风格的谈判者观察力强，不动声色，注重细节，谈判讲究循序渐进，善于使用理论、数据、图表等辅助表达方式。这种风格的人比较适合辅助"双赢"谈判，是一个非常得力的谈判支持者。

d. 和平型。这种风格的谈判者容易妥协，在谈判中希望减少争论与冲突，希望在不伤害彼此情感的前提下快速解决问题。这种风格的人比较适合"我输你赢"的谈判策略，而且在"双赢"谈判中可以充当谈判助手，来缓和谈判气氛。

2.3.3　分析建模

所有的信息收集都是在为分析建模阶段做准备。在信息收集阶段，采购方只知道自己即将开展的谈判处于怎样的商务背景下，至于将和谁进行谈判还需要进行分析，这个时候采购人员心目中已经有一个可供谈判的供应商列表。假定与供应商 A 进行谈判，分析供需双方的背景并衡量谈判地位；再假定与供应商 B 进行谈判，分析供需双方的背景并衡量谈判地位，直至我们选定某个或某几个供应商作为谈判对象并确定谈判战略，这个假想的过程就是分析建模的过程。

1. 谈判策略的选定

前文分析了谈判策略的种类，这里就需要我们分析采用哪种谈判策略。采用哪种谈判策略需要考虑前文所提到的各项影响谈判的因素，如图 2.10 所示。具体表现为以下 3 个方面。

（1）市场环境及供需双方的战略：包括前文提到的市场竞争力大小（用波特五力模型分析）。

（2）供方优劣势：在收集供方各项信息的时候进行分析。

（3）需方优劣势：在梳理需方各项信息的时候进行分析。

图 2.10　影响谈判的因素

根据市场环境的影响及供需双方的优劣势，权衡后会得到 5 种谈判策略。

（1）我赢你输。

以下是几种可能适用于我赢你输策略的典型采购情景。

① 成本性物料。通过前面章节的分析我们已经知道，此类物料一般属于通用物料，其规格普通，在加工或组装方面无特殊要求，或者技术研发水平已经普及，而且此类物料的采购金额占总采购金额的比例较大。此类物料的转换成本较低，众多的备选供应商都在等待着交易机会。在这种商业背景下，买方的谈判优势非常明显，买方倾向于采用我赢你输的谈判策略。我赢你输的谈判策略，短期内都是以价格和成本为导向的，采购方从市场的充分竞争中获取成本节约。如果使用我赢你输的谈判策略，那么采购方关注谈判的结果更重于双方持续的关系，这里的"关系"并非是双方长期的关系，而是针对某次交易的短期关系，从长远来看，双方的关系将随着每次交易的情况忽远忽近。供方也清楚自己所处的位置，每次交易都会参与市场竞争，并不会由于双方合作的时间更久而占有更多的市场优势；同时采购方也清楚每次交易的结束就意味着双方"蜜月期"的结束。随着新一次交易机会的来临，所有的备选供应商再次面临新一轮的竞争与淘汰，与买方建立起交易关系。

② 供需双方处于定额交易阶段。在这个关系阶段，双方的关系比现货交易时更亲密，但是比合作伙伴关系又差一步。这里的谈判一般都发生在签订框架协议之前，若正好是成本性物料，则确定性的数量对供方而言是非常具有吸引力的一项谈判变量，买方的谈判优势更大；若采用我赢你输的谈判策略，则买方更容易获取对本身有利的谈判结果；若所采购物料是风险性物料，则确定性数量对买方而言是一个具有保障性的谈判变量。因此在这个阶段，买方还需要综合考虑物料属性的因素。

③ 买方对于卖方而言具有较大吸引力。从前文可知，若供方认为需方是一个具有较强吸引力的企业，则卖方很有可能通过让步、妥协等方式让买方获得较好的印象，争取到可交易的机会。另外，站在买方的角度，若买方希望将卖方发展为更加亲密的合作伙伴关系，则可能会采取其他更加有利于卖方的交易条款，而不可乘人之危占据谈判优势。

虽然我赢你输也关注结果，但并不是说买方需要盘剥卖方并将卖方拒于千里之外，因为随着双方交易次数的增多，以及双方商业关系的递进，买卖双方的谈判地位也会随之发生改变。决定采用何种谈判策略的过程是一个动态的过程，需要根据双方的共同判定而进行。

（2）我输你赢。

以下是几种可能适用于我输你赢策略的典型采购情景。

① 风险性物料。此类物料的采购额占据采购总金额的比例不高，同时，该类物料的市场供应资源较少或供应源不稳定，产品具有独特性或通用性较低，技术壁垒或所需资金壁垒较高。由于这些物料特性，买方在采购谈判中的优势非常有限，通常情况下，卖方对买方的态度都是不冷不热的，如果买方能够提出较多的能够吸引卖方的条款，卖方才会有谈判的欲望。这个时候，买方只有采用我输你赢的谈判策略才能提高谈判成功的可能性。这里体现在我输你赢的谈判策略中的一些谈判技巧可能会是妥协、让步、接受不利于我方的一些商务条款，如更短的付款周期、更短的质保期限、更优惠的价格条款，或者将送货上门服务改为自提货物等。这些商务条款的细则都能反映买方会采取我输你赢的谈判策略。

② 紧急需求。很明显，由于采购时机的选择，买方已经处于明显的谈判劣势，这个时候，买方只能选择我输你赢的谈判策略。当然，若最后的结果能够缓解买方的紧急需求，站在买方的角度来看也未尝不是一种"赢"的谈判策略，这里的"输赢"是针对常规商务条款而言，以及与企业的普遍合作方式而言的。

③ 合作伙伴中的某些让步。对于亲密的合作伙伴关系，有时需要买方做一些让步、妥协来满足对方长期发展的需求。例如，合作伙伴关系中的供方在为上市做准备，需要对所有大客户采用预付现金的结款方式，这个时候虽然有悖于需方的常规付款方式，但考虑到长期发展过程，需方会采用我输你赢的谈判策略来满足对方暂时性的要求。

（3）双赢。

以下是几种可能适用于双赢谈判策略的典型采购情景。

① 战略性物料。在前面章节中，我们已经提到此类物料的特性是采购金额占据总金额的比例较大，但是此类物料可替换性较小，市场供应资源相对较少，或者所采购物料是采购组织提供的产品或服务中非常重要的组成部分。针对此类物料，供方希望与需方建立起长期发展的合作伙伴关系，所以会采取双赢的谈判策略。若站在供方的角度，则会有如下几种情形。

a. 若供方认为需方是一个躁扰客户，则对需方而言是一个非常不利于谈判的情况。这个时候供方选择的谈判策略很有可能就是我赢你输的策略，在这种前提下，需方若要改变自己的谈判地位，可通过提高自身的吸引力来增加谈判优势。

b. 若供方认为需方是一个发展客户或核心客户，则需方的双赢谈判策略将非常受供方欢迎，这个时候双方的谈判策略更加门当户对，此时双方会将关注点和重心放在双方的共同利益上。

c. 若供方认为需方是一个盘剥客户，则需方使用双赢谈判策略很有可能导致我输你赢的结果，因为双方在开始时的谈判地位就不一致，这个时候若要继续使用双赢谈判策略，要么提高自身吸引力，要么换一个在供方心目中是一个发展型或核心型客户的备选供应商，这个时候双赢的谈判策略才有可能实施。

② 合作伙伴关系。当供需双方发展到这个关系阶段，供需双方普遍希望采用双赢的谈判策略。如下几种商务背景都有可能导致供需双方采用双赢的谈判策略。

a. 需方针对风险性物料，供方认为需方是一个发展客户或核心客户。

b. 需方针对成本性物料，供方认为需方是一个核心客户。由于前文提到过，对于成本性物料，需方一般采用我赢你输的谈判策略，此时考虑的是一些更加具体的情况，如供需双方的长期发展战略是一致的，供方同时供应其他战略性物料的情形。

c. 需方针对战略性物料，供方认为需方是一个发展或核心客户，这个时候供需双方的谈判策略最有可能同时为双赢的谈判策略。双方的共同利益也比较明显，这个时候的谈判进程一般都是非常顺畅的。

（4）双输。

提到这种谈判策略，所有的读者肯定会认为自己不会选择这样的谈判策略。确实，双输的谈判策略是任何商务人员都需要坚决避免的。然而在现实的生活或工作中，却真的存在双输的谈判情景。举个大家熟知的例子，有个美国人将自己的豪华别墅按照 1 美元的价格出售，开始大家都认为这是一个骗局，结果真的以 1 美元的价格成交，原因就是这个美国人与自己的妻子离婚，法院判定夫妻双方共有的别墅需要折算为现金归妻子所有，这个美国人出于长期对妻子的痛恨，便将别墅以 1 美元出售，然后将 1 美元给妻子。这个情况就是非常典型的双输策略。虽然几乎所有人都认为自己肯定不会选择这么愚蠢的谈判策略，然而往往在实际的工作中忘记自己的初衷。因为在很多情况下，人们的情绪会左右理性，进而做出一些不符合理性的决定，这是一个职业的采购人员需要极力避免的。

（5）无交易。

将这个谈判策略称为谈判结果可能更为贴切一些，在很多商务条件下，双方无法达成一致协议。供需双方都无法从此次谈判中获取自己所需，不管是物质上的还是精神上的，都没有达到任何一方的期望，那么好聚好散也未尝不是一种明智的选择。好聚好散还有一个暗示，就是寄希望于下一次交易机会的来临，即使没有交易，也还继续保持着双方的良好关系。

2.3.4 谈判阶段

1. 确定谈判目标

采购人员在开始谈判之前一定要有清晰的谈判目标，这个目标是后续谈判策略选择的指南，并且谈判人员需要在整个谈判进程中牢记采购谈判目标。但是采购谈判的目标从何而来？谈判目标并不是孤立存在的，采购谈判的目标离不开采购组织的职能目标，而采购组织的职能目标是从企业的战略目标分解而来的，如图 2.11 所示。

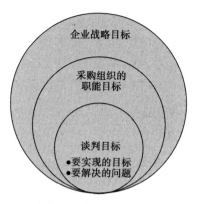

图 2.11　确定谈判目标

设定谈判目标需要注意如下问题。

（1）谈判目标需要量化。

企业战略目标及采购组织的职能目标都是非常具有方向性的指南，而在制定谈判目标的时候，每个需要实现的目标必须是可量化的、可落地的。下面是采购委托加工的塑胶配件的谈判目标的部分清单：

① 第一次送检合格率不低于 98%；

② 单个配件重量的误差低于±0.1 毫克；

③ 单价不高于 1.86 元（其中原材料成本不低于 60%）；

④ 生产过程报废率小于 0.08%；

⑤ 紧急服务响应不超过 24 小时。

以上这些谈判目标比类似于如下的谈判目标的表述要更清晰：

高质量/优良的性价比/服务好。

因此，采购人员应该尽量将所需要解决的问题落实到可实现的量化目标上面，给自己的谈判过程订立更加清晰的方向。

（2）设定变量组合。

可以说，变量组合设计得越合理，促成谈判成功的可能性就越大。不管是后续选择我赢你输的策略还是选择双赢的谈判策略，谈判变量越多，双方可选择的余地越大，双方可交换的筹码也越多。变量一般包括价格、质量、交期、服务、技术等各个方面。例如，谈判目标"紧急服务响应不超过 24 小时"可能会涉及下面的谈判变量组合：

① 无条件替换零配件；

② 通过电话提供技术服务；

③ 技术人员到达现场解决问题；

④ 提供一定数量的备料库存。

这些变量的形式越多样，能够调解双方冲突的方式就越多样，前文说过只有找到双方的需求差异才能彼此满足而不牺牲自身利益。

（3）目标需要具有弹性。

给谈判目标一定的变化范围，既可以给参与谈判的人员一定的决策范围，又可以给谈判现场带来一定的灵活度。可以参考如表 2.3 所示的谈判目标的弹性。

表2.3 谈判目标的弹性

	目 标 上 限	目 标 下 限
价格	最低 1.6 元	最高 1.92 元
质量	不良率不低于 99.8%	不良率最高 97%
货期	最快 2 周	不超过 3 周
服务	无条件质保期 3 年	非人为损坏质保期 2 年

2. 选定谈判策略

在前文中我们分析了 5 种谈判策略，除了双输和无交易策略是采购人员需要尽量避免的之外，还需要考虑 3 种谈判策略：我赢你输、我输你赢和双赢。选择什么样的谈判策略需要综合考虑前面提到的谈判因素及供需双方的优劣势和市场环境，在这里介绍一个帮助分析优劣势的工具：SWOT 模型。

SWOT 模型包含了对优势（Strengths）、劣势（Weaknesses）、机会（Opportunities）和威胁（Threats）的分析。优劣势主要着眼于企业自身的实力及其与竞争对手的比较，而机会和威胁则着眼于外部市场环境的变化及其对企业的可能影响。SWOT 模型可以帮助采购人员对已经讨论过的各项因素进行分类比较。SWOT 模型如图 2.12 所示。

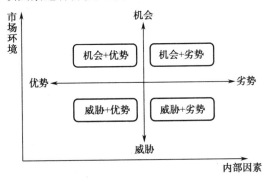

图 2.12 SWOT 模型

作为采购方，企业的优势包括上市公司的资金保障、清晰的采购流程体系等。企业的劣势包括所采购的物料处于新产品研发阶段、购买数量较少、规格不完善、产品变化快等。市场环境带来的机会是，信息技术的快速发展给此新产品带来的美好前景，潜在竞争对手的大量涌入表明此类产品并非我方独家使用；同时市场环境带来的威胁是，先进技术泄密的可能性，潜在竞争者过多，以及消费者可选择的替代产品较多，使用 SWOT 模型分析如表 2.4 所示。

表2.4 使用 SWOT 模型分析

	优势（Strengths）	劣势（Weaknesses）
市场环境 内部因素	● 上市公司 ● 付款信誉良好 ● 行业龙头企业 ● 流程清晰	● 新产品研发阶段 ● 购买数量少 ● 规格不完善 ● 变化快

机会（Opportunities）	优势+机会（利用这些）	劣势+机会（改进这些）
● 信息技术进步，要求对新的通信产品的需求 ● 潜在竞争导致产品供应较为通用 ● 上游企业开发新产品，满足新需求	● 加快新产品的研发进度，抢占市场先机，将此前景描绘给供方，增加吸引力 ● 充分显示自身优势，与供应商合作开发新产品	联合购买，规格标准化，提供可选择的设计方案
威胁（Threats）	优势+威胁（监控这些）	劣势+威胁（避免这些）
● 新技术被供应商泄密 ● 潜在竞争者多 ● 消费市场选择替代产品的压力	注意保密措施的制定和实施，尽量提供给供方利益保障；多做市场推广，加快研发进度	慎重选择供方合作伙伴，增强研发实力，尽量选择规模相当的供方，重视此款新产品

以上分析表明，一方面，我们需要寻找一个重视此款产品开发的供应商，并且愿意配合新产品研发阶段的需求，同时乐意接受我方能够提供的各项优势，如付款信誉良好，龙头企业的名声等。同样，我们将卖方的优劣势也放入 SWOT 模型进行分析，可找出对方可能会存在的谈判优势。另一方面，我们还需要将我方与供方同时放入 SWOT 模型中进行分析，找到谈判优劣势，如表 2.5 所示。

表 2.5 用 SWOT 模型分析双方优劣势

优势（S）		劣势（W）	
我方	● 上市企业 ● 付款信誉良好 ● 行业龙头企业 ● 流程清晰	我方	● 新产品研发阶段 ● 购买数量少 ● 规格不完善 ● 变化快
供方	● 技术实力强 ● 专业性强 ● 良好的客户服务意识 ● 良好的供货渠道	供方	● 缺乏创新 ● 经营模式陈旧 ● 销售人员过剩
机会（O）		威胁（T）	
我方	● 信息技术进步，对新型通信产品的需求 ● 潜在竞争导致产品通用性	我方	● 新技术被供应商泄密 ● 潜在竞争者多 ● 消费者选择可替代产品的压力
供方	● 信息时代的发展，带来转型机会 ● 上下游产业链日渐成熟	供方	● 转型过程中无竞争优势 ● 新领域无客户资源

通过供需双方的优劣势对比，采购方可发现如下谈判优势。

（1）上市企业的资金保障给供方带来合作的信心。

（2）供方在寻找转型机会，而新产品的研发给供方带来希望。

（3）供方销售人员过剩，要么开发新领域，要么开发新市场，所以对新产品的开发是一个机会。

（4）供方在新领域无客户资源，也正好可以给供方带来机会。

SWOT 是一个分析工具，其目的就是找出供需双方的优势，然后选择谈判策略。

3. 谈判进行阶段

谈判一般是面对面的会议，前面所做的准备和分析都需要在谈判进行阶段一一实现，这个过程能够体现谈判当事人实现谈判目标的能力。谈判进程是一个动态的过程，前面的所有准备都无法避免在谈判现场出现意外的可能性。下面我们来看一下谈判会议的阶段。

（1）开场。

在谈判中，最常见的开场白是"最近怎么样，还好吗"，大家对这句话非常熟悉，但里面却包含着许多谈判技巧。

① 这个问题有助于与对方快速建立起交谈的氛围，至少让对方感到亲切和蔼。

② 这是一个问句，提问是收集信息极好的方式，我们在前文的分析中就已经知道信息收集对谈判的重要性。

③ 关注对方的情绪和感受，让对方比较轻松地进入谈判主题。

谈判是一种特殊的会议沟通形式，因此也需要关注会议的注意事项。

① 准时参加。这是作为商务人员最基本的要求，是否准时出席谈判也是对谈判本身重视程度的体现。另外，如果谈判有限时性要求，是否准时参加有时都能变成一种谈判筹码。

② 列好议程清单。议程清单要提前发给所有参与人员，在开场时进行实际确认，并根据实际的参与人员、时间和场地进行更新。

③ 布置会议现场，熟悉谈判场地。如果参与谈判的是一个团队，那么需要根据谈判场地来安排谈判人员的座次顺序，这样不仅有助于双方关系的建立，而且有助于促进谈判的进程。

（2）信息交换。

根据谈判策略的不同，信息交换阶段所花费的时间也是不同的。一般而言，采用双赢谈判策略的话，信息交换阶段会是一个非常长的过程，谈判双方会将各自现有的状况进行充分交流，并帮助彼此挖掘潜在的需求和机会。在这个阶段，不断进行思想碰撞、头脑风暴而提出不同的选择、可替代方案是非常重要的。在双赢谈判中提到的创新也是在这个过程中产生的。信息交换时有一些基本原则：

① 不断提出方案，并适时停顿总结；

② 尽量提出不同的变量组合；

③ 及时澄清对方的想法并要求对方总结我方的观点，以达到充分理解的目的。

另外，由于这个过程的持续时间相对较长，而且将对后续的讨价还价阶段奠定一定的基础，因此需要提醒大家在信息交换的过程中注意以下几个方面。

① 谈判态度。参与者在谈判中表现出来的态度将对谈判结果产生直接的影响。如果参

与者心里期待的是一场"战斗"，那么谈判结果通常会如愿，对从中获得的利益也会大大减少。谈判时要坦诚相待，如果你天生好胜心强，在谈判开始时可以提醒对方："如果你觉得我语言过激，太咄咄逼人的话，可以稍作提醒。"这样，对方会重新设定期望值，化解潜在的矛盾，而且会觉得你更真诚，增强对你的信任感，同时你也不必佯装高兴、伪装自己而在谈判中表现得极其不自然。接下来你就可以集中精力去谈判了。很多人都对谈判中怀抱真诚存有偏见，觉得大家都是尽量隐藏自己的本意，担心被对方发现弱点，从而变成攻击的对象。然而，刻意隐藏只会导致双方缺乏信任，真诚的态度并不意味着你必须披露一切，而是适度披露谈判信息，披露的信息量以最终能够实现自己的目标和让对方感到舒适为限，对于其他信息，你可以说"暂时还不方便告诉大家其他内容"。

② 验证假设。在准备阶段收集信息的时候，我们已经对谈判对方的情况和状态进行了分析，对供方可能采用的策略和战术也进行了假设，此时就是验证我方猜测是否正确的一个过程。可以通过引导性的提问和假设试探对方，使其对某个方面发表观点，而且此时也是试探供方对我方态度的一个过程。在供应商偏好分析中，我们是根据客观数据进行假设判断的，而实际上对供方将我方置于什么样的地位却不得而知，必须通过信息交换来验证这些判断。

③ 注意倾听和提问。倾听和提问的技巧在"商务沟通"部分已经详细分析过，这里就是运用的时机。倾听在谈判中占据非常大的一部分，特别是在团队谈判中，因为每次发言的过程中都只是一个人说，其他人听，谈判者大部分时间都是在听，如何在听的过程中有效推进谈判进度，就要考验谈判者的倾听技巧了。

这里提醒大家注意，倾听关注的是"主动听"，即重复要点—及时反馈—自我见解，这个过程可以快速获取对方言语信息的方式，同时能够传递个人态度。其中"重复要点"是从自己的角度阐述对方的话语，以避免误会，在重复对方话语的时候也可以让对方意识到自己的话语是否有不妥之处。

提问的方式非常多，谈判中经常用到的是开放型问题、封闭型问题和引导型问题。在不同的背景中运用不同的提问方式可有效得到自己想要的信息，甚至达到自己的预期结果。

（3）讨价还价。

到这个阶段，谈判双方已经能够通过前面的所有准备和信息交换建立基本的信任关系了，此时需要根据各自的谈判目标提出实质性的要求。讨价还价持续的时间段，会根据谈判策略的不同而有所不同。一般而言，在双赢谈判中，在信息交换阶段持续的时间较长，双方为了充分理解彼此的背景、立场和需求，而通过信息交换的途径挖掘彼此潜在的优势来满足不同的差异化需求。已经达成初步意向的，在讨价还价阶段就比较容易进行；在其他谈判策略中，如果信息交换阶段交换的信息并不充分，或者谈判双方的信任关系不足以快速达成意向，那么讨价还价阶段就会进行得比较辛苦，双方在立场上纠缠不清更容易导致后续的矛盾和冲突。

在这个阶段需要坚守一些基本原则：

① 牢记谈判目标；

② 释放各种谈判变量，合理取舍；

③ 关键是要坚持找到实现的途径；

④ 尝试放弃对己方价值稍小而对供方有较大价值的变量,做出让步,并适时索取回报。

在讨价还价阶段,应快速解决实质性问题,谈判双方需要将达成一致的意见记录下来。而且这是一个高质量、高效率的过程,采购人员需要敏感地关注这个阶段的发展动态,根据是否达到自己谈判准备阶段的预期目标而选择继续进行或中场休息,巧妙利用中断、休庭等时间来达到自己的谈判目标。

① 解决冲突。

在讨价还价阶段可能已经出现不同层面、不同程度、不同人员之间的冲突了,所以解决冲突掺杂在讨价还价的整个过程中。这里单独提出这个阶段的目的主要是提醒人们关注这个问题。在人们长期的经验里,冲突带来的影响都是负面的,如由于冲突导致情绪化,关注情感而忽视事实,变得固执等。这里首先需要提醒大家的是要正视冲突。冲突并不是有百害而无一利,有效地解决冲突不仅不会伤害双方的感情,还会由于双方的努力而加深感情。

我们需要看到冲突能够带来的正面影响:冲突使大家同时关注问题的存在;冲突能够暴露潜在的问题,进而促使人们解决它;经历了冲突能加深感情;解决冲突的过程也能提升个人对问题的解决能力。

在实际采购谈判中,冲突来源于 3 个主要方面。

一是观念不同。每个人都有不同的知识背景和经验,所以观念不同导致的冲突最常见,而短时间内改变人的观念也并非易事,这个时候需要谈判双方进行换位思考,找到差异化的本质,如果不影响谈判主基调,双方并不需要刻意关注这些冲突,应将冲突进行弱化。

二是情绪冲突。由于言语、动作和行为等原因导致的情感冲突,包括愤怒等,这些情感冲突会影响谈判的进度与质量。这个时候应先处理情绪再处理问题,直面情绪,开诚布公并得到双方的理解,在适当休息之后再回来继续谈判。

三是关注点不同。由于关注点不同而导致的冲突,比较简单的解决办法就是重回问题本质,关注需要解决的问题并关注共同点。这里的难点是双方意识到存在关注点的不同,因为这种冲突的实质一般会隐藏在情绪化下面。

冲突的解决方式会根据谈判双方感情基础、关系程度的不同而有所不同,这里介绍几种解决冲突的方式。

a. 共同合作。进行头脑风暴,双方共同提出解决问题的各种方案并验证其可行性。

b. 让步。这个谈判变量对供方价值更大而对己方价值稍小。特别是当己方处于谈判劣势的时候,适当的让步是一种理性的选择。

c. 竞争。双方都重视这个谈判变量,在追求自身利益的时候,双方都努力达到自己的目标。

d. 回避。用在对己方谈判价值不大的地方,或者用在对己方产生不利影响的地方。

② 达成协议。

在讨价还价阶段,会陆陆续续地出现一些或大或小的决策;在达成协议阶段,将回顾整理这些决策,并为完成这些决策确定下一步计划、任务和负责人。谈判中的决策都还只停留在书面层次,达成协议是为实际操作奠定基础。后续执行过程中肯定还会遇到不少问题,达成协议就是提前对可能遇到的问题做出预估,并提前准备好解决方案。在这个阶段,需要记住：

a. 核对决策是否与双方谈判的结果相符，如有不符应及时提出更正，否则很有可能会再次重复小范围的谈判；

b. 确认谈判目标是否都已经实现。在实际的谈判过程中，肯定有些目标是没有完全实现的，此时是重新折回继续谈判还是暂定决策，要根据谈判目标的重要性和谈判战略而定；

c. 确定谈判结束后实际执行的负责人和执行期限；

d. 草拟协议文件，最好是达成协议的双方能进行书面确认。

4. 谈判结束后

（1）谈判结束后的主要任务。

谈判结束后有两大主要任务：签署正式协议和监督执行达成的协议。签署正式协议是为了保住谈判中的努力成果，并确保协议中的条款能够实施，谈判的结果是谈判过程的结束，同时是与供应商合作关系的开始。在签署协议的时候需要注意：

① 请求法务部门协助评估协议/合同的法律风险；

② 不添加、不遗漏任何谈判过程中达成的协议；

③ 尽早签署正式协议；

④ 设定协议执行的关键时限。

签署完协议之后，关键就在于执行方案和监督实践。这个过程也是非常重要的，所有的协议不进行执行，前面的谈判都是无意义的。此时采购人员需要做的是：

① 将协议存档，加速行动；

② 通过各种正式、非正式的方式和场合来监督协议的落实程度；

③ 跟踪价格、质量、交付等谈判变量的实际执行；

④ 将协议与供方的表现进行对比，并提取信息作为下一次谈判的素材；

⑤ 若有行动严重偏离协议，或者重要条款有偏离，则应召开会议讨论各项对策。

（2）对谈判进行总结和评估。

任何谈判都是一次宝贵的经验，在谈判结束之后需要进行总结和评估，主要关注人和事两个方面。

① 分析谈判者的性格和谈判风格。

不管是我方还是供方，都需要分析参与谈判的各位人员的性格和风格，一方面对前文提到的分析假设进行验证，另一方面总结提炼，为下次谈判准备信息。采购人员在分析谈判者的性格和风格的时候需要关注如下重要信息：

a. 谈判者是否善于计划和总结提炼；

b. 谈判者是否努力将蛋糕做大，而不仅关注立场；

c. 谈判者是否善于运用聆听和提问技巧；

d. 谈判者是否在压力下进行决策；

e. 谈判者是否能时刻关注目标；

f. 谈判者是否重情感而缺乏理性；

g. 谈判者是否能就事论事；

h. 谈判者是否容易被他人情绪所影响；

  i. 谈判者是否能有效提出建议并被大家轻松接受。

  ② 分析和总结谈判过程。

分析谈判过程包括分析谈判目标、策略及过程的各个方面：

  a. 目标设定是否清晰准确；

  b. 变量组合是否丰富；

  c. 谈判策略的选定是否最佳；

  d. 信息准备阶段的信息是否充足够用；

  e. 谈判人员的分配是否合理；

  f. 最佳备选方案是否发挥作用；

  g. 谈判过程中出现意外的原因是什么，处理得是否得当；

  h. 谈判过程的记录工作是否充分；

  i. 总结分析是否到位。

  对谈判进行总结和评估的作用非常重要，不管是成功的谈判还是失败的谈判都能给下次谈判提供丰富的素材和信息，而且即使谈判失败也能促进双方的认识、感情和信任状态。前文已经提到过，信任并非是一朝一夕或口头承诺能换来的，而是在一次次谈判和交易中慢慢建立起来的。从这个角度看，采购人员应该充分把握每次谈判机会，即使运用了我输你赢的策略，输了谈判，也能在更长远的合作中换取信任和感情，这也是一笔宝贵的财富。

2.4 采购双赢谈判

▋ 引导案例

  快易达科技股份有限公司是一家大型终端设备制造企业，主要生产制造通信终端设备。该公司成立于中国改革开放初期，经历了制造业蓬勃发展的时代。自 21 世纪开始，所有的制造业都面临着人力成本和管理成本上升的挑战，所有的制造加工企业都开始告别了高增长的经济黄金时期，取而代之的是高增长下隐藏的高成本，所有的企业都开始意识到采购部门的重要性，因为采购部门每一分钱的节约都将直接转化为企业的利润。因此快易达公司一面将公司内部高层管理人员送到各个商学院，学习采购与供应链的知识，一面吸纳其他具备实战经验的采购职业经理人来公司做一些采购与供应链流程的改善工作。每年的成本节约绩效目标都是采购与供应部门非常重要的一项指标。

  新美创公司是一家民营企业，与快易达公司合作长达 10 年之久，快易达公司的总裁与新美创公司的总经理经历过创业初期的共同努力，已经结成了战略合作伙伴关系。随着快易达公司的经营理念的不断完善，新美创公司也一直保持着同步更新的速度以完善自身的企业制度，不断接受来自信息时代的各种不同的新理念。

  截止到 2014 年，新美创公司所供应的所有产品线的销售金额已经占据快易达公司总采购额的 30% 以上，而且这些产品都属于快易达公司主营业务的关键零配件。在 2015 年即将到来之际，快易达公司决定将在中国最畅销的一款产品进行升级换代、重新包装，冲击美国市场，试图抢占美国最大的一家竞争对手在美国的市场，这就要求在提高产品质量的同时降低成本。快易达公司首先将此战略目标与新美创公司分享，新美创公司表示一定全力支持。然而，由于快易达公司在进军国际市场时候，需要对自己的供应商资源库进行升级改造，所以新美创公司首先提出在 2015 年新年伊始准备上市的计划。在 2014 年年终总结大会之前，快易达公司与新美创公司开始了一场艰苦的谈判，谈判双方希望实现快易达公司在 2015 年的降价计划，同时满足新美创公司准备上市对客户缩短账期的要求。

由于多年的合作，快易达公司与新美创公司已几乎将所有能够采取的成本节约方案都尝试过，包括最开始的集中采购、非标产品标准化、供应商参与研发阶段选型等，双方意识到仅凭双方的努力已经不能够解决战略合作伙伴的双赢需求了。在 2014 年的最后 1 个月，快易达公司资深供应链总监找到新美创公司的总经理，告知其可以通过第三方金融融资公司——鑫鹏峰投资有限公司付款来缩短新美创公司的付款账期。在 2015 年年底，鑫鹏峰投资有限公司将根据整个年度的交易金额返点 3%，这就意味着，快易达公司无须做任何的工程变更和流程变更就可以得到 3% 的成本节约，而同时将新美创公司原来的 180 天汇票缩短为 60 天后现金付款，鑫鹏峰投资有限公司只需要拿到快易达公司 60 天的汇票就可当日兑现，进行金融投资，在 60 天后将现金付给新美创公司即可。现在不仅快易达和新美创公司的合作关系更加紧密，也实现了鑫鹏峰投资有限公司将其他交易金额较大的供应商吸引过来做第三方付款的尝试。

案例启示： 在上述案例中，供需双方的这一次创新性尝试，使众多供应商也看到可以为自己带来的账期优势，纷纷表示愿意尝试这种新兴的付款方式，金融机构的客户群体越来越大，可流动的资金也越来越多。对于金融公司而言这就是最大的业务支持，而从需方角度考虑，金融公司的业务增长越快，对需方的返利越多，达到了三赢的局面。双赢谈判，是信息发展导致市场透明之后，供需双方的必然选择。任何我赢你输或我输你赢的谈判策略在战略合作伙伴的关系阶段都是不适合的，而且随着供应商上下游的整合，信息流动更加扁平化，只有供需双方抱团取暖才能发展壮大。双赢谈判并不是流于形式或口头承诺，而需要供需双方开动脑筋、敞开胸怀，大力挖掘创新性谈判变量，从而满足供需双方不同的深层利益需求。

2.4.1 双赢谈判在采购中的有利作用

在商务背景中，供需双方的立场不同，但是并不代表利益不同。双赢谈判就是达到双方各自的利益需求，又不影响对方的利益需求；双赢就是将蛋糕做大，各取所需，共同发展。在引导案例中，我们看到供需双方利用创新性方法来达到双赢谈判的最终结果，我们甚至看到由于引入了第三方金融机构，带来的三赢局面，这给其他供应商提供了一个谈判选择。在采购谈判中，双赢谈判带来的有利作用包括以下几个方面。

1. 建立更长远的合作关系

毋庸置疑，双赢谈判策略建立的基础就是一些战略性物料或战略合作伙伴关系，每次双赢谈判又再次巩固双方的战略合作关系。而且从供应链的角度来说，在双赢谈判的背景下有时候涉及的不仅是供需双方的利益关系，而是上下游的整合，或者专业细分企业的进入（引导案例中的投资机构就是财务专业细分的一类企业参与到供应链中）。更何况，在信息社会，已经出现了不同行业之间的跨界整合，如金融供应链就是一个典型的跨界概念，但是也与采购与供应链有不可分割的关系，这里的跨界都是由初始的供需双方的双赢或者多赢观念衍生出来的概念。从这个角度可以看到，长远的合作关系不仅仅着眼于供需双方之间的关系，而是可以开始关注跟谈判有关的任何企业甚至行业。

2．满足供需双方不同的需求

双赢谈判能够顺利实现的一个基础就是双方不同的利益诉求。双赢谈判能够存在的基本原因就是双方存在差异，这里的差异指两方面：一方面是双方观念、背景、想法存在差异，这个方面的差异性带来更多创新的可能性；另一方面是双方的深层利益存在差异，深层利益可以存在多种表现形式，而并非是采购人员经常看到的价格和金钱，有的供应商关注的是订单的数量，而有的供应商关注的是订单的稳定性（对数量要求不高，但要求每段时间都有）；有的供应商希望能够拥有大的交易金额，而有的供应商则希望拥有一个跨国公司企业成为自己的客户这种名声。这些利益需求有的来自物质层面，有的来自精神层面，甚至有的交易只是为了用金钱换取时间。供需双方至少有不同的深层需求才能进一步讨论如何满足双方的双赢谈判。

3．带来更多的潜在机会

有了前面两个有利条件做铺垫，自然就会带来更多的潜在机会。采购人员都曾有感受，如果能给谈判对手留下希望达成双赢的印象，那么在日后的常规合作中对方是非常容易想到与自己合作的。

2.4.2　双赢谈判的障碍

虽然上文提到很多关于双赢谈判的优点和带来的有利作用，但是作为采购人员都知道，在实际的采购谈判中，双赢谈判并不容易达到，很多谈判虽然口头强调着"双赢"，在实际的谈判中却并不关注对方利益，特别是在一些供需双方还不是很熟悉的情况下，若对方提出双赢的合作伙伴关系，无非是将双赢谈判变成了一种商务场景中的寒暄之语。构成采购中双赢谈判的障碍有如下几点主要原因。

1．缺乏信任

传统的供需双方来到谈判桌前都是立场对立的，无法达到共同的目标，各方都希望获得更多的利益，并且这个利益的获取都是建立在牺牲另一方的利益之上的。所以这样的观念导致供需双方在提及对方利益需求的时候都变得异常敏感，坚守自己的立场，担心每次放松都会造成自身利益的损失。表面上大家都是一团和气，但内心深处并不信任对方，这就是双赢谈判在一开始就没有基础的原因。

2．客观事实中夹杂情面

商务谈判虽然都是基于事实，就事论事，但是由于供需双方参与者都是人，而非机器，会不可避免地涉及主观感受。在谈判现场，被对方的情绪所影响，或者忘记自己的谈判初衷，谈判对手的强势会让自己很没面子，这就是将主观情面问题夹杂在客观事实中的直接体现。

3．缺乏创新

从前文快易达公司的案例中我们可以看到，创新是需要在行业中有较深的专业积累才有可能想到的解决方案。另外我们试想，如果是在 20 世纪 90 年代，采用第三方金融公司付款，这种想法很有可能被对方怀疑是骗子，这就是时代发展的趋势。随着金融业的日益完善，第三方金融机构才被各个企业逐步接受，因此创新也需要紧跟时代发展的趋势和步伐才能想到适合当时背景和需求的解决方案。如果能够让双方都获利，满足各自需求，不管是需方也好还是供方也好，何乐而不为呢？问题的关键就在于找不到"将蛋糕做大"的创新方案，不仅将思维固化，同时也将谈判方式固化，导致创新的理念无法在谈判双方的观念中生根发芽。

2.4.3　如何实现采购中的双赢谈判

1．分析是否适合双赢谈判

前文分析了影响谈判的各项因素，只有在某些商务背景下才适合使用双赢的谈判策略。例如，分析物料属性、供需双方的关系阶段等。重点考虑如下背景，可以使用双赢谈判策略：战略物料的采购，供需双方处于战略合作伙伴关系阶段。是否适合采用双赢谈判策略，更多的是需要考虑选择谈判之前的时机和确定双方的谈判地位。作为采购人员，大家都清楚，谈判地位是一个动态的相对地位。

案例分享：

康信集团是一家大型电视机制造企业，在互联网时代，康信紧跟科技和社会的发展潮流，不断推出各种互联网电视来满足市场的需求。同时，随着白色家电的时代慢慢走向没落，各种电子设备有逐步取代电视机的趋势，康信在重视电视机功能上的多样性和外形的美观之外，还需要同步追求成本最优。安森集团是一家集成芯片制造商，为康信集团提供各种具有控制功能的主芯片，与康信集团合作多年。康信集团在电视机行业占有较大的市场份额，但是比起安森集团的全球销售业绩，康信集团只是安森集团的一个非常小的客户。相对于销售业绩，安森集团更看重的是康信集团在电视机行业的名声和地位，康信集团也明白安森集团在维持主芯片的稳定供应方面做出的配合和支持，因此康信集团在每年的谈判中也考虑如何做出有条件的让步。

在 2014 年即将结束之际，康信集团考虑邀约安森集团对主芯片的价格和服务进行谈判，希望安森集团在价格方面提供更加有力的折扣条件，以便康信集团能够与移动通信行业领先的手机制造商——酷龙手机合作生产手机电视。另外，酷龙手机希望康信集团提供稳定可靠的集成方案及价格低廉的成本方案。

在互联网连接不同行业进而进行行业整合的商业背景下，安森集团并不希望自己被移动终端行业所抛弃，关键是选择哪个合作伙伴。是否选择康信集团作为自己在移动终端的突破口，决定着安森集团今后的行业发展方向。于是，康信集团提前与自身的研发团队沟通，让其提供移动集成方案，然后组建一个专业的谈判团队，先与酷龙手机商谈关于集成方案的发展前景，让酷龙手机对自己有一定的信心。之后，康信集团又来到安森集团对主芯片的价格和服务升级问题进行谈判。康信集团与酷龙手机之间的提前谈判让康信的信心倍增，同时安森集团也了解到酷龙手机对康信集团的意向。在这样的商务背景下，安森集团也决定选用双赢的谈判策略来支持康信集团，将新的产品推出市场。

在这样的前提下，康信和安森集团各自在心理上都向对方走近了一步，康信集团在第一次谈判中尝试将自己的双赢谈判方案展示给安森集团，安森集团虽然表现出极大兴趣，但是对于康信能否跨入移动终端行业仍然保持疑惑。康信集团在得到这样的信号之后，邀请自己的集成方案团队出面，向安森集团展示了方案的美好前景，并提出休息一段时间让安森集团进行消息核实，而实际上康信集团利用这个时间，邀约酷龙手机进行第二轮商务谈判。此时康信对自己的成本结构表现出满满的信心，并告知酷龙手机自己已经得到安森集团的全力支持，而酷龙也有耳闻安森集团最近一次与康信集团之间的友好谈判。在这样的心理暗示下，酷龙终于答应与康信集团合作。走完这一步，康信集团已经成功了一半，当他们再次出现在安森集团的面前时，已经不再是一个发展客户而是一个核心客户了，安森集团决定不管是在价格折扣上还是在战略发展上，都将康信集团作为一个核心客户来服务。

从以上案例可以看到，康信集团在开始的商务背景中，并不具备谈判优势，因为从安森集团的角度看，康信集团只是安森集团的一个发展客户而非核心客户。虽然康信集团所采购的零配件属于战略性物料，康信集团希望采用双赢谈判策略，但是在实际的谈判中，由于安森集团可能会采用我赢你输的谈判策略，而导致康信集团的初始谈判目标不一定能够实现。然而在经过一段时间的发展后，康信集团有效地利用了短短的时间差，争取到酷龙手机公司的合作意向，哪怕只是意向阶段，康信集团就成功地将这个潜在优势变成自己的谈判筹码，双方的谈判地位很快发生了微妙的改变。如果说在开始阶段，安森集团只是将康信集团培养为核心客户列入计划中的话，到了这一步，安森集团已经开始将康信集团视为核心客户。谈判双方是否适合使用双赢谈判策略是站在客观分析的基础上得出的战略决策，并不是拍脑袋做出的决定或仅凭口头承诺进行的浮于表面的谈判。

2．打破旧观念

当今社会已经不再是信息不对称的年代，所以不太可能通过信息蒙蔽来获得谈判优势，更不可能通过威逼利诱来获得双赢的谈判结果。建立战略合作伙伴关系需要避免使用我赢你输的策略，因为蛋糕是可以做大的，而并非将自己的利益建立在对方的让步甚至牺牲上。不可将"双赢"变成一种口头承诺，或者以双赢的名义进行欺骗，诱使对方提供更好的条件，这些诡计不可能长久生存。如果采用欺骗的手段将给双方的信任带来毁灭性打击。

3．建立信任关系

信任的关系并非一朝一夕可以建立起来，也并非三言两语可以建立起来，它靠的是双方的长期合作以及共同进步中的相互支持。在谈判中，双方互相出谋划策，或者进行全方位的支持与合作才可能慢慢建立起来信任关系。信任是一种主观感受，但是却也可以通过数据进行量化，如供需双方合作时间长短、供需双方交易的次数、供需双方交易金额的大小等，对这些可量化的数据进行统计然后分级，就可以得出双方的信任程度。

4．勇于创新

创新决定了双赢谈判到底能在多大程度上满足双方的共同需求。在快易达公司的案例中我们看到，在未有第三方金融公司出现之前，要想找到一个创造性的解决方案是比较困难的。而且在第三方金融公司首次提出给快易达公司进行付款的时候，快易达公司的相关负责人不可避免地会思考由此带来的风险。风险与收益往往是成正比的，那么是否选择第三方付款就考验了当事人是否有敢于创新的勇气。这里有两个层面，第一个层面是提出创新，第二个层面是创新在眼前，是否有勇气实施创新。在这里，谈判级别越高，创新的要求也是越高的。我们可以将以上因素归结为一个"杠杆模型"，如图 2.13 所示。

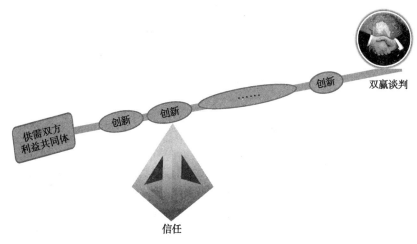

图 2.13　双赢谈判的"杠杆模型"

这个"杠杆模型"非常形象地将"信任"、"共同利益"以及"创新"体现在杠杆的不同着力点，最终撬起双赢谈判的合作模式。信任是基础，没有信任，杠杆效应根本无法实现；供需双方的共同利益是着力点，只有双方共同的利益越多，用力才更大；而创新就是支点，双赢谈判究竟能达到什么高度，完全取决于创新的程度。

2.4.4　双赢谈判中的技巧

谈判策略确定之后，一般都会有较多的谈判技巧需要运用在谈判进程中，以帮助实现谈判策略。在后文会具体介绍每种技巧的使用，这里主要介绍双赢谈判的过程中需要注意使用的技巧。

1. 记住双赢谈判的最终目标

双赢谈判的最终目标非常明确，就是供需双方都能满足自己的最终需求。供需双方是通过谈判的过程来达到自己的目标，然而很多人（在实际的工作中，我们发现这类人并不是少数）的谈判行为与自己的目标相悖，如情绪化等，这都是谈判主体不成熟的表现。供需双方在谈判中的所有行为都应该使双方更接近最终目标，除此之外的任何行为都无关紧要，应尽量避免。

2. 重视谈判对手

在这里，谈判对手更多地体现出合作伙伴的角色。将自己放在对方的位置上，进行换位思考；将对方置于自己的位置上，来揣摩对方的观点、情感、需求和信任度等。避免使用不正当的手段和诡计，因为这样只会导致信任度的破坏，从而导致双赢谈判破裂。

3．关注情绪化

谈判双方都是有情感的，一场谈判越重要，谈判主体越容易变得不理性。不理性就会导致情绪化，情绪化就会导致忘记目标、忘记初衷，并且无法听取别人的想法。对失去理性的人说再多也是枉然，尤其是讲道理。在双赢谈判中，需要关注对方的情感世界，关注情绪，希望将大家都带回理性的轨道上。

4．关注目标而非形式

谈判没有万能的通用模式。对不同文化背景的人，选取的谈判地点、时机及参与谈判的人员都会不一样。但是这些都不应该影响双赢谈判的最终目标，谈判双方应该努力寻找双方的共同需求进而满足。

5．寻找差异，并将差异变成可交换的需求

双赢谈判的本质是供需双方的需求有差异。如果双方站在同一个谈判变量的立场上，就像拔河比赛的双方，肯定就是一方赢，一方输；如果双方有不同的利益需求，有人关注现金，有人关注名声，有人关注时机，有人关注机会……双赢谈判的两方差异越多，双方能够各取所需、达到双赢目标的可能性就越大，而不牺牲他人利益不也正是双赢谈判一直追求的吗？

6．摸索对方的谈判准则

双赢谈判进行的前提是双方的充分了解，所以不要担心正式谈判之前双方的理解过程是在浪费时间。谈判对方对谈判原则的认定会给双方一个限定或框架，这样就不至于在谈判过程中走向崩裂的边缘。

7．保持沟通顺畅

双赢谈判的过程并不可能一帆风顺，如果出现不友好、不和谐的气氛，双方需要开诚布公，保持沟通顺畅。前文提到在谈判中要关注情绪化，如果发现谈判双方已经开始偏离双赢谈判的轨道，有一些情绪化的时候，需要互相提醒，这个时候选择暂停并休息也是一个非常好的策略。

8．寻找问题症结并转化为机会

在双赢谈判中，供需双方都努力找到共同利益点，但是这个探索的过程是艰难并长期的，我们不仅要搞清楚对方采取行动的原因，更要考虑自己采取行动的出发点是什么。若在谈判中出现了冲突，如何将冲突变成问题的突破点，这都需要双方真诚的努力和探索。只有将这些问题症结找出来并解决完毕，才是将问题变成机会的过程。

9．列好谈判议程

在进行谈判之前列好谈判议程表的作用是非常大的。首先，便于确定最终目标，防止谈判途中发生谈判目标偏离初始设定的目标；其次，谈判议程可提示谈判重点、谈判策略和谈判技巧，这些信息可帮助提醒在谈判进程中把握重点。谈判议程是一种准备充分的体现，只有准备好了，从能信心满满地开始谈判。

2.5 采购谈判技巧

本章节将介绍一些在采购谈判中常用的谈判技巧。所有的谈判技巧都是为谈判目标而服务的,采购人员需要避免一些华而不实的谈判技巧,更加需要拒绝那些忽视谈判目标和谈判策略而空谈的谈判技巧。所有的谈判技巧都是一种工具,就像一把剪刀,这把剪刀会用来裁剪漂亮的服装还是用来行凶,关键在于使用人的动机是什么。所以采购人员在开始谈判之前,需要正式确认自己的责任和任务,再从自己的工作经验中选择谈判技巧。谈判技巧的真正目的是用在实际谈判中,所以接下来的谈判技巧都将在一定的案例背景中向大家展示,希望大家在学完之后能够运用到实际的谈判工作之中。

2.5.1 常用技巧

1.注意暖场

暖场的目的是顺利将谈判引入正式谈判的轨道,营造双方谈判的和谐气氛,尽量避免火药味和咄咄逼人的气氛。暖场的技巧并不难,关键是谈判的主场负责人是否愿意用和谐、亲切的方式进行暖场。

案例分享:

小王在公司已经工作了3年,刚从采购助理晋升为采购工程师,从事低压工控零配件的采购。小王采购的一款高频变压器的规格型号在市场上货源较少,主要原因是这个规格的变压器是日本一家制造商生产制造的,而日本与中国的贸易条款限制了此款型号在中国的交易。小王目前是从此变压器的代理公司S公司购买,S公司的销售经理代理张先生的产品线比较广泛,此款高频变压器只是S公司业务范围内非常小的一个方向。因此小王每次与张先生沟通,张先生都不是非常热情。每年第2个季度都是小王采购高频变压器的高峰时期,而这个时候也是小王担心变压器缺货的季节,小王决定邀约张先生到公司来商谈关于变压器后续订货和交付的事情。张先生答应按时参加。

在会谈的前几周,小王精心将S公司所代理的产品线都查询了一遍,并通过各种渠道打听到这些产品线的一些主要客户群。更为重要的是,小王通过一些社群关系,找到这些客户群公司的一些员工,并从他们那里间接打听到张先生目前主要在洽谈的一个客户的一些背景资料。在谈判开始的前一天,小王与行政部商量,将前台的显示屏幕铺满对S公司的欢迎之辞,而且还滚动播放S公司的一些代理品牌信息。在谈判的当天,张先生来到小王的公司门口,当看到对自己公司的欢迎屏幕时,并不太在意,当看到自己公司的代理产品线时,顿时有一些吃惊,并且一种亲切感油然而生。张先生随口说话道:"小王,你对我们公司真的很了解呀。"小王微笑答道:"这些品牌最近我们也在关注,而且研发部门也一直都在催我找一些样品,正好了解到你们也做这些产品。"

在以上案例中,我们发现小王通过非常充足的准备将谈判前的暖场进行得不动声色。由于提前收集了供需双方的信息,了解到采购方在谈判中占据的优势并不是非常明显,只有通过一些细节来提升自己的优势。案例中的暖场就是一种非常有效的做法,通过细节暗示来提升自己的潜在吸引力,让供应方改变感知偏好,后续谈判中,采购方的谈判地位在无形中提升了很多。

2．给谈判变量及目标设定弹性

在前文我们已经提到，设定谈判目标不能设定一个具体值，而是需要有一个弹性范围，增加谈判的柔韧性。这样的好处显而易见：不易导致谈判僵局，谈判范围的存在给谈判一定的灵活性，并给谈判者更多的决策权，有利于提高谈判者的自我认可度。

案例分享：

李娟在一家大型电子制造服务商 F 公司从事采购管理工作。该公司针对每个终端客户提供一个管理团队，包括研发、工程、采购、销售、项目管理、计划、生产、品质等，李娟所在的团队主要服务于亚太地区的终端客户。在一次紧急追货中，供应商在出货时将二维码标签贴错。二维码信息由 F 公司的客户提供，该客户默认供应商熟悉二维码的操作，因此未提供指导说明，而供应商则根据以往的经验贴错了标签。由此导致此批货物在验收时无法入库，品质部门将整批货判退。与此同时，生产部又等着这批货上生产线加工，这些情况全部反馈到供应商管理部门。李娟临时受命与供应商协商，要求供应商在收到通知的 24 小时内将新货补过来。李娟在拿起电话打给供应商之前，仔细到信息系统查询了这批物料的特点，并翻看了公司与此供应商之间合作的历史记录，了解到此供应商已与 F 公司合作多年，所供物料也属于标准物料，但是生产周期较长。同时，李娟发现有一个备选供应商 G 公司一直都在生产另外一种物料，偶尔会与 F 公司同时提供此种物料。李娟决定先找 G 公司进行谈判。李娟意识到由于这次谈判时间紧迫，所以自己的谈判地位非常不利，由于客户要求发出通知后 24 小时内提供新的补货，这个要求有些苛刻，以至于要靠提供其他更优惠的条件来满足这个要求。所以，她决定向客户先争取一些时间宽限，将 24 小时推迟到 48 小时，并且找到当初客户提供给供应商的二维码信息，以此为由，要求客户推迟响应要求。在客户那里争取到时间宽限之后，李娟突然觉得自己的可选择性突然变得更大了，她将交货期限变为 24～48 小时。她不再将新货的补充局限于供过货源的两家公司，而是放开到现货供应市场去寻找更多的现货供应源。同时，这也给李娟与现有供应商之间的谈判增加了灵活性。由于有备选方案的支持，李娟在谈判中显得更加有决定权。

在以上案例中，李娟将时间谈判变量从 24 小时的硬性规定争取到 24～48 小时的弹性范围，给自己增加了许多谈判的自由度。虽然争取这个弹性空间的过程肯定不容易，但是李娟意识到了这是问题的关键点。拿到弹性的谈判变量后，自身的谈判地位随之上升。在这样的背景下，李娟在与供应商进行谈判时，时间问题就不会成为明显的瓶颈问题，李娟也不会再强调时间的紧迫性，避免了供应商以这个条件挟制采购方。在采购谈判中，谈判目标范围设置得越狭窄，谈判的难度就越大，因为谈判目标并不止一个，谈判范围的大小能够产生不同的谈判目标组合，这样也更容易找出供需双方不同的利益诉求，达成双赢谈判。

3．设置更高权威

设置更高权威的谈判技巧在采购谈判中经常被使用。设置更高权威的好处是能够将拒绝点设置在双方无法马上看到的一个虚拟团体或个人身上，将双方潜在的冲突化于无形。

案例分享：

小王每个季度都会采购一批新的工业手套。工业手套属于备品备件中的易耗品，陈老板已经给该公司生产加工此类工业手套多年，非常熟悉工业手套的质量要求和特殊功能要求。近两年，随着人工成本的不断增加，陈老板一直抱怨成本上升导致利润空间下降，必须涨价才能维持公司业务的正常运转。小王听闻之后，请陈老板提供涨价原因说明并提供价格成本模型。小王准备好相关的信息资料之后，约陈老板来自己所在公司的办公室进行商谈。

小王："陈老板最近来我们公司较少了哦，你看我们新装修的办公室怎么样？"

陈老板："确实呢，掐指一算快一年没来了，确实是为公司业务壮大而东奔西走。你们今年的业绩不错啊，办公室装修得这么气派。"

小王："多谢支持，大家共同成长才能长久发展。现在利润空间都很小，不是以前信息不对称的年代了，所以只能靠企业转型，多做一些附加值高的业务。"

陈老板："你说得没错呀，人力成本年年涨，现在的年轻工人自我意识太强，不能靠以前的旧方法来压制他们了。你看马上到年底了，我又要担心明年开年有多少工人会流失，剩下的工人有多少要求涨工资。你看下我给你的涨价原因分析。"

小王："我看过了，你从 12 元的单价涨到 14.5 元，涨价幅度超过 20%。我前几天关注了市政府的薪资水平调查，全市薪资的平均上涨幅度不到 10%，而且根据你们公司的规模和管理，涨幅应该是低于这个水平的。根据这个原因，你的价格应该不高于 13 元。"

陈老板："你说得没错，但是你知道我们新买进的设备是德国进口的吧？机器折旧费用也很高啊。"

小王："去年你就因为这个原因没有给我们公司降价，你们买这个设备已经是第 3 年了，成本应该早就收回来了。"

陈老板："你已经非常了解行情了，问题是你知道我们的设备保养师傅回老家了吧，新招来的小伙子，水平不咋地，工资可不低，这些技能型工人越来越短缺了，我们现在都要求着他们干活了。"

小王："这部分属于人力成本上升。已经算过一遍了。"

陈老板："那涨价就只能是属于管理成本上升了。你可以调查一下，像我们这样组织结构简单的工厂，管理成本已经很低了。如果刨去管理成本的优势，我也只能做到 14 元，这是我把管理成本的优势所得的利润拿出来与贵公司一起分享。"

小王："确实啊，如果是供需双方共同努力得到的利润，就应该大家共享的嘛。你提到设备的问题，我就想起来了，你们给我们公司生产这种手套有 5 年多吧，不管是工人还是设备都是非常熟悉加工过程的，加工损耗应该降低了不少，这一部分的利润也应该与我们共享的呀。"

陈老板："这部分的利润确实有，但是都被工人流动带来的不稳定性给吃掉了呀。如果贵公司非要这一块的利润，只能给个 2 毛钱的让利。"

小王："13.8 元的价格，超出我的批准权限了哇。这个价格，你只能去跟我们采购经理谈了。你多努力一把，争取我们今天就谈下来，明天就可以开始备料生产了。"

陈老板："王先生要把数据分析给他看呀，我是一分钱没敢多要呢。每一分钱都是合情合理的。"

小王："没错，管理人员可不会听我的解释和过程，他们要的是结果。"

陈老板："13 元的价格我是真做不来，就是找你们总监谈，我也没办法，总不能让我赔本给你们做，这样你们以后不也是需要重新找合作伙伴再磨么，这也是成本呀。"

小王："我这里顶多能给到 13.3 元，也给你们一些利润空间，不要让我为难呀。"

陈老板："王先生，我们这样拉锯战没意思的啦。我给你算一算，今年的化纤棉进口配额减少，我们的原材料成本几乎保不住以前的水平了，如果再压价，我都担心有质量问题。再多加 2 毛钱来保住原材料的成本。"

小王："我都跟你说过了，我们经理给我的权限就是不超过 13.3 元，不然我也交不了差呀。"

陈老板："王先生，希望你为我们多争取一下，你的时间也是成本呢。这个价格我接不了，那我约你们经理谈吧。"

小王："好的，我帮你预约，年底了他也经常出差，本周内都在外省呢，你看你下周有时间还是下下周有时间？"

陈老板："下周就太晚了，我们年底要冲刺的呀，不能这么拖。只希望王先生多多体谅，多加一点利润，我才能拉平人员不稳定的成本呢。"

小王："陈老板，人员稳定问题不是靠成本来解决的，后续我再跟你谈谈关于你们人员管理的问题。今天的价格谈判就只能给你去争取 13.5 元，这个价格是不确定的，我要找我们经理商量，让他审批方可通知你这边。"

陈老板："好的，希望你多美言几句。关于人员管理，届时也请你到公司指导。"

之后，供需双方最终答应以 13.4 元的单价成交。

在这个案例中，小王就是依靠更高权威——采购经理来避免谈判现场的冲突与僵局，因为供需双方已经没有更多的谈判变量可以利用了。如果这个时候小王坚持的话，只能宣告谈判失败，或者进行另外一次新的谈判，此次谈判就前功尽弃了。在本案例中，采购人员使用的更高权威是一个实体人物，谈判对手有时候会要求见到这个更高权威。遇到这种情况，采购人员可使用虚拟的更高权威，如供应商评审委员会、专家评审团等这些无法具体确定到负责人的更高权威。这些虚拟人物的存在给谈判对手更不确定的感觉，这个时候采购人员就只有否定权，而将肯定权附加在这个虚拟人物身上。各位采购人员不仅要自己学会运用这个谈判技巧，当对方运用这个技巧的时候，还要学会分辨。至于如何破解这个谈判技巧，就是肯定谈判对手的能力，如"我相信你的话语肯定能够在你的高层领导那里产生作用"，将压力转嫁到谈判对手本身，对方就不得不正面迎敌。

4．让步幅度逐渐缩小

这个谈判技巧在采购谈判中应该是被大家充分运用的一个技巧。一般比较明显地体现在讨价还价的过程中。在上述小王和陈老板的谈判案例中，我们已经看到陈老板就是运用了让步幅度逐渐缩小的技巧。在第一次让步中，陈老板一次性让步 0.5 元，后面就只有 0.2 元，而小王则是先加价 1 元，再加价 0.3 元，最后是 0.2 元，这也比较符合人之常情。越往后，可谈判的空间是逐渐缩小的。让步幅度逐渐缩小，也给对方一个"艰难"的暗示。不然对方只会认为你的空间太大，只会更加努力地提高议价力度。

5．突破谈判僵局

不管是采购方还是供应方，都不希望谈判破裂，而都希望能够避免谈判僵局。在谈判中，谈判僵局存在两种情况。

（1）谈判中止，谈判双方由于意见或态度不一致，无法进行下一步谈判，谈判现场气氛紧张，随时可能爆发冲突甚至争吵。在这种情况下，一般可以考虑中场休息，缓和一下气氛，或者换人进行谈判。这时，突破谈判僵局的关键在于化解冲突。有时候需要分辨谈判者是否在刻意营造一种紧张的谈判气氛。在下文我们会提到，当运用"白脸黑脸"的谈判技巧时，这个营造紧张气氛的人很可能就是在扮演"黑脸"。这需要采购人员根据以往谈判对方的风格进行判断，或者根据自己的谈判经验进行分辨。如果谈判气氛尴尬，中场休息确实为一种双方都愿意接受的方式。

（2）谈判虽然在进行，氛围也比较和谐，但是并无进展，谈判进度并没有向谈判目标靠近。在这种情况下，一般需要谈判主导者首先意识到这个问题，不然即使谈判时间拉长，也并不会有所进展，大大降低了谈判效率，甚至给人一种不严谨的错觉。在谈判主导者意识到这个问题后，应提醒大家关注问题核心，不可偏离主题；如果谈判出现困境，应提示大家同心协力、共同思考，提出解决问题的办法，如进行头脑风暴，或者将已经谈好的条款进行总结，查看是否有遗漏的同时也可启发创新性的思路。

6．黑脸白脸

黑脸白脸技巧一般运用在团队谈判中，参与谈判的一方至少有两个人，其中一人扮演白脸，表现出支持对方的观点，而另一人扮演黑脸，表示反对对方的观点。下面通过一个案例来体会。

案例分享：

张伟在家和美家具制造厂从事木制家具原材料的采购工作，购买的原材料主要为胶合板、刨花板和中密度合成板。家和美是一家具备进出口权限的制造商，是集设计、研发、生产与销售于一体的综合性工厂，由于产能剩余，近几年开始为大型欧美家具品牌做代加工。美林公司是一家民营胶合板制造厂，在中国西南地区种植了近两千亩快速生长林，用于生产加工胶合板，长期为欧美家具品牌提供胶合板原材料。欧迪森是欧洲一家家具品牌商，寻找家和美为其代工，但是指定美林为原材料供应商。家和美接触到美林公司之后，发现美林公司在生产制造方面具有强大的实力，但是在物流运输方面缺乏经验，经常会由于运输途中的保护不当致使板材受损。家和美据此向欧迪森反映美林公司存在的缺陷，但是一直被欧迪森驳回，欧迪森坚持使用美林为原材料供应商。于是家和美派出张伟及其采购经理刘经理到美林公司进行谈判，要求其改善物料、包装运输等方面的管理问题。

张伟和刘经理来到美林公司之后，首先重点考察了出货包装区及物流车队。张伟重点拍下了几张需要改善的图片，最后大家来到会议室。美林公司销售总经理翁总陪同张伟及刘经理参观，并开始商谈后续合作事宜。供需双方大致介绍了各自的公司背景之后，开始将问题集中在家和美强调的包装运输管理方面了。

张伟："翁总，正如我刚才跟你介绍的我司对原材料的质量要求，贵司在包装运输方面确实需要改善，不然我司无法监控后续的质量问题。因为大家都知道，板材在运输途中受潮，在入库检验的时候难以查出，但是后续变形的风险会大大增加。"

翁总："这个问题，你提出得非常正确，而且这也是近几年来我司一直在改善的地方。但是毕竟术业有专攻，我们存在的缺陷欧迪森集团也一直都知道。我们由于过硬的生产技术和设备一直也得到欧迪森集团的认可，我相信你们此次来到这里也一定是欧迪森集团的大力引荐，毕竟客户是上帝，你肯定不会因为个人意见抗拒客户的建议吧？"

张伟："不错，是欧迪森集团推荐贵司为我们的原材料供应商，但是我们也需要严格考察供应商的各项实力，以判断其是否适合成为我们的供应商，而并不是完全依赖于客户推荐。如果你们不改进此方面的管理，是无法通过我司现场考察这一关的。"

说到这里，翁总的脸色已经开始变了。刘经理在这个过程中一直在与另外一个物流人员交谈，当听到张伟语气强硬时就停了下来。刘经理看了张伟一眼，示意张伟停下来，然后介入到谈话中来。

刘经理："翁总说到关键之处了，我们确实无法拒绝客户的建议。这个你放心，我们也不是来给自己难堪的。小张，你放心，有欧迪森在中间做强大的支持，我们相信美林公司这方面肯定能够有保证的。"

张伟："但是，刘经理，根据公司的流程规定，这一方面的评审要求必须过关，否则我们的产品质量将存在非常大的风险。"

刘经理："小张，你不用这么较真了，我刚才已经说过了欧迪森会做好品质保证的。"

张伟看刘经理面有怒色，还是鼓起勇气，轻声说到道："刘经理，即使我们这一关通过了，到了评审委员会那是也会调查清楚，而通不过的。"

刘经理："小张，你先跟这个做物流的小伙子去仓库看一下。"

张伟出门后，刘经理接着跟翁总谈道："翁总，其实你们是欧迪森指定的供应商，这中间我们能做多少工作，大家也都心知肚明，不过如果我把评审报告这么递交给欧迪森，我相信欧迪森即使没法拒绝，也不会回过头来表扬你，对吧？而且，你刚才也听小张提到，质量管控一直是我们公司立足于长远发展的一个根本。虽说你们最终会纳入我司的供应商系统，但是如果双方在合作的开始阶段就这么磕磕碰碰，我相信后续的合作并不会顺畅，关键是会让手下的员工为难，他们觉得双方谁也用不着顺从谁，肯定不会有好的沟通心态。"

翁总听完，伸手将评审文件再次仔细翻阅了一遍，说道："我明天先整理个整顿报告给你吧，短期内也不会马上就有结果。"

刘经理："那也好，改善也都是一步步来的。至少双方看得到合作的诚意。"

在上文的案例中，采购员张伟与采购经理刘经理就运用了白脸黑脸的谈判策略。张伟充当了"黑脸"，充分阐述采购方的立场，刘经理就充当了"白脸"，不同意采购方的意见并且为供应方辩护。这样做的结果就是一面给供应商缓冲的余地，一面使供应商从心态上开始接受"白脸"的观点，认为"白脸"站在供应商的统一战线，"白脸"后续提出的建议将更容易被供应商接受。黑脸白脸的谈判技巧不仅被采购方使用，而且供应方的团队也经常使用这种谈判技巧。采购人员在谈判进程中，除了自己灵活使用，还要学会分辨对方是否在使用黑脸白脸的谈判技巧，以防被对方的"白脸"迷惑而动摇自己的立场。

7. 蚕食策略

蚕食策略很容易从字面上理解，作为采购方，有时候不需要将所有的要求一起提出，让对方感觉难以克服，而应一条一条地慢慢提出，让供方先同意一个要求，过段时间再提出另外一个要求。我们先来看下面这个案例。

案例分享：

姚晓明最近准备采购一批新年礼物作为公司酬谢老客户的礼品，选定了一家与公司合作时间较长的唯美礼品有限公司作为谈判对象。姚晓明想要对方提供一份精美的公司定制的丝绸手帕，上面有公司的商标和联系方式。商定这些基本要求之后，唯美公司欣然接受了各项要求和商务条款。在下单之后不久，临近年底，姚晓明打电话给唯美公司的销售经理，告诉他除了之前的要求，还希望在丝绸的表面喷涂一个大红色的中国结。销售经理告知其无法免费喷涂中国结，因为大红色的颜色标准值要求较高，容易导致色差。姚晓明经过一番谈判，阐明了中国结能够代表中国的传统，而且费用占据总成本的比例并不高，只当成一次高质量的服务。销售经理勉强答应了。在手帕做好之后，销售经理通知姚晓明派同事过来取货，姚晓明一拍脑袋，非常抱歉地通知销售经理大部分物流同事已经放假回家了，让销售经理派司机免费送一次货。这使销售经理非常尴尬，他告诉姚晓明无法免费送货，因为这一批订单确实没有太多利润空间。姚晓明告知对方，因为只剩下几天时间就过年了，时间特殊，在新的一年将努力提高订单量来补偿这一次的订单成本。最后销售经理无可奈何，自己将货送到姚晓明的公司。

在上述案例中，姚晓明在一开始就已经非常清楚后续的额外要求，但是由于一些特殊的原因，他知道无法在最开始就将所有的要求都提出来，徒增谈判的难度。他的做法是在每个节点的进度中告诉对方下一步的要求。为何蚕食策略在谈判中容易达成？这是因为人们在某个重大决定之后都会放松。在上述案例中，销售经理在接到订单的那一刻，肯定对采购方的话语放松了警惕，不会反复揣摩对方是否有进一步要求。就像爬山一样，人们在千辛万苦地爬到山顶（就是在谈判达成协议的那一刻）之后再下山，都会觉得无比轻松。蚕食策略能够顺利进行的前提条件是，进一步提出的要求没有超出对方的承受底线，例如在姚晓明的案例中，如果姚晓明要求对方再送一个精美的包装礼盒，销售经理肯定会一口回绝，因为这个要求显然让销售经理无利可图了。同样，如果供应商使用了蚕食策略，那么销售方需要在对方第一次提出额外要求时就严厉指出若满足此额外要求，则之前的所有条款都需要进行相应修改，因为所有的条款都是基于一系列条件而达成的协议。

8. 收回条件

这个谈判技巧更多体现在谈判结束之后能否严格执行的环节。采购人员在谈判工作中可能遇到这种情况：在谈判现场谈好的各项条件，如质量水平、价格、交期、质保等条款，等供方谈判人员回到公司之后，打电话或写邮件说某个条款做不到，原因多种多样。对于这样的情况，虽然存在实际情况发生改变的可能性，但是很多时候，采购人员需要调查一下具体情况，来分辨对方是不是在使用"收回条件"这个谈判技巧。如果对方是在使用这个技巧，那么采购人员要使用一些破解技巧。能够在谈判现场形成协议性的条款就尽量在当天签字生效；如果没办法当场签字确认，而第二天"收回条件"的情况又出现，那么采购人员可以使用"义正词严"的说法迫使对方接受协议条款，如"昨天的条款已经在我司系统生效了"，或者"既然你是代表公司的形象来谈判，就应该对谈判的最终结果负责，这中间产生的任何异常都需要由你承担处理责任"。不管是使用强势的语气还是使用亲和的态度，目的都是让对方最终接受协议条款。

2.5.2　特殊技巧

作为采购人员，在学习所有的采购谈判理论知识的同时，在实际的谈判工作中，还可以使用一些特殊的谈判技巧来达成谈判目的。

1．采购方占有优势

采购方占有优势的情况很多，如谈判对方的公司规模非常小，谈判对方急于得到订单以扩大业务规模，谈判对方等着收款来还清贷款等。这个时候都是采购方占有优势，谈判一般比较容易进行。如何让供需双方不仅达到谈判目的，而且能够维持更长久的合作关系，即使在采购方占有优势的情况下，还要让对方有赢得了这场谈判的感觉。这是对采购人员的一种挑战。我们通过下面的案例来体会。

案例分享：

东高公司是一家小型民营电子贴片代工厂，从事电子表面贴装加工有十几年。昊威达是一家上市集团，创业初始阶段是以研发、生产和销售移动通信设备为一体的企业，近几年希望提高产品附加值，希望找到一些代加工工厂将生产部分业务外包。东高公司希望能够承接昊威达的这笔业务。东高公司的销售总经理傅总与昊威达集团的采购经理宋经理谈判片段如下。

傅总："宋经理，刚才给你大致介绍了我们公司这些年的成长，我们在表面贴装业务方面积累了非常专业的经验，不管是在流程控制、品质管理和异常排查上都有非常专业的人员进行管理。"

宋经理："贵司确实成长得非常快，已经在逐步接近我司对质量水平的要求。刚才我提到的一些方面，贵司还要加快速度赶上，才能符合我们目前对新供应商的基本要求。"

傅总："当然，一定合的，今天回去之后我就提交改进方案给你审核。"

宋经理："在业务水平方面，我建议你主动提出可提供的附加服务，而不是被动满足我们的各项要求。"

傅总："你说得太对了。我们的总经理在业务发展方向上也一直在考虑如何给像你们这样的高新技术行业做配套服务。这一次我已经罗列了一些附加服务清单，稍后你可以参考下。"

宋经理："好的呀。我们的谈判进行得非常愉快，谈判的方向也逐渐明朗。不得不对你的谈判水平表示佩服，能够挤进我们公司的供应商之列，相信对你们而言是一次质的飞跃，你们的谈判水平值得我们学习，你看你们的谈判团队为你们公司争取到的各项条款都是非常有利的。"

傅总："多谢贵司的大力支持，我们会全力为贵司服务。"

在这个谈判过程的结束部分，采购人员使用了"祝贺对方"的小技巧来让对方觉得赢得了这一次谈判。在采购方处于优势的谈判背景中，采购人员关注的是供方的感受和后续交易，或者谈判能否顺利进行，而不是在此次谈判中的地位。若在采购方占优势时，采购方咄咄逼人并且不给供方任何希望和情面上的主动权，则谈判就很难保障继续开展。

2．采购方处于劣势

在采购工作中，每个采购人员都曾遇到过强势的企业。在采购方处于谈判劣势的时候，强势的谈判对手不仅使采购人员在谈判进程中非常艰辛，而且在心理状态上也常常处于劣势，在谈判过程中对谈判结果表示无可奈何。更常见的是，有求于人的心理让诸多采购员带着情绪进行谈判。

采购方处于劣势的谈判情形比较多，如遇到规模较大的企业，有强大背景支持的国企部门，采购方所需物料、产品和服务属于紧急采购，市场上的供应资源紧缺等。这个时候，采购方需要费尽周折进行谈判并进行采购。在采购方处于劣势的状况下，采购人员在参与谈判时有一些基本原则可供遵循。

（1）保护关键信息。

（2）关注核心需求，寻找差异价值。

（3）收集更多的信息。

（4）寻找有利的第三方：决策者、影响者、咨询顾问或联盟。

（5）准备最佳备选方案。

第三章

招标投标采购方式

知识目标

1. 了解招标投标制度的建立过程
2. 明确招标投标制度的发展方向
3. 了解招标的方式和方法
4. 了解招标与合同的关系
5. 了解招标投标的基本程序
6. 了解招标投标的行政监督和行业自律

能力目标

1. 能够区分招标与拍卖的差异
2. 能够明确招标的范围和招标投标的作用
3. 能够明确招标投标的工作要求
4. 能够明确招标投标争议的解决方式

本单元知识结构图

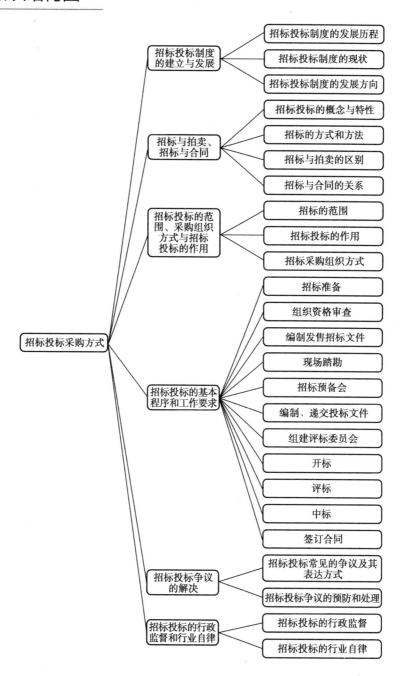

3.1 招标投标制度的建立与发展

引导案例

工程施工项目招标案例

1. 项目概况

某企业投资 3 000 万元人民币，兴建一座新办公楼，建筑面积为 8 620 平方米，地下 1 层，地上 6 层。工程基础垫层面标高 4.26 米，檐口底标高 21.18 米，为全现浇框架结构。招标人采用公开招标的方式确定工程施工承包人。

2. 招标过程

招标公告于 2007 年 9 月 30 日在"中国采购与招标网"、《中国建设报》和项目所在地政府政务服务中心发布，在规定的时间内共有 8 家投标人购买了招标文件。

招标人于 2007 年 10 月 10 日上午 9：00—12：00 组织投标人对项目现场进行了踏勘，并随后召开了投标预备会。

招标文件规定的投标截止时间及开标时间是 2007 年 10 月 28 日上午 10：00。在规定的投标截止时间前，有 8 家投标人按要求递交了投标文件，并参加了开标会议。

招标人依法组建了评标委员会，评标委员会由 5 人组成，其中招标人代表 1 人，从该省组建的综合性评标专家库中随机抽取的技术、经济专家 4 人（施工技术专家 3 人、建筑造价专家 1 人）。

评标委员会按照招标文件中的评标标准和方法，对各投标人的投标文件进行评审打分后，向招标人依次推荐前 3 名中标候选人。

2007 年 11 月 5 日，招标人向中标人发出中标通知书，同时告知所有未中标的投标人。

3. 招标文件

（1）资格审查：采用资格后审方式组织本次招标投标活动。

（2）投标报价：项目投资 3 000 万元，工期为 385 日历天，采用固定总价合同。为此，招标文件提供了工程量清单。关于合同形式及风险，招标文件的约定如下。

① 投标价格采用固定总价方式，即投标人所填写的单价和合价在合同实施期间不因市场变化因素而变动，投标人在计算报价时可考虑一定的风险系数。

② 计取包干费，其包干范围为材料、人工、设备在 10% 以内的价格波动，工程量误差在 3% 以内的子目，以及合同条款明示或暗示的其他风险。

③ 施工人员住宿问题自行解决，因场地狭小而发生的技术措施费在投标报价中应已充分考虑。

（3）评标标准与方法。

采用综合评估法，评审标准分为初步评审标准和详细评审标准两部分。

① 初步评审标准。

a. 形式评审标准。形式评审标准如表 3.1 所示。

表 3.1　形式评审标准

评 标 因 素	评 标 标 准
投标人名称	与营业执照、资质证书和安全生产许可证一致
投标函及投标函附录	有法定代表人或其委托代理人签字或加盖单位章，委托代理人签字的，其法定代表人授权委托书须由法定代表人签署
投标文件格式及签章	投标文件格式、签字和盖章符合招标文件要求
投标唯一性	只能提交一次有效投标，不接受联合体投标
报价唯一	只能有一个有效报价
其他	法律法规规定的其他要求

b. 资格评审标准。资格评审标准如表 3.2 所示。

表 3.2　资格评审标准

评 标 因 素	评 标 标 准
营业执照	具备有效的营业执照
安全生产许可证	具备有效的安全生产许可证
资质等级	具备房屋建筑工程施工总承包三级及以上资质
财务状况	财务状况良好，上一年度年资产负债率小于 95%
项目经理	具有建筑工程专业二级建造师执业资格，近 3 年组织过同等建设规模项目的施工
技术负责人	具有建筑工程相关专业工程师资格，近 3 年组织过同等建设规模的项目施工的技术管理
项目经理部其他人员	岗位人员配备齐全，具备相应岗位从业人员职业/执业资格
主要施工机械	满足工程建设需要
投标资格	有效，没有被取消或暂停投标资格
企业经营权	有效，没有处于被责令停业，财产被接管、冻结、破产的状态
投标行为	合法，近 3 年内没有骗取中标行为
合同履约行为	合法，没有严重违约事件发生
工程质量	近 3 年工程质量合格，没有因重大工程质量问题受到质量监督部门的通报或公示
其他	法律法规规定的其他资格条件

c. 响应性评审标准。响应性评审标准如表 3.3 所示。

表 3.3　响应性评审标准

评 标 因 素	评 标 标 准
投标内容	与招标文件《投标人须知》中的招标范围一致
投标报价	与已标价工程量清单汇总结果一致
工期	符合招标文件《投标人须知》中对工期的规定
工程质量	符合招标文件《投标人须知》中对质量的要求
投标有效期	符合招标文件《投标人须知》中对投标有效期的规定
投标保证金	符合招标文件《投标人须知》中对投标保证金的规定

续表

评标因素	评标标准
权利义务	符合招标文件《合同条款及格式》中对权利与义务的规定
已标价工程量清单	符合招标文件《工程量清单》中给出的范围及数量
技术标准和要求	符合招标文件《技术标准和要求》的规定
施工组织设计	合格，满足工程组织需要
分包	满足招标文件许可的分包范围、资格等限制性条件
偏离	如果偏离，满足招标文件许可的偏离范围和幅度
算术错误修正累计量	算术错误修正总额不超过投标报价的 0.2%
其他	法律法规规定的其他要求

② 详细评审标准。评审的对象为通过初步评审的有效投标文件。详细评审采用百分制打分的方法，小数点保留两位，第 3 位四舍五入。综合打分标准如表 3.4 所示。

表 3.4　综合打分标准

评分因素		标准分	评标标准
工期		5分	工期等于招标文件中的计划工期为 0 分；在招标文件中计划工期的基础上，每提前 1 天加 0.2 分，最高 5 分
投标报价	综合单价	25分	每个子目综合单价最高者，扣 0.5 分，扣完为止。如无子目综合单价最高者，得 25 分
	投标总价	70分	当偏差率<0 时：得分=70-2×偏差率 J×100； 当偏差率=0 时：得分=70； 当偏差率>0 时：得分=70-3×偏差率 J×100； 这里： 偏差率=100%×（投标人报价-评标基准价）/评标基准价 评标基准为各有效投标报价的算术平均值（有效投标报价数量大于 5 时，去掉一个最高投标报价和一个最低投标报价后，计算算术平均值）

4. 开标

开标情况记录表如表 3.5 所示。

表 3.5　开标情况记录表

投标人	投标报价（万元）	工期（日历天）	质量等级	投标保证金
A	2 680.00	360	合格	递交
B	2 672.00	360	合格	递交
C	2 664.00	365	合格	递交
D	2 653.00	360	优良	递交
E	2 652.00	370	合格	递交
F	2 650.00	360	合格	递交
G	2 630.00	365	合格	递交
H	2 624.00	370	合格	递交

5．评标

（1）初步评审。

评标委员会首先对 8 家投标人的投标文件进行初步审查。经审查，投标人 D 承诺质量标准为"优良"，为现行房屋建筑工程施工质量检验与评定标准中没有的质量等级。经评标委员会讨论，认为其没有响应招标文件要求的"合格"标准，按废标处理。其余投标人均通过了初步评审。

（2）详细评审。

评标委员会对通过初步评审的投标人报价及已标价工程量清单进行了细致的评审，其中投标人 A、B、C、E、F、G、H 分别有 5、20、5、4、7、13 和 2 项综合单价位于最高。评标委员会随后对投标总价得分进行了计算和汇总，其结果如表 3.6 所示。

表 3.6　详细评审汇总

投　标　人	工　期	综合单价（万元）	投标总价（万元）	总　　分	排　名
A	5	2.50	66.97	74.47	7
B	5	15.00	67.87	87.87	6
C	4	22.50	68.77	95.27	3
E	3	23.00	69.92	95.92	2
F	5	21.50	69.76	96.26	1
G	4	18.50	68.26	90.76	5
H	3	24.00	67.80	94.80	4

评标委员会依次推荐了投标人 F、E、C 为中标候选人。招标人对投标人 F 的合同履行能力进行了细致审查，认为其具有合同履约能力，于 2007 年 11 月 5 日向其发出了中标通知书。随后，按照招标文件和投标文件签订了施工承包合同。

6．招标整体评价

对于一些潜在投标人普遍掌握的施工技术，且合同风险相对较低的项目，在制定评标标准时，应加强对投标人的初步评审，包括对其资质、以往履约能力、人员及对招标文件的响应能力的评审，然后以投标价格作为选择中标人的评价因素。类似做法在其他一些通用技术中仍可以采用，如批量生产的货物采购。

如果技术标准与条件清晰，管理细节明确，履约风险不大，还可以采用经评审的最低投标价法设置评标标准。此时，需要在初步评审合格的基础上，将招标文件许可的偏离项目及幅度设置成价格折算标准，对投标报价进行调增或调减，计算出评标价，然后按评标价由低到高的次序确定中标人。

引导案例

机电产品国际招标案例

1．项目概况

某轮胎厂采购一次成型机，资金性质为企业自筹，采购预算约为 1 000 万元人民币。招标人委托具有机电产品国际招标甲级资格的 A 招标公司组织国际招标。招标范围为轮胎一次成型机 2 台/套，包括供货、安装、调试、培训及售后服务。交货地点为某轮胎厂新建厂址工地现场。交货时间为合同签订后 8 个月内。

2．招标准备

招标人此次是第一次进行国际招标采购，需要在"中国国际招标网"提交企业相关资质材料，进行采购人注册。A 招标公司接受招标代理委托后，在"中国国际招标网"上及时完成了项目网上建档。

3．招标文件

（1）A 招标公司根据招标人提供的技术资料，完成招标文件的编制工作，并提供招标文件英文版。招标文件分为两册，第 1 册采用商务部提供的《机电产品采购国际竞争性招标文件》范本，主要内容包括投标人须知、合同条款、投标文件格式等；第 2 册由 A 招标公司负责编写，主要内容包括投标邀请、投标资料表、合同条款资料表、货物需求一览表及技术规格书等。

（2）A 招标公司将招标文件第 2 册电子版上传至"中国国际招标网"，然后从"中国国际招标网"上随机抽取 3 位技术专家，负责对招标文件进行评审，并填写《专家审核招标文件意见表》，出具评审意见。

（3）A 招标公司根据技术专家的评审意见，修改招标文件，同时将招标文件修改版及修改建议上传至"中国国际招标网"。

（4）经主管部门网上批复后，上传招标文件出售电子文档。

4．评标办法

本项目评标办法采用机电产品国际招标常用的最低评标价法，评标价的量化因素包括以下方面。

（1）交货时间偏离：调整百分比（%），每超过 1 周上浮 0.5%。

（2）付款计划偏离：投标人不接受招标文件规定的付款计划，并提出将增加招标人负担的付款计划。若招标人可以接受，则按利率 10%计算提前支付所产生的利息，并将其计入评标价中。

（3）技术规格书中的一般技术指标：每项指标未达到的，其评标价格将上浮 0.5%。但若调整总金额超过 5%时，将导致废标。

5．招标公告

（1）招标公告主要内容包括项目概况、招标内容（含采购设备清单）、投标人资质要求、招标文件获取办法、招标文件递交时间、地点和有关联系方式等。

（2）招标公告于 2005 年 5 月 15 日在"中国国际招标网"、"中国采购与招标网"上同时发布。

（3）招标文件出售时间为自公告之日起至投标截止时间止，出售地点设在 A 招标公司。在规定的时间之内，共有 5 家投标人购买了招标文件。A 招标公司负责将招标文件的购买情况在"中国国际招标网"上进行登记。

6．招标过程

（1）招标文件澄清。

截至 2005 年 5 月 21 日，A 招标公司收到两家投标人关于招标文件的书面澄清要求，

并于 2005 年 5 月 22 日将澄清补充文件上传至"中国国际招标网"，经主管部门批复后，A
招标公司将文件以书面形式发给所有投标人。所有投标人均被要求以书面回函形式确认收
到澄清补充文件。

（2）评标委员会。

在开标前 24 小时内，招标人按规定组建了评标委员会。本次的评标委员会共有 7 名评
委，其中招标人、招标机构代表各 1 名，A 招标公司从"中国国际招标网"的专家库中随
机抽取的技术、商务专家 5 名。

（3）开标。

招标文件及澄清补充文件规定的投标截止时间及开标时间是北京时间 2005 年 6 月 20
日上午 9 时，开标地点在 A 招标公司开标室。在投标截止时间之前，5 家投标人均按要求
递交了投标文件。A 招标公司按照规定的时间、地点组织了开标会议，当众公布了各投标
人的名称、投标报价、交货期、交货地点及口岸、投标保证金递交情况、投标文件封装情
况和其他说明，并记录开标当日中国银行人民币外汇牌价。唱标结束后，招标人代表、投
标人代表及监督人员在开标记录表上签字确认。监督人员对开标过程进行了全程见证。

（4）评标过程。

评标工作于 2005 年 6 月 20 日上午 10 时在 A 招标公司会议室封闭进行。评标委员会
按照招标文件中规定的评标方法及评程序，对投标人的文件进行详细评审，依次完成了
下述工作。

① 符合性检查。评标委员会首先对投标人的投标文件进行符合性检查。符合性检查的
内容包括：a. 投标函（如未按规定签章等）；b. 投标保证金（如金额、有效期不足，开户
行级别不够等）；c. 法人授权书（如非法人代表本人给投标人授权）；d. 资格证明文件 ［如
缺少资格证明、制造商资格证明、贸易公司（作为代理）的资格证明和制造商出具的授权
函等］；e. 技术文件（如没有按招标文件要求提交的）。

经审查，5 家投标人均通过了符合性审查。

② 商务评议。评标委员会对通过符合性审查的各投标人进行商务评议。商务评议的内
容包括：a. 投标人的合格性；b. 投标的有效性，包括是否由法人代表或授权代表有效签
署，是否逐页小签；c. 投标有效期；d. 投标保证金（金额和有效期）；e. 资格证明文件：
包括资格证明、制造厂家资格证明、贸易公司（作为代理）的资格证明、制造商授权书、
银行资信证明等；f. 经营范围；g. 交货期；h. 质量保证期；i. 付款条件和方式；j. 适
用法律、仲裁及其他。

经审查，某投标人未按招标文件要求对投标文件进行逐页小签，商务评议不合格。其
余 4 家投标人均通过了商务评议。

③ 技术评议。评标委员会对通过商务评议的投标人进行技术评议，技术评议的内容包
括：a. 对主要技术指标的审查比较；b. 对一般技术指标的审查。

评标委员会填写《技术参数比较表》，将招标文件的技术指标与投标文件的响应参数进
行比较。经审查，4 家投标人的主要技术指标均满足或优于招标文件要求；一般技术指标
的不满足项在招标文件规定废标要求的 10 项以下，4 家投标人均通过了技术评议。

④ 价格评议。评标委员会对通过技术评议的投标人进行价格评议，即计算各投标人的

评标价格。主要计算因素包括：a. 开标价格：在开标会上宣布的价格；b. 算术修正值：是指修正的数字，如对供货范围的偏差、计算错误等的修正；c. 算术修正后的投标价格：在开标价格基础上，经过加减修正后的价格；d. 投标声明：有无商务、技术调整；e. 投标总价：经过修正后的价格；f. 设备价、备件及专用工具价、技术服务及培训 3 项分别列出，但均含在投标总价之内；g. 汇率，按开标日当日中国人民银行卖出汇率统一转换成美元；h. 投标总价（按美元计算）；i. 价格调整（计算调整总和），包括交货时间偏离调整，付款计划偏离调整，技术指标偏离调整；j. 国内运保费；k. 进口环节税；l. 评标价格，即投标总价+调整总和+国内运保费+进口环节税之总和；m. 评标价格顺序，指按评标价由低到高的顺序排序。

⑤ 授标建议。评标委员会的各位专家根据以上评标程序，分别填写《评标委员会成员评标意见表》，提出授标建议。授标建议内容包括：货物名称和数量、中标人名称、中标人地址、制造商名称、制造商地址、投标价格等，推荐了评标价格排名第 1 的投标人为中标人。

⑥ 评标报告。A 招标公司根据开标、评标过程的各项文件和资料，整理评标报告。评标报告的内容包括：a. 项目简介；b. 招标过程简介；c. 评标过程介绍；d. 评标结果；e. 附件，包括招标文件出售汇总表、开标一览表、符合性检查表、商务评议表、技术参数比较表、评标价格比较表、评标委员会成员评标意见表、授标建议等。

⑦ 评标结果公示。A 招标公司于 2005 年 6 月 21 日，将开标记录、评标结果上传至"中国国际招标网"，并开始公示评标结果，公示内容包括：项目名称、招标编号、招标人、招标代理机构、推荐中标人名称及制造商名称、中标金额、中标理由、未中标人的未中标理由等。同时，A 招标公司将评标报告具函网下报送主管部门审查。

（5）定标。2005 年 6 月 28 日，评标结果公示 7 日无质疑后，主管部门对评标结果予以批复，并通过网上发出《评标结果备案通知》。2005 年 6 月 29 日，A 招标公司根据《评标结果备案通知》，向中标人发出中标通知书，并将结果书面通知所有未中标的投标人。

2005 年 7 月 10 日，招标人与中标人签订了采购合同。

7. 招标整体评价

（1）机电产品国际招标，对招标文件的审查主要针对技术要求是否存在歧视性或倾向性条款，潜在投标人是否满足 3 家以上。因此，在招标文件编制过程中对技术要求应进行充分论证，尤其是主要指标（标注"*"号的条款）。

（2）机电产品国际招标通常采用最低评标价法，熟练掌握最低评标价法的评标程序、评标表格、评审要素及定标原则，在本项目中显得十分重要。

（3）机电产品国际招标从项目建档开始，直至最终中标结果公示，每个环节的文件均需要通过"中国国际招标网"进行网上备案、审查、批复，接受主管部门的管理。在本项目的实际操作中，将网上流程操作与网下送审程序相结合，使项目招标进度保持顺畅。

（4）由于机电产品在国际招标网上备案公示的特点，整个招标过程公开、透明度高，采用最低评标价法客观公正，在很大程度上避免了人为主观因素对评标结果的干扰。然而，随之而来的投诉质疑也相对较多，因此在招标文件编制及招标工作组织过程中，需要严格谨慎地按照《机电产品国际招标投标实施办法》（13 号令）及有关法律法规和程序实施招标活动，以尽量减少投诉事件的发生。

招标投标是一种有序的市场竞争交易方式，也是规范选择交易主体、订立交易合同的法律程序。我国招标投标制度既是改革开放的产物，又是规范社会主义市场竞争秩序的要求，在优化资源配置，提高经济效益，规范市场行为，构建防腐倡廉体系等方面发挥了重要作用，并随着招标投标法律体系的健全而逐步完善。

3.1.1 招标投标制度的发展历程

经过近36年的发展，我国招标投标法律体系初步形成，招标投标市场不断扩大。为进一步发挥招标投标制度在促进和规范市场竞争，打破地区封锁和行业垄断，提高经济效益，确保工程、货物、服务项目质量，预防遏制腐败等方面的积极作用，必须坚持改革方向，进一步加强制度建设，切实解决当前招标投标领域存在的突出问题，促进招标投标市场不断健康发展。

招标投标制度的发展历程可以划分为以下3个时期。

1．大胆探索和创立期

这一时期是从改革开放初期到社会主义市场经济体制改革目标的确立（1979—1989年）。十一届三中全会前，我国实行的是高度集中的计划经济体制，工程建设项目的立项和建设以及货物、服务采购都是通过指令性计划进行安排的，企业没有经营自主权。在此情况下，招标投标作为一种竞争性市场交易方式，缺乏存在和发展所必需的经济体制条件。十一届三中全会提出，要有计划地大胆下放经济管理权力，让地方和企业有更多的经营管理的自主权。1980年10月，国务院发布了《关于开展和保护社会主义竞争的暂行规定》，第一次提出了对一些合适的工程建设项目可以试行招标投标。随后，吉林省和深圳市于1981年开始工程招标投标试点工作。1982年，鲁布革水电站引水系统工程是我国第1个利用世界银行贷款，并按世界银行规定进行项目管理的工程，采用国际竞争性招标方式选择总承包单位，较大幅度地降低了工程造价，同时也极大地推动了我国工程建设项目管理方式的改革和发展。1983年，原城乡建设环境保护部出台《建筑安装工程招标投标试行办法》。20世纪80年代中期，党中央先后做出了对经济体制、科技体制和教育体制进行改革的决定。根据党中央有关体制改革精神，国务院及国务院有关部门陆续对城市商业体制、建筑业和基本建设管理体制、计划体制、国营商业体制、图书发行体制、投资管理体制等进行了一系列改革。通过改革，企业的市场主体地位逐步明确，通过招标投标开展竞争的体制性障碍有所减少。

1984年9月，国务院出台《国务院关于改革建筑业和基本建设管理体制若干问题的暂行规定》，提出大力推广工程招标承包制。1984年11月，原国家计委和建设部联合制定《建设工程招标投标暂行规定》，1985年《国务院批转国家经委、国家物资局关于开展机电设备招标工作有关问题的请示的通知》（国发〔1985〕13号）批准成立中国机电设备招标咨询中心，负责统一组织、协调、监管全国机电设备招标。此后，计划、经贸、铁道、建设、化工、交通、广电、卫生等部门积极推行招标投标活动，并颁布了有关招标投标的规定，招标投标制度框架初步形成。

这一阶段的招标投标制度有以下几个特点。

一是招标投标基本原则初步确立，但未能有效落实。例如，受当时对计划和市场关系认识的限制，招标投标的市场交易属性尚未得到充分体现，几乎所有部门发布的办法都规定，招标工作由有关行政主管部门主持，有的部门甚至规定招标公告发布、招标文件和标底编制，以及中标人的确定等重要事项，必须经政府主管部门审查同意。

二是招标领域逐步扩大，但进展得很不平衡，由最初的建筑行业，逐步扩大到铁路、公路、水运、水电、广电等专业；由最初的建筑安装，逐步扩大到勘察设计、工程设备等工程建设项目的各个方面；由工程招标逐步扩大到机电设备、科研项目、土地出让、企业租赁和承包经营权转让。但由于总体上没有明确具体的强制招标范围，有些领域的招标活动还停留在文件上，不同行业之间招标投标活动开展得很不平衡。

三是各种招标投标规定较为全面，但非常简略。例如，在招标方式的选择上，大多没有规定公开招标、邀请招标、议标的适用范围和标准，在允许议标的情况下，招标很容易流于形式；在评标方面，缺乏基本的评标程序，也没有规定具体评标标准，在招标领导小组的自由裁量权过大的情况下，难以实现择优选择的目标。

2．加快改革和逐步深化期

这一时期从确立社会主义市场经济体制改革目标到《中华人民共和国招标投标法》颁布（1990—1999年）。1991年7月，原国务院法制局将《招标投标管理条例》列入国务院1992年立法计划。1992年10月，十四大提出了建立社会主义市场经济体制的改革目标，进一步解除了束缚招标投标制度发展的体制障碍。1993年11月，中央出台了《中共中央关于建立社会主义市场经济体制若干问题的决定》。根据中央精神，国务院先后做出了深化外贸、建筑市场体制改革的决定。在各项改革的推动下，伴随着招标投标市场的进一步发展，国务院有关部门在及时修订原有招标投标规定的同时，结合实践需要出台了许多新的招标投标管理规定。1994年6月，原国家计委牵头启动了列入八届人大立法计划的《中华人民共和国招标投标法》的起草工作。1997年11月1日，全国人大常委会审议通过了《中华人民共和国建筑法》，从法律层面上对建筑工程实行招标发包进行了规范。这些规定不管是在层次上，还是在数量和涵盖领域的广泛程度上，都远远超过了前一个发展阶段。

这一阶段招标投标制度有以下几个特点。

一是当事人的市场主体地位进一步加强。1992年11月，原国家计委发布了《关于建设项目实行业主责任制的暂行规定》，强调项目业主的建设、生产和经营权受法律保护，对非法干预行为有权予以拒绝，明确由项目业主负责组织工程设计、监理、设备采购和施工的招标工作，自主确定投标、中标单位。

二是对外开放程度进一步提高。在利用国际组织和外国政府贷款、援助资金项目招标投标办法之外，专门规范国际招标活动的规定明显增多，招标的对象不再限于机电产品，甚至施工、监理、设计等也可以进行国际招标。

三是招标的领域进一步扩大。出台专门招标投标办法的行业大大增加，除计划、经贸、铁道、建设、化工、交通、广电外，煤炭、水利、电力、工商、机械等行业部门也相继制定了专门的招标投标管理办法。招标采购的对象也进一步扩大，除施工、设计、设备等招标外，推行了监理招标。

四是招标投标活动的规范进一步深入。除了制定一般性的招标投标管理办法，有关部门还针对招标代理、资格预审、招标文件、评标专家、评标等关键环节，以及串通投标等突出问题，出台了专门管理办法，大大增强了招标投标制度的可操作性。

此外，20世纪90年代中后期，建筑行业尝试建立工程交易中心，推行建筑工程招标投标活动的集中交易和监管。

3. 基本定型和深入发展期

这一时期从《中华人民共和国招标投标法》颁布实施到现在，经过16年的发展。一方面，我国招标投标领域积累了丰富的经验，为国家层面的统一立法奠定了实践基础；另一方面，招标投标活动中暴露的问题也越来越多，如招标程序不规范、做法不统一、虚假招标、泄露标底、串通投标、行贿受贿等问题较为突出，特别是政企不分问题仍然没有得到有效解决。针对上述突出问题，在总结实践经验的基础上，九届全国人大常委会于1999年8月30日审议通过了《中华人民共和国招标投标法》。这是我国第一部规范公共采购和招标投标活动的专门法律，标志着我国招标投标制度进入了一个新的发展阶段。

按照公开、公平、公正和诚实信用原则，《中华人民共和国招标投标法》对此前的招标投标制度进行了重大改革。

一是改革了缺乏明晰范围的强制招标制度。《中华人民共和国招标投标法》从资金来源、项目性质等方面，明确了强制招标范围。同时，为了使强制招标制度能够满足不断发展的实践需要，允许法律、法规对强制范围做出新的规定，保持强制招标制度的开放性。

二是改革了政企不分的管理制度。按照充分发挥市场配置资源基础性作用的要求，大大减少了行政审批事项和环节。

三是改革了不符合公开原则的招标方式。按照公开原则，规定了公开招标和邀请招标两种方式，取消了议标，大大提高了招标采购的透明度和规范性。

四是改革了分散的招标公告发布制度。规定了招标公告应当具备的基本内容，并应当在国家指定的媒介上发布，改变了招标公告分散发布的局面，大大提高了招标采购的透明度，降低了潜在投标人获取招标信息的成本。

五是改革了以行政为主导的评标制度。规定评标委员会由招标人或招标代理机构的代表，以及有关经济、技术专家组成，有关行政监督部门及其工作人员不得作为评标委员会成员。

六是改革了不符合中介定位的招标代理制度。明确规定招标代理机构不得与行政机关和其他国家机关存在隶属关系或其他利益关系，使招标代理从工程咨询、监理、设计等业务中脱离出来，成为一项独立的市场中介业务。

3.1.2 招标投标制度的现状

1. 招标投标法律体系基本形成

《中华人民共和国招标投标法》在总结我国招标投标工作近36年的经验、教训，吸收借鉴国外通行做法的基础上，确立了招标投标基本制度的主要程序和内容。但该法规定相对原则，可操作性不强。

《中华人民共和国招标投标法》颁布后，国务院各部门和各地方政府加快了配套法规的制定步伐，出台了大量的地方性法规、部门规章和地方政府规章。目前，招标投标程序的各个环节、各个方面都有了比较详细的操作规则，较好地满足了不同地区、不同行业、不同项目招标投标活动的需要，招标投标法律体系基本形成。针对一些地方、部门出台的招标投标规则与《中华人民共和国招标投标法》不一致甚至冲突的问题，按照国务院要求，国家发展改革委、国务院法制办组织开展了大规模的招标投标法规清理工作，废止了一大批与上位法不符的招标投标文件，有力促进了招标投标法律制度的统一。

2．建立了符合国情的监管体制

国务院办公厅印发《国务院有关部门实施招标投标活动行政监督的职责分工意见》，确立了国家发展改革委总体指导协调各行业和专业部门分工协作的行政监管体制。各地方也明确了招标投标行政监督职责分工。《中华人民共和国政府采购法》也明确了政府采购招标投标的监督职能分工。为了避免政出多门，加强协调，形成合力，国家发展改革委牵头建立由 11 个部委组成的部际协调机制，全国 10 多个省市也建立了招标投标部门联席会议制度，个别地方还统一了行政监督机构。发展改革部门与其他部门密切配合，努力创新监管方式，成立招标投标协会，探索实施诚信制度，加强行业自律，奖优罚劣，净化招标投标市场。各行政监督部门还通过监督检查、项目稽查、受理投诉举报等多种方式，不断加强对招标投标活动的监督管理，有效查处违法行为，确保各项招标投标制度落到实处。

3．招标投标市场迅速发展

根据《中华人民共和国招标投标法》的规定，大型基础设施、公用事业等关系社会公共利益、公众安全的项目，全部或部分使用国有资金投资及国家融资的项目，以及使用国际组织或外国政府贷款、援助资金的项目，包括项目勘察设计、施工、监理、重要设备材料采购，都必须进行招标。据不完全统计，建筑、交通、水利、水电等行业依法必须招标项目的招标率均达到 90%以上。不仅如此，一些部门、地方和项目的业主，还主动将招标投标扩大到项目选址、项目融资、聘请工程咨询机构、选择代建单位等工程建设的方方面面，以及土地使用权、探矿权招标，药品集中采购招标，中小学教材出版发行招标等领域，大大扩展了招标投标范围。

4．采购质量和资金使用效率明显提高

随着招标投标制度的不断完善，以及行政监督力度的逐步加大，招标投标行为也日趋规范，过去长期影响招标投标市场健康发展的规避招标、泄露标底、政企不分、行业垄断、条子工程等违法违规现象得到了遏制。与此同时，项目业主不断改进和加强采购管理，大胆探索实行电子招标、无标底招标、集团集中招标等新的采购模式。招标行为的规范及采购模式的创新大大提高了采购的质量和效率，不同程度地预防了权钱交易、行贿受贿等腐败行为的发生。据测算，通过招标节约的建设投资一般在 10%～15%，有的地方和行业甚至更高。

5．企业竞争能力不断增强

《中华人民共和国招标投标法》规定，招标投标活动不受地区和部门的限制。其中，国家重点项目、地方重点项目，以及全部使用国有资金投资或国有资金投资占控股或主导地位的项目，除经批准采用邀请招标方式，都必须实行公开招标；采取邀请招标的，也应当向 3 个以上合格的法人或其他组织发出投标邀请书。这些规定和要求，一方面打破了长期以来形成的条块分割、地方封锁和部门垄断，为企业提供了平等竞争的环境和机遇；另一方面，也迫使企业从过去依靠行政分配任务的习惯中走出来，通过不断提高自身竞争能力

以求得生存与发展。目前，市场开放已成为一切交易活动的基础，竞争意识逐步深入人心，通过招标不仅促进了生产要素的合理流动和有效配置，也培养了一大批具有国际竞争力的企业。

3.1.3　招标投标制度的发展方向

随着招标投标实践的不断发展，现有招标投标制度已不能很好地满足实际需要，突出表现在行政监督管理体制还不健全，许多违法违规行为没有设置必要的法律责任，围标、串标、抬标及虚假招标等违法行为认定标准不够明确，信用制度建设滞后，招标文件编制规则还不完全统一，电子招标还缺乏必要的制度保障。为了解决当前招标投标领域存在的突出问题，促进招标投标市场健康发展，必须切实转变政府职能，着力推动制度建设，重点完成以下几个方面的任务。

1．出台《中华人民共和国招标投标法实施条例》

2011 年 11 月 30 日国务院第 183 次常务会议通过、公布《中华人民共和国招标投标法实施条例》，共 7 章 85 条，已经自 2012 年 2 月 1 日起施行。细化了各种违法违规行为认定标准，严格资格审查、投诉处理等程序，加强和规范行政监督，补充和强化法律责任，进一步统一招标投标规则，增强招标投标制度的可操作性。

2．理顺监管体制

一方面，实现监管分离。招标投标行政监督部门不得同时负责直接管理或实施项目招标投标活动。各级政府项目管理部门或国有投资集团公司管理部门要与项目招标人形成明晰的责权关系。鼓励地方政府先行探索组建统一的综合执法机构。另一方面，加强部门协作。调整和扩充招标投标协调机制成员单位范围，充实和强化协调机制在维护招标投标法制统一方面的职责。建立部门间受理和解决招标投标投诉举报的沟通联系制度、招标投标违纪违法线索处理和案件查处工作中的协作配合机制，以及部门联动执法模式，形成执法合力。

3．编制形成标准招标文件体系

在贯彻落实《标准施工招标文件》和《标准施工招标资格预审文件》的基础上，编制适用于不同项目规模、不同合同类型的标准招标文件，最终形成一套完整的标准招标文件体系。

4．建立电子招标投标制度

在总结电子招标投标实践经验的基础上，2013 年 2 月 4 日，中华人民共和国国家发展和改革委员会公布《电子招标投标办法》，自 2013 年 5 月 1 日起施行。该"办法"分总则、电子招标投标交易平台、电子招标、电子投标、电子开标、电子评标和电子中标，信息共享与公共服务、监督管理、法律责任，附则 9 章 66 条。充分发挥电子招标在节约资源、提高效率、增强透明度和转变监督方式等方面的优势。

5．健全招标投标信用机制

研究制定统一的招标投标信用评价指标体系和信用法规体系，逐步整合现有分散的信用评价制度，贯彻落实《招标投标违法行为记录公告暂行办法》，推动形成奖优罚劣的良性机制。

6．进一步完善评标专家库制度

研究制定统一的评标专家库管理办法及评标专家库专业分类标准，推动组建跨行业、跨地区和国家的综合性评标专家库，为社会提供抽取专家的公共服务平台，逐步实现专家资源共享，保证评标公正性。

3.2 招标与拍卖、招标与合同

3.2.1 招标投标的概念与特性

1．招标投标概念

招标投标是一种有序的市场竞争交易方式，也是规范选择交易主体、订立交易合同的法律程序。招标人发出招标公告（邀请）和招标文件，公布采购或出售标的物内容、标准要求和交易条件，满足条件的投标人按招标要求进行公平竞争，招标人依法组建的评标委员会按招标文件规定的评标方法和标准公正评审，择优确定中标人，公开交易结果并与中标人签订合同。

2．招标投标原则

招标投标应当遵循公开、公平、公正和诚实信用的原则。

（1）公开原则是指招标项目的要求、投标人资格条件、评标方法和标准、招标程序和时间安排等信息应当按规定公开透明。

（2）公平原则是指每个潜在投标人都享有参与平等竞争的机会和权利，不得设置任何条件歧视、排斥或偏袒保护潜在投标人。

（3）公正原则是指招标人与投标人应当公正交易，且招标人对每个投标人应当公正评价。

（4）诚实信用原则是指招标投标活动主体应当遵纪守法、诚实善意、恪守信用，严禁弄虚作假、言而无信。

3．招标投标特性

招标投标具有以下特性。

（1）竞争性。

有序竞争，优胜劣汰，优化资源配置，提高社会和经济效益。这是社会主义市场经济的本质要求，也是招标投标的根本特性。

（2）程序性。

招标投标活动必须遵循严密规范的法律程序。《中华人民共和国招标投标法》及相关法律政策，对招标人从确定招标采购范围、招标方式、招标组织形式直至选择中标人并签订合同的招标投标全过程的每一环节的时间、顺序都有严格、规范的规定，不能随意改变。任何违反法律程序的招标投标行为，都可能侵害其他当事人的权益，必须承担相应的法律后果。

（3）规范性。

《中华人民共和国招标投标法》及相关法律政策，对招标投标各个环节的工作条件、内容、范围、形式、标准，以及参与主体的资格、行为和责任都做出了严格的规定。

（4）一次性。

投标要约和中标承诺只有一次机会，且密封投标，双方不得在招标投标过程中就实质性内容进行协商谈判，讨价还价，这也是与询价采购、谈判采购及拍卖竞价的主要区别。

（5）技术经济性。

招标采购或出售标的都具有不同程度的技术性，包括标的使用功能和技术标准、建造、生产和服务过程的技术及管理要求等；招标投标的经济性则体现在中标价格是招标人预期投资目标和投标人竞争期望值的综合平衡。

3.2.2　招标的方式和方法

1. 招标方式

按照竞争开放程度，招标方式分为公开招标和邀请招标两种方式。招标项目应依据法律规定条件，项目的规模、技术、管理特点要求，投标人的选择空间及实施的急迫程度等因素选择合适的招标方式。依法必须招标项目一般应采用公开招标，如符合条件，确实需要采用邀请招标方式的，须经有关行政主管部门核准。

（1）公开招标。

公开招标属于非限制性竞争招标，是招标人以招标公告的方式邀请不特定的符合公开招标资格条件的法人或其他组织参加投标，按照法律程序和招标文件公开的评标方法、标准选择中标人的招标方式。这是一种充分体现招标信息公开性、招标程序规范性、投标竞争公平性，大大降低串标、抬标和其他不正当交易的可能性，最符合招标投标优胜劣汰和"三公"原则的招标方式，也是常用的采购方式。

公开招标适用一切采购项目，同时也是政府采购的主要方式。依法必须招标项目采用公开招标应当按照《招标公告发布暂行办法》（国家发展计划委员会［2000］第4号令）及其他有关规定指定的媒体发布资格预审公告或招标公告。

（2）邀请招标。

邀请招标属于有限竞争性招标，也称选择性招标。招标人以投标邀请书的方式直接邀请符合资格条件的特定的法人或其他组织参加投标，按照法律程序和招标文件规定的评标方法和标准选择中标人的招标方式。邀请招标不必发布招标公告或招标资格预审文件，但应该组织必要的资格审查，且投标人不应少于3个。由于邀请招标选择投标人的范围和投标人竞争的空间有限，可能会丢失理想的中标人，达不到预期的竞争效果及其中标价格。邀请招标因涉及国家安全、国家秘密、商业机密、施工工期，或者因货物供应周期紧迫、受自然地域环境限制，只有少量几家潜在投标人可供选择等条件限制而无法公开招标的项目，或者受项目技术复杂性和特殊要求限制，且事先已经明确知道只有少数特定的潜在投标人可以响应投标的项目，或者招标项目较小，采用公开招标方式的招标费用占招标项目价值比例过大的项目。

邀请招标适用于如下情景。

① 依法必须进行招标的项目中，满足以下条件经过核准或备案可以采用邀请招标。

a．工程勘察设计项目：项目的技术性、专业性较强，或者环境资源条件特殊，符合条件的潜在投标人数量有限的；如采用公开招标，则所需费用占工程建设项目总投资比例过大的；建设条件受自然因素限制，如采用公开招标，将影响实施时机的。

b．工程施工项目：项目技术复杂或有特殊要求，只有几家潜在投标人可供选择的；受自然地域环境限制的；涉及国家安全、国家秘密或抢险救灾，适宜招标但不宜公开招标的；拟公开招标的费用与项目的价值相比不值得的；法律、法规规定不宜公开招标的。

c．工程货物招标项目：货物技术复杂或有特殊要求，只有几家潜在投标人可供选择的；涉及国家安全、国家秘密或抢险救灾，适宜招标但不宜公开招标的；拟公开招标的费用与拟公开招标的投资相比，得不偿失的；法律、行政法规规定不宜公开招标的。

② 政府采购活动中，满足以下条件，经过设区的市、自治州以上人民政府采购监督管理部门的批准后可以采用邀请招标。

a．具有特殊性，只能从有限范围的供应商处采购的。

b．采用公开招标方式的费用占政府采购项目总价值的比例过大的。

③ 其他依法必须招标或政府采购以外的采购项目。

按照标的物来源地划分，可以将招标划分为：国内招标，包括国内公开招标、国内邀请招标；国际招标，包括国际公开招标、国际邀请招标。其中，使用国际组织或外国政府贷款、援助资金的项目进行招标，贷款方、出资方对招标投标的具体条件和程序有不同规定的，可以使用其规定，但违背中华人民共和国的社会公共利益的除外。国际公开招标须通过面向国内外的公开媒介和网络发布招标公告，招标投标程序严谨，时间相对较长，适用于规模大、价值高，技术和管理比较复杂，国内难以达到要求或国际金融组织规定，需要在全球范围内选择合适的投标人，或者需要引进先进的工艺、技术和管理的工程、货物或服务的项目招标。国际招标文件的编制应遵循国际贸易的准则、惯例。

2．招标方法和手段

在实践中，除了传统常用的招标方法、手段外，已经摸索和总结了一些适应不同招标项目特点的有效的招标操作方法和手段。

（1）两阶段招标。

对于一些技术设计方案、技术要求不确定，或者一些技术标准、规格要求难以描述确定的招标项目，可以将招标分为两个阶段进行：第一阶段招标，从投标方案中优选技术设计方案，统一技术标准、规格和要求；第二阶段按照统一确定的设计方案或技术标准，组织项目最终招标和投标报价。

（2）框架协议招标。

框架协议招标主要适合于重复使用规格、型号、技术标准与要求相同的货物或服务，特别适合于一个招标人下属多个实施主体采用集中统一招标的项目。招标人通过招标，对货物或服务形成统一采购框架协议，一般只约定采购单价，而不约定标的的数量和总价，各采购实施主体按照采购框架协议分别与中标人分批签订和履行采购合同协议。

（3）电子招标。

电子招标是以计算机网络技术为载体的现代化、无纸化招标手段。电子招标与纸质招标相比，可以极大地提高招标投标效率，符合节能减排要求，降低招标投标费用，有利于突破传统的招标投标组织实施和管理模式，促进招标投标监督方式的改革完善，规范招标投标秩序，预防和治理腐败交易现象。

电子招标目前已经在招标代理服务领域、政府和大型企业集中规模招标采购，以及政府设立的公共交易服务和管理平台中得到局部运用。特别对于一些技术规格简单，标准统一，容易分类鉴别评价，需要广泛征求投标竞争者的招标项目，电子招标的效率优势更加明显。随着电子技术的进一步提高，电子招标管理办法、标准体系和公共服务平台的统一建立，电子招标的运用领域将得到迅速拓展。

3.2.3　招标与拍卖的区别

拍卖是一种建立在竞争基础上，通过价格分配稀缺物品的交易方式。《中华人民共和国拍卖法》第三条规定："拍卖是指以公开竞价的形式，将特定物品或财产权利转让给最高应价者的买卖方式。"该规定明确了我国境内拍卖企业进行的拍卖活动主要为出售标的。而《中华人民共和国招标投标法》的条款主要倾向于规范在我国行政区域内进行的购买标的的招标投标活动。因此，一般而言，拍卖主要适用于出售标的，购买者之间相互竞争，可以多次、公开竞价的情况；而招标则主要适用于购买标的，投标者之间相互竞争，一次性、密封报价的情况。

但是，出售标的使用招标或拍卖没有严格的规定，实践中也有许多情况采用招标方式出售标的，典型的是采用招标方式出让国有土地使用权、特许经营权和企业资产等。凡是出售标的涉及因素和交易过程复杂，标的价格需要复杂的成本计算，且单纯的价格竞争又无法全面反映投标者是否有足够能力响应和完成标的，需要可靠的履约能力及科学、可行的实施方案作为支撑的，应当采用招标投标的竞争方式选择标的出售对象；反之，若标的价格受市场竞争影响的可变性大，需要多次竞价，且价格是唯一的竞争因素和选择购买者的决定性因素，无须考虑购买实施能力和方案者，则可采用拍卖方式选择标的出售对象。

拍卖主要组织方式如下。

1．标准增量式拍卖

标准增量式拍卖是一种因拍卖标的数量远大于单个竞买人的需求量而采取的一种拍卖方式（此拍卖方式非常适合大宗积压物资的拍卖活动）。卖方为拍卖标的设计一个需求量与成交价格的关系曲线。竞买人提交所需标的的数量之后，如果接受卖方根据他的数量而报出的成交价即可成为买受人。

2. 速胜式拍卖

速胜式拍卖是增价式拍卖的一种变体。拍卖标的物的竞价也是按照竞价阶梯由低到高依次递增的，不同的是，当某个竞买人的出价达到（大于或等于）保留价时，拍卖结束，此竞买人成为买受人。

3. 反向拍卖

反向拍卖也叫"拍买"，常用于政府采购、工程采购等。由采购方提供希望得到的产品的信息、需要服务的要求和可以承受的价格定位，由卖家之间以竞争方式决定最终产品提供商和服务供应商，从而使采购方以最优的性能价格比实现购买。

4. 定向拍卖

定向拍卖是一种为特定的拍卖标的物而设计的拍卖方式，有意的竞买者必须符合卖家所提出的相关条件，才可成为竞买人参与竞价。

5. 投标拍卖

投标拍卖又名密封递价拍卖，是指由拍卖人事先公布拍卖标的的具体情况和拍卖条件，然后竞买人在规定时间内将密封的标书递交拍卖人，由拍卖人在事先确定的时间公开开启，当场确认每个人的报价后选择出价最高者成交。此种拍卖方式主要用于特种商品的拍卖，因在同一地区，经营同种特别商品的人往往彼此相当熟悉，采用公开报价的竞价方式可能会造成各竞买人的心理负担，往往影响拍卖价格，使用此种拍卖方式可使各竞买人直接报出各自的最高价格，方法简明，效果也好。

3.2.4　招标与合同的关系

招标是规范选择交易主体及其标的，订立交易合同的法律程序。招标人发出的招标公告和招标文件没有价格要素，属于要约邀请，投标人向招标人递交的投标文件属于要约，招标人向中标人发出的中标通知书属于承诺。招标投标各方通过公平竞争、公正评价的规范程序完成了合同主体、客体的选择和合同权利、义务、责任的约定；合同既是招标的决策结果和项目实施的控制依据，也是检验、评价合同各方全面履行权利、义务，承担相应责任的标准。

3.3　招标的范围、采购组织方式与招标投标的作用

3.3.1　招标的范围

招标范围是指招标人必须和可以使用招标方式采购的标的范围。所有工程、货物和服务，除特殊情况外，原则上都适用于招标方式采购。《中华人民共和国招标投标法》以及据此制定的《工程建设项目招标范围和规模标准规定》（国家计委［2000］第3号令），明确了必须招标和可以免于招标的工程建设项目内容、范围和规模标准。《中华人民共和国政府

采购法》及相关规章，规定了政府采购必须使用招标方式采购货物和服务的范围。《机电产品国际招标投标实施办法》（商务部［2004］第 13 号令）第八条规定了必须采用国际招标的方式采购机电产品的 6 种情况。招标同样适用于依法必须招标的工程建设项目范围以外的工程、货物、服务的采购。

1. 工程招标

工程招标是指发包各类土木工程、建筑工程、设备和管线的安装工程、装饰装修工程等，选择工程施工承包或工程总承包企业。

（1）工程施工招标。

工程建设项目招标人通过招标选择具有相应工程施工承包资质的企业，按照招标要求对工程建设项目的施工、试运行（竣工验收）等实行承包，并承担工程建设项目施工质量、进度、造价、安全等控制责任和相应的风险责任。工程产品具有唯一性、一次性和产品固定性的特点。工程招标人通过对比施工企业选择工程施工承包人，再按照合同的特定要求施工和验收工程，不可能"退货和更换"。而货物产品供应商通常先按标准批量生产，采购人通过对比现成货物选择供应商。这就决定了工程施工招标区别于货物采购招标的特点，主要是选择一个达到资格能力要求的中标承包人和可靠、可行的工程施工方案，而不是选择一个现成的产品。工程施工评标主要是考察投标人报价竞争的合理性，工程施工质量、造价、进度、安全目标等控制体系的完备性和管理措施的可靠性，施工方案及其技术措施的可行性，组织机构的完善性及其实施能力、信誉的可靠性。小型简单工程则在施工组织设计可行的基础上，以投标价格作为选择中标人的主要因素。

（2）工程总承包招标。

工程建设项目招标人通过招标选择具有相应工程设计或施工承包资质的企业，在其资质等级许可的承包范围内，按照招标要求对工程建设项目的设计、采购、施工、试运行（竣工验收）等实行全部或部分任务的总承包，全面负责工程建设项目的总体协调、管理，并承担工程建设项目的质量、进度、造价、环境、安全等控制责任和相应的风险。工程总承包招标主要以"投标报价竞争的合理性、工程总承包技术管理方案的可行性、工程技术经济和管理能力及信誉可靠性"作为选择中标人的综合评标因素。工程总承包的主要方式有：设计采购施工/交钥匙总承包、设计和施工总承包等。

2. 货物招标

货物招标采购各种原材料、机电设备、产品等商品，以及可能附带的配套服务，既包括构成工程的货物，也包括一般生产资料、生活消费品、药品、办公用品等。货物招标采购应全面比较货物的价格、使用功能、质量标准、技术工艺、售后服务等因素。在相同条件下，产品的价格是决定是否中标的主要因素，但也并非价格越低越好，招标人更需要选择性价比高的产品。

3. 服务招标

服务招标即招标采购除工程和货物以外的各类社会服务、金融服务、科技服务、商业服务等，包括与工程建设项目有关的投融资、项目前期评估咨询、勘察设计、工程监理、项目管理服务等。区别于工程和货物招标采购，服务招标的竞争力主要体现在服务人员的素质能力及其服务方案的优劣上，所以服务价格并不是评价投标人竞争力的主要指标。

服务招标中还包括各类资产所有权、资源经营权和使用权出让招标，如企业资产或股权转让、土地使用权出让、基础设施特许经营权、科研成果与技术转让，以及其他资源使用权的出让招标。此类招标大多以价格竞争为主，结合经营或使用权受让方案的科学性、可行性、可靠性及其经营管理能力的竞争。

3.3.2　招标投标的作用

招标投标的作用主要体现在 4 个方面。

（1）优化社会资源配置和项目实施方案，提高招标项目的质量、经济效益和社会效益；推动投融资管理体制和各行业管理体制的改革。

（2）促进投标企业转变经营机制，提高企业的创新活力，提高技术和管理水平，提高企业生产、服务的质量和效率，不断提升企业市场信誉和竞争能力。

（3）维护和规范市场竞争秩序，保护当事人的合法权益，提高市场交易的公平、满意度和可信度，促进社会和企业的法治、信用建设，促进政府转变职能，提高行政效率，建立健全现代市场经济体系。

（4）有利于保护国家和社会的公共利益，保障合理、有效地使用国有资金和其他公共资金，防止浪费和流失，构建从源头预防腐败交易的监督制约体系。

3.3.3　招标采购组织方式

招标采购组织分为招标采购人自行组织及委托专业机构组织两种方式。

1. 自行组织招标采购

招标采购人自行组织招标采购的方式适用于如下情景。

（1）依法必须进行招标的项目，招标人具备以下条件，经过核准或备案，可以自行招标。

① 具有项目法人资格（或法人资格）。

② 具有与招标项目规模和复杂程度相适应的工程技术、概预算、财务和工程管理等方面的专业技术力量。

③ 有从事同类工程建设项目招标的经验。

④ 设有专门的招标机构或拥有 3 名以上专职招标业务人员。

⑤ 熟悉和掌握《中华人民共和国招标投标法》及有关法规和规章。

（2）未纳入集中采购目录的政府采购项目。

（3）依法必须招标或政府采购以外的项目。

2. 委托专业机构组织招标采购

委托专业机构组织招标采购适用于一切招标采购项目。其中纳入集中采购目录的政府采购项目，必须集中委托采购机构代理采购。

3.4　招标投标的基本程序和工作要求

3.4.1　招标准备

招标准备工作包括招标人的资格能力判定、制订招标计划、确定招标组织形式、落实招标的基本条件和编制招标方案。这些准备工作应该相互协调，有序实施。

1. 招标人的资格能力判定

招标人是提出招标项目，发出招标要约邀请的法人或其他组织，应当具备以下条件。

（1）招标人依法成立，有必要的财产或经费，有自己的名称、组织机构和场所，具有民事权利能力和民事行为能力，依法独立享有民事权利和承担民事义务的经济和社会组织，包括企业、事业、政府机关和社会团体法人；招标人也可以是依法成立，但不具备法人资格，能以自己的名义参与民事活动的经济和社会组织，如个人独资企业、合伙企业、合伙型联营企业、法人的分支机构、不满足法人资格条件的中外合作经营企业、法人依法设立的临时管理机构等。

（2）招标人的民事权利能力范围受其组织性质、成立目的、任务和法律、法规的约束，由此构成了招标人享有民事权利的资格和承担民事义务的责任。

① 招标人应根据招标采购需求的目标、特点，依法选择招标组织形式和招标方式，并按照法律法规规定的条件、程序、方法和标准组织实施招标，择优选择采购标的及其中标人。

② 招标人应自觉遵守有关法律法规和政策，依法维护和规范招标投标市场秩序，维护国家、社会公共利益和自身合法权益，不侵犯相关主体的合法权益，坚持公开、公平、公正和诚实信用的原则。

③ 招标人应依法抵制、反映和协助调查招标、投标、代理、评标、签约活动中的虚假、违规和违法行为，并自觉接受政府和社会的依法监督。

（3）招标人应满足《中华人民共和国招标投标法》第十二条规定，具有编制招标文件和组织评标的能力，通过向行政监督部门备案，可以自行办理招标事宜，否则应当委托满足相应资格条件的招标代理机构组织招标。《工程建设项目自行招标试行办法》的第四条对招标人自行办理招标事宜组织工程招标的资格条件具体解释为 5 个方面。

① 具有项目法人资格（或法人资格）。

② 具有与招标项目规模和复杂程度相适应的工程技术、概预算、财务和工程管理等方面的专业技术力量。

③ 有从事同类工程建设项目招标的经验。

④ 设有专门的招标机构或拥有 3 名以上专职招标业务人员。

⑤ 熟悉和掌握《中华人民共和国招标投标法》及有关法规规章。

2. 制订招标计划

根据政府、企业采购需要或项目实施进度要求制订项目招标采购计划，明确招标采购内容、范围和时间。

3．确定招标组织形式

（1）自行组织招标。

自行组织招标虽然便于协调管理，但往往容易受招标人认识水平、法律水平和技术专业水平的限制而影响和制约招标采购的"三公"原则和规范性、竞争性。因此招标人如不具备自行组织招标的能力条件，应当选择委托代理招标的组织形式。招标代理机构经过行政监督部门认定，相对招标人具有更专业的招标资格能力和业绩经验，并且相对独立超脱。因此即使招标人具有自行组织招标的能力条件，也可优先考虑选择委托代理招标。

（2）委托代理招标。

招标人应该根据招标项目的行业和专业类型、规模标准，选择具有相应资格的招标代理机构，委托其代理招标采购业务。招标代理机构是依法成立，具有相应招标代理资格条件，且不得与政府机关及其他管理部门存在任何经济利益关系，按照招标人委托代理的范围、权限和要求，依法提供招标代理的相关咨询服务，并收取相应服务费用的专业化、社会化中介组织，属于企业法人。

招标代理机构应当遵循依法、科学、客观、公正的要求，并坚决抵制虚假招标、规避招标、串标围标、倾向或排斥投标人，以及商业贿赂等的违法行为，依法保护招标人的合法权益，维护国家和社会的公共利益，不损害投标人的正当权益。同时，招标代理机构的从业资格和代理行为应该接受招标人、投标人，以及行政部门、行业组织的监督、检验和考核。

工程建设项目、机电产品国际招标、政府采购、中央投资项目等招标代理机构的资格认定标准，以及招标代理业务范围必须分别符合以下规定：

① 《工程建设项目招标代理机构资格认定办法》（建设部［2007］第 154 号令）和《工程建设项目招标代理机构资格认定办法实施意见》（建设部建市［2007］230 号）；

② 《机电产品国际招标机构资格审定办法》（商务部［2005］第 6 号令）；

③ 《政府采购代理机构资格认定办法》（财政部［2010］第 61 号令）；

④ 《中央投资项目招标代理资格管理办法》（国家发展改革委［2012］第 13 号令）。

招标采购实行专业化、社会化的中介机构代理服务，有利于沟通协调市场主体之间的关系，维护招标采购的"三公"原则和市场竞争秩序，抵制不正当的招标投标行为，有利于提高招标采购的专业水平，从而有效提高招标采购工作的质量和效率。招标代理机构从业人员的素质、能力和规范化水平直接影响和制约招标采购的成败。因此，培育和提高招标代理机构及其从业人员的整体职业素质已成为招标代理行业生存和发展的重要任务。

（3）招标代理合同。

招标人与招标代理机构应当签订委托招标代理的书面合同，明确委托招标代理的内容范围、权限、义务和责任，并报有关行政监督部门备案。招标代理机构不得无权代理、越权代理和违法代理，不得接受同一招标项目的投标咨询服务。委托招标代理合同主要包括以下内容。

① 委托代理范围。招标人应在合同中明确委托招标代理机构开展招标代理服务的内容、范围和权限。委托代理服务的范围可以包括以下全部或部分工作内容：招标前期准备

策划，制定招标方案，编制发售资格预审公告和资格预审文件，协助招标人组织资格评审，确定投标人名单，编制发售招标文件，组织投标人踏勘现场、答疑、开标，配合招标人组建评标委员会，协助评标委员会完成评标与评标报告，确定中标候选人并办理公示，协助招标人定标并向中标人发出中标通知书，协助招标人拟定和签订中标合同，协助招标人向招标投标监督部门办理有关招标投标的报告、核准或备案手续；解答或协助处理投标人和其他利害关系人提出的异议、投诉，配合监督部门调查违法行为；招标人委托的其他服务工作。

② 代理期限。合同应明确招标人委托代理机构开展委托代理工作的起止时间。

③ 双方的权利和义务。合同应明确双方的权利、义务和承担的责任。

④ 服务费用的标准和支付。合同应明确服务收费项目、收费标准、支付方式和时间。其中招标人委托招标代理机构开展招标代理服务的，服务收费应该依据原国家计委印发的《招标代理服务收费管理暂行办法》（计价格〔2002〕1980 号）和 2003 年 9 月 15 日《国家发展改革委员会办公厅关于招标代理服务收费有关问题的通知》（发改办价格〔2003〕857号）。利用外资贷款项目的代理服务收费依据财政部、商务部的有关规定。合同还应明确招标代理服务中发生的各项相关费用的承担者和支付方式。

⑤ 其他。合同的变更、解除、违约责任及合同履行中发生争议的解决办法等。

4．落实招标的基本条件

为了维护招标投标市场秩序，保护招标投标当事人的合法权益，提高招标投标的成效，根据有关规定，项目组织实施招标必须具备必要的基本条件。

（1）项目招标的共同条件。

① 项目招标人应当符合相应的资格条件。

② 根据项目本身的性质、特点，满足项目招标和组织实施必需的资金、技术条件、管理机构、项目实施计划和法律法规规定的其他条件。

③ 项目招标的内容、范围、条件、招标方式和组织形式已经有关项目审批部门或招标投标监督部门核准，并完成法律、法规、规章规定的项目规划、审批、核准或备案等实施程序。

（2）工程施工招标的特别条件。

① 工程建设项目初步设计、工程招标设计、工程施工图设计已经完成，并经有关政府部门对立项、规划、用地、环境评估等进行审批、核准或备案。

② 工程建设项目具有满足招标投标和工程连续施工所必需的设计图纸及有关技术标准、规范和其他技术资料。

③ 工程建设项目用地拆迁、场地平整、道路交通、水电、排污、通信及其他外部条件已经落实。

（3）工程总承包招标的特别条件。

按照工程总承包不同开始阶段和总承包方式，应分别具有工程可行性研究报告、实施性工程方案设计、工程初步设计等相应的条件。

（4）货物招标的特别条件。

工程使用的货物采购招标条件与工程施工招标基本相同；非工程使用的一般货物采购

招标，应具有满足采购招标的设计图纸或技术规格；政府采购货物的采购计划和资金已经有关采购主管部门批准。

（5）服务招标的特别条件。

① 特许经营权和融资招标的条件。以基础设施特许经营项目融资招标为例，应具备以下主要条件。

a．招标人已经确定，大多数是由项目所在地的基础设施政府主管部门组建的招标委员会或类似机构，也有少数项目的招标人是国有资产投资管理公司。

b．项目实施方案已经政府相关部门批准。项目的技术、经济、法律、政策条件已经明确，并建立了相应的保障落实机制。包括项目融资方式、规模，项目建设规模、标准和期限，项目特许经营的领域和地域范围，特许经营服务的标准、数量规模和经营期限，经营产品或服务价格，以及调整、支付方式，土地、环保、税务要求，风险分担原则，违约处理解决方式等。

② 工程设计招标的特别条件。工程概念性方案设计招标，应当具有批准的项目建议书；工程实施性方案设计招标，应当具有批准的工程建设项目规划设计条件和可行性研究报告。

③ 工程建设监理和建设项目管理招标的特别条件。工程监理招标、含工程设计阶段的项目管理招标应该具有批准的工程可行性研究报告或工程实施性方案设计；而采用工程建设项目全过程的项目管理方式，一般自工程建设项目概念性方案设计或可行性研究阶段开始提供项目决策咨询服务，其招标条件只需要批准的项目建议书。

④ 科技招标的特别条件。一是需要招标的科技项目已立项，部分科技项目应具有的可行性研究报告也已经下达。各级各类科技行政主管部门审批的科技项目的具体范围和规模标准已确定，并已经列入政府科研计划，但企业科研项目不受上述条件约束。二是以政府财政拨款投入为主的技术研究开发、技术转让和技术咨询服务等目标内容和完成时限明确，能够确定评审标准，科技经费已经落实。

⑤ 物流招标的特别条件。物流项目已经列入政府或企业采购计划。

5．编制招标方案

为了有序、有效地组织实施招标采购工作，招标人应根据招标项目的特点和自身需求，依据有关规定编制招标方案，确定招标内容范围、招标组织形式、招标方式、标段划分、合同类型、投标人资格条件，安排招标工作目标、顺序和计划，分解招标工作任务，落实需要的资源、技术与管理条件。其中，依法必须招标的工程建设项目的招标范围、招标方式与招标组织形式应报项目审批部门核准或招标投标监督部门备案。

3.4.2　组织资格审查

为了保证潜在投标人能够公平地获取投标竞争的机会，确保投标人满足招标项目的资格条件，同时避免招标人和投标人不必要的资源浪费，招标人应当对投标人资格组织审查。资格审查分为资格预审和资格后审两种。

1．资格预审

资格预审是指招标人采用公开招标方式，在投标前按照有关规定程序和要求公布资格预审公告和资格预审文件。对获取资格预审文件并递交资格预审申请文件的潜在投标人进行资格审查的方法。

资格预审包括以下程序：编写资格预审文件和公告，确定资格审查方法、审查因素和标准；在规定媒体发布资格预审公告；按照资格预审公告规定的时间、地点发售资格预审文件；投标申请人按资格预审文件要求的内容、格式、时间编制和递交资格预审申请文件；组建资格审查委员会。资格审查委员会的组成、专家资格及专家产生方式可参照《中华人民共和国招标投标法》第三十七条有关评标委员会的规定；资格审查委员会依据资格预审文件规定的审查方法、审查因素和标准，审查投标申请人的投标资格，确定通过资格预审的申请人名单，向招标人提交书面资格审查报告；招标人在规定的时间内以书面形式将资格预审结果通知申请人，并向通过资格预审的申请人发出投标邀请书。

（1）工程招标资格预审文件。

招标资格预审文件是告知投标申请人资格预审条件、标准和方法，并对投标申请人的经营资格、履约能力进行评审，确定合格投标人的依据。工程招标资格预审文件的基本内容和格式可依据《中华人民共和国标准施工招标资格预审文件》（2007年版），招标人应结合招标项目的技术管理特点和需求，按照以下基本内容和要求编制招标资格预审文件。

① 资格预审公告。资格预审公告包括招标条件、项目概况与招标范围、申请人资格要求、资格预审办法、资格预审文件的获取与递交、发布公告的其他媒体、招标人的联系方式等内容。

② 申请人须知。

a．申请人须知前附表。前附表编写内容及要求如下。

● 招标人及招标代理机构的名称、地址、联系人与电话，便于申请人联系。

● 工程建设项目基本情况，包括项目名称、建设地点、资金来源、出资比例、资金落实情况、招标范围、标段划分、计划工期、质量要求，使申请人了解项目基本概况。

● 申请人资格条件。告知投标申请人必须具备的工程施工资质、近年类似业绩、资金财务状况、拟投入人员、设备等资格能力条件和近年发生诉讼、仲裁等履约信誉情况，以及是否接受联系体投标等要求。

● 时间安排。明确申请人提出澄清资格预审文件要求的截止时间，招标人澄清、修改资格预审文件的截止时间，申请人确认收到资格预审文件，澄清、修改文件的时间和资格预审申请截止时间，使投标申请人知悉资格预审活动的时间安排。

● 申请文件的编写要求。明确申请文件的签字或盖章要求，申请文件的装订及文件份数，使投标申请人知悉预审文件的编写格式。

● 申请文件的递交规定。明确申请文件的密封和标志要求、申请文件递交的截止时间及地点、是否退还，以使投标人能够正确递交申请文件。

● 简要写明资格审查采用的方法，资格预审结果的通知时间及确认时间。

b．总则。编写要把招标工程建设项目概况、资金来源、资金落实情况、招标范围、计划工期及质量要求叙述清楚，声明申请人资格要求，明确预审申请文件编写所用的语言，以及参加资格预审过程的费用承担者。

c. 资格预审文件。包括资格预审文件的组成、澄清及修改。

● 资格预审文件由资格预审公告、申请人须知、资格审查办法、资格预审申请文件格式、项目建设概况，以及对资格预审文件的澄清和修改构成。

● 资格预审文件的澄清。要明确申请人提出澄清的时间、澄清问题的表达形式、招标人的回复时间和回复方式，以及申请人对收到答复的确认时间及方式。

申请人通过仔细阅读和研究资格预审文件，对不明白、不理解的意思表达，模棱两可和错误的表述，或者遗漏的事项，向招标人提出澄清要求，但澄清必须在资格预审文件规定的时间以前，以书面形式发送给招标人。

招标人在认真研究收到的所有澄清问题后，应在规定时间前以书面澄清的形式发送给所有购买了资格预审文件的潜在投标人。

申请人应在收到澄清文件后，在规定的时间内以书面形式向招标人确认已经收到。

● 资格预审文件的修改。明确招标人对资格预审文件进行修改、通知的方式及时间，以及申请人确认的方式及时间。

招标人可以对资格预审文件中存在的问题、疏漏进行修改，但必须在资格预审文件规定的时间前，以书面形式通知申请人。如果不能在该时间前通知，招标人应顺延资格申请截止时间，使申请人有足够的时间编制申请文件。

申请人应在收到修改文件后进行确认。

● 资格预审申请文件的编制。招标人应在本处明确告知资格预审申请人资格预审申请文件的组成内容、编制要求、装订及签字要求。

● 资格预审申请文件的递交。招标人一般在这部分明确资格预审申请文件应按统一的规定和要求进行密封和标志，并在规定的时间和地点递交。对于没有在规定地点、时间递交的申请文件，一律拒绝接收。

● 资格预审申请文件的审查。资格预审申请文件由招标人依法组建的审查委员会按照资格预审文件规定的审查办法审查。

● 通知和确认。明确审查结果的通知时间及方式，以及合格申请人的回复方式及时间。

● 纪律与监督。对资格预审期间的纪律、保密、投诉及违纪的处置方式进行规定。

③ 资格审查办法。

a. 选择资格审查办法。资格预审的合格制与有限数量制两种办法适用不同的条件。

● 合格制。一般情况下，采用合格制，凡符合资格预审文件规定资格条件标准的投标申请人，即取得相应投标资格。

在合格制中，满足条件的投标申请人均获得投标资格。其优点是投标竞争性强，有利于获得更多、更好的投标人和投标方案；对满足资格条件的所有投标申请人公平、公正。缺点是投标人可能较多，从而加大投标和评标工作量，浪费社会资源。

● 有限数量制。当潜在投标人过多时，可采用有限数量制。招标人在资格预审文件中既要规定投标资格条件、标准和评审方法，又应明确通过资格预审的投标申请人数量。例如，采用综合评估法对投标申请人的资格条件进行综合评审，根据评价结果的优劣排序，并按规定的限制数量择优选择通过资格预审的投标申请人。目前除各行业部门规定外，尚未统一规定合格申请人的最少数量，原则上满足 3 家以上。

采用有限数量制一般有利于降低招标投标活动的社会综合成本，但在一定程度上可能限制了潜在投标人的范围。

b．审查标准，包括初步审查和详细审查的标准，采用有限数量制的评分标准。

c．审查程序，包括资格预审申请文件的初步审查、详细审查、申请文件的澄清及有限数量制的评分等内容和规则。

d．审查结果，资格审查委员会完成资格预审申请文件的审查，确定通过资格预审的申请人名单，向招标人提交书面审查报告。

④ 资格预审申请文件。资格预审申请文件包括以下基本内容和格式。

a．资格预审申请函。资格预审申请函是申请人响应招标人，参加招标资格预审的申请函，同意招标人或其他委托代表对申请文件进行审查，并应对所递交的资格预审申请文件及有关材料内容的完整性、真实性和有效性做出声明。资格预审申请函如表 3.7 所示。

表 3.7　资格预审申请函

（招标人名称）：_____
1．按照资格预审文件的要求，我方（申请人）递交的资格预审申请文件及有关资料，用于你方（招标人）审查我方参加_____（项目名称）_____标段施工招标的投标资格。
2．我方的资格预审申请文件包含招标资格预审文件"申请人须知"规定的全部内容。
3．我方接受你方的授权代表进行调查，以审核我方提交的文件和资料，并通过我方的客户，澄清资格预审申请文件中有关财务和技术方面的情况。
4．你方授权代表可通过_____（联系人及联系方式）得到进一步的资料。
5．我方在此声明，所递交的资格预审申请文件及有关资料内容完整、真实和准确，且不存在招标资格预审文件"申请人须知"规定的任何一种违规申请情形。
申请人：_____（盖单位章）
法定代表人或其委托代理人：_____（签字）
电话：_____
传真：_____
申请人地址：_____　邮政编码：_____
申请日期：____年___月___日

b．法定代表人身份证或其授权委托书。

● 法定代表人身份证明，是申请人出具的用于证明法定代表人合法身份的证明。内容包括申请人名称、单位性质、成立时间、经营期限，法定代表人的姓名、性别、年龄、职务等。法定代表人身份证明如表 3.8 所示。

● 授权委托书，是申请人及其法定代表人出具的正式文书，明确授权其委托代理人在规定的期限内负责申请文件的签署、澄清、递交、撤回、修改等活动，活动由申请人及其法定代表人承担法律责任。授权委托书如表 3.9 所示。

表 3.8　法定代表人身份证明

投标人名称：＿＿＿＿＿＿＿＿

单位性质：＿＿＿＿＿＿＿＿

地　　址：＿＿＿＿＿＿＿＿

成立时间：＿＿年＿＿月＿＿日

经营期限：＿＿＿＿＿＿＿＿

姓名：＿＿＿性别：＿＿＿年龄：＿＿＿职务：＿＿＿

系＿＿＿＿＿＿＿＿（投标人名称）的法定代表人

特此证明

投标人：＿＿＿＿＿＿＿（盖单位章）

＿＿＿年＿＿月＿＿日

表 3.9　授权委托书

本人＿＿＿＿＿（姓名）系＿＿＿＿＿（申请人名称）的法定代表人，现委托＿＿＿＿＿（姓名）为我方代理人。代理人根据授权，以我方名义签署、澄清、递交、撤回、修改＿＿＿＿＿（项目名称）＿＿＿＿＿标段施工招标资格预审申请文件，其法律后果由我方承担。

委托期限：＿＿＿＿＿代理人无转委托权。

附：法定代表人身份证明

申　请　人：＿＿＿＿＿＿（盖单位章）

法定代表人：＿＿＿＿＿＿（签字）

身份证号码：＿＿＿＿＿＿

委托代理人：＿＿＿＿＿＿（签字）

身份证号码：＿＿＿＿＿＿

＿＿＿年＿＿月＿＿日

c. 联合体协议书。适用于允许联合体投标的资格预审，是联合体各方联合声明共同参加资格预审和招标活动签订的联合协议。联合体协议书中应明确牵头人、各方职责分工及协议期限，承诺对递交文件承担法律责任等。联合体协议书如表 3.10 所示。

d. 申请人情况。

● 申请人基本情况。申请人名称、法定代表人、经营范围、营业执照号、注册资金、成立时间、企业资质等级、技术负责人、联系方式、开户银行、员工总人数等。申请人基本情况表如表 3.11 所示。

表 3.10　联合体协议书

_____（所有成员单位名称）自愿组成_____（联合体名称）联合体，共同参加_____（项目名称）_____标段施工投标。现就联合体投标事宜订立如下协议。

1._____（某成员单位名称）为_____（联合体名称）牵头人。

2. 联合体牵头人合法代表联合体各成员负责本招标项目投标文件的编制和合同谈判活动，代表联合体提交和接收相关的资料、信息及指示，并处理与之有关的一切事务，负责合同实施阶段的主办、组织和协调工作。

3. 联合体将严格按照招标文件的各项要求，递交投标文件，履行合同，并对外承担连带责任。

4. 联合体各成员单位内部的职责分工如下：_____

5. 本协议书自签署之日起生效，合同履行完毕后自动失效。

6. 本协议书一式____份，联合体成员和招标人各执一份。

注：本协议书由委托代理人签字的，应附法定代表人签字的授权委托书。

牵头人名称：_____（盖单位章）

法定代表人或其委托代理人：_____（签字）

成员一名称：_____（盖单位章）

法定代表人或其委托代理人：_____（签字）

成员二名称：_____（盖单位章）

法定代表人或其委托代理人：_____（签字）

____年____月____日

表 3.11　申请人基本情况表

申请人名称					
注册地址			邮政编码		
联系方式	联系人		电话		
	传真		地址		
组织结构					
法定代表人	姓名		技术职称		电话
技术负责人	姓名		技术职称		电话
成立时间			员工总人数		
企业资质等级		其中	项目经理		
营业执照号			高级职称人员		
注册资金			中级职称人员		
开户银行			初级职称人员		
账号			技工		
经营范围					

● 申请人的施工制造或服务能力。已承接任务的合同项目总价，最大年施工、生产或服务规模能力（产值），正在施工、生产或服务的规模数量（产值），申请人的施工、制造或服务质量保证体系，拟投入本项目的主要设备仪器情况。拟投入本标段的主要施工设备

表如表 3.12 所示，拟配备本标段的实验和检测仪器设备表如表 3.13 所示。

表 3.12　拟投入本标段的主要施工设备表

序号	设备名称	型号规格	数量	国别产地	制造年份	额定功率（kw）	生产能力	用于施工部位	备注

表 3.13　拟配备本标段的实验和检测仪器设备表

序号	仪器设备名称	型号规格	数量	国别产地	制造年份	已使用台时数	用途	备注

　　e. 近年财务状况。申请人应提交近几年（一般为近 3 年）经会计师事务所或审计机构审计的财务报表，包括资产负债表、损益表、现金流量表等，用于招标人判断投标人的总体财务状况及赢利能力和偿债能力，进而评估其承担招标项目的财务能力和抗风险能力。申请工程招标资格预审者，特别需要反映申请人近 3 年每年的营业额、固定资产、流动资产、长期负债、流动负债、净资产等。必要时，应由开户银行出具金融信誉等级证书或银行资信证明。

　　f. 近年完成的类似项目情况。申请人应提供近年来已经完成的与招标项目性质、类型、规模标准类似的工程名称、地址，招标人名称、地址及联系电话，合同价格，申请人的职责定位、承担的工作内容、完成日期，实现的技术、经济管理目标和使用状况，项目经理、技术负责人等。近年完成的类似项目情况表如表 3.14 所示。

表 3.14　近年完成的类似项目情况表

项目名称	
项目所在地	
发包人名称	
发包人地址	
发包人电话	
合同价格	
开工日期	
竣工日期	
承担工作	
工程质量	
项目经理	
技术负责人	
总监理工程师及电话	
项目描述	
备注	

　　g. 拟投入技术和管理人员状况。申请人拟投入招标项目的主要技术和管理人员的身份、

资格、能力，包括岗位任职、工作经历、职业资格、技术或行政职务、职称、完成的主要类似项目业绩等证明材料。项目管理机构组成表如表 3.15 所示，主要人员简历表如表 3.16 所示。

表 3.15 项目管理机构组成表

职务	姓名	职称	执业或职业资格证明					备注
			证书名称	级别	证号	专业	养老保险	

表 3.16 主要人员简历表

《主要人员简历表》中的项目经理应附项目经理证、身份证、职称证、学历证、养老保险复印件，管理过的项目业绩须附合同协议书复印件；技术负责人应附身份证、职称证、学历证、养老保险复印件，管理过的项目业绩须附其所任技术职务的企业文件或用户证明；其他主要人员应附职称证（执业资格证或上岗证）、养老保险复印件。

姓名		年龄		学历	
职称		职务		拟在本合同任职	
毕业学校		年毕业于	学校	专业	
时间	参加过的类似项目		担任职务	招标人及联系电话	

h. 未完成和新承接项目情况。填报内容与"近年完成的类似项目情况"的要求相同。

i. 近年发生的诉讼及仲裁。仲裁申请人应提供近年来在合同履行中，因争议或纠纷引起诉讼、仲裁的情况，以及有无违法、违规行为而被处罚的相关情况，包括法院或仲裁机构做出的判决、裁决、行政处罚决定等法律文书复印件。

j. 其他材料。申请人提交的其他材料包括两部分：一是资格预审文件的须知、评审办法等要求，但申请文件格式中没有表述的内容，如 ISO9000、ISO14000、ISO18000 等质量管理体系、环境管理体系、职业安全管理体系认证证书，企业、工程、产品的获奖、荣誉证书等；二是资格预审文件中没有要求提供，但申请人认为对自己通过预审比较重要的资料。

⑤ 工程建设项目概况。工程建设项目概况包括项目说明、建设条件、建设要求和其他需要说明的情况。各部分具体编写要求如下。

a. 项目说明。首先应简要介绍工程建设项目的建设任务、工程规模标准和预期效益；其次说明项目的批准或核准情况；再次介绍该工程的项目业主、项目负责人出资比例，以及资金来源；最后简要介绍项目的建设地点、计划工期、招标范围和标段划分情况。

b. 建设条件。主要描述建设项目所处位置的水文气象条件、工程地质条件、地理位置及交通条件等。

c. 建设要求。简要介绍工程施工技术规范和标准要求，工程建设质量、进度、安全和环境管理等要求。

d．其他需要说明的情况。需要结合项目的工程特点和项目业主的具体管理要求提出。

（2）货物、服务招标资格预审文件。

货物招标资格预审文件和资格预审申请文件的内容和格式可以参照工程招标资格预审文件，结合货物采购招标的特点和需求编制，并注意以下两点。

① 资格条件标准应根据相关规定明确是否需要申请人提交货物的生产许可证、国家强制性认证（3C 认证）、安全生产许可证等证明文件；大型复杂货物招标如允许申请人采用联合体和分包形式，则应分别对联合体各方或专业分包商的资格、一般和专门的类似项目业绩经验及分工提出具体要求。

② 贸易公司代理经销货物的招标人在资格预审申请文件中应出具货物制造资格声明、货物代理资格声明和货物制造商授权函，如表 3.17～表 3.19 所示。

表 3.17　货物制造资格声明

1．制造商概况

制造商名称：＿＿＿＿＿＿＿＿＿＿＿＿＿＿＿＿

总部地址：＿＿＿＿＿＿＿＿＿＿＿＿＿＿＿＿＿

电传/传真/电话号码：＿＿＿＿＿＿＿＿＿＿＿＿

成立/注册日期：＿＿＿＿＿＿＿＿＿＿＿＿＿＿

注册和实收资本：＿＿＿＿＿＿＿＿＿＿＿＿＿

近期资产负债表（到＿＿年＿＿月＿＿日止）

（1）固定资产：＿＿＿＿＿＿＿＿＿＿＿＿

（2）流动资产：＿＿＿＿＿＿＿＿＿＿＿＿

（3）长期负债：＿＿＿＿＿＿＿＿＿＿＿＿

（4）流动负债：＿＿＿＿＿＿＿＿＿＿＿＿

（5）净值：＿＿＿＿＿＿＿＿＿＿＿＿＿＿

法定代表人姓名：＿＿＿＿＿＿＿＿＿＿＿＿

授权代表的姓名和地址：＿＿＿＿＿＿＿＿

2．投标货物的情况

工厂名称地址：＿＿＿＿＿＿＿＿＿＿＿＿＿

生产的项目：＿＿＿＿＿＿＿＿＿＿＿＿＿＿

年生产能力：＿＿＿＿＿＿＿＿＿＿＿＿＿＿

职工人数：＿＿＿＿＿＿＿＿＿＿＿＿＿＿＿

本制造商不生产，需要从其他制造商处购买的主要零部件

制造商名称			
制造商地址			
主要零部件名称			

3．本制造商生产投标货物的业绩

生产时间			
采购人/项目			
供应规模			
投入营运日期			

4．近3年该货物销售给国内、外主要客户的名称、地址

（1）国外。

出口货物名称			
出口销售地址			
客户与项目			

（2）国内。

货物名称			
国内销售地址			
客户与项目			

5．近3年年营业额

时间			
国内年营业额			
国外年营业额			
年营业总额			

6．有关开户银行的名称和地址：_____

7．制造商所属的集团公司：_____

8．其他情况：_____

兹证明上述声明是真实的、正确的，并提供了全部能提供的资料和数据，我们同意遵照贵方要求出示有关证明文件。

签字：

贸易公司		制造商	
签字人签字		签字人签字	
签字人部门		签字人部门	
签字人职务		签字人职务	
签字日期		签字日期	
电话		电话	
传真		传真	
邮件		邮件	

表 3.18 货物代理资格声明

1. 名称及概况

货物代理公司名称：_____

总部地址：_____

电传/传真/电话号码：_____

成立/注册日期：_____

注册和实收资本：_____

近期资产负债表（到___年___月___日止）

（1）固定资产：_____

（2）流动资产：_____

（3）长期负债：_____

（4）流动负债：_____

（5）净值：_____

法定代表人姓名：_____

授权代表的姓名和地址：_____

2. 近 3 年的货物代理年营业额

时间			
国内年营业额			
国外年营业额			
年营业总额			

3. 近 3 年投标货物的国内、外主要客户的名称、地址

（1）国外。

出口销售名称			
出口销售地址			
使用客户项目			

（2）国内。

国内销售名称			
国内销售地址			
使用客户项目			

4. 委托我公司代理的主要货物制造商名称、地址（另附制造商资格声明）

代理货物名称			
委托制造商			
制造商地址			

续表

5. 近3年我公司代理货物的类似业绩			
制造商名称			
合同编号			
签字日期			
使用客户			
货物名称			
数量			
合同金额			

6. 公司所属的集团公司：_____

7. 公司开户银行的名称和地址：_____

8. 其他情况：

兹证明上述声明是真实的、正确的，并提供了全部能提供的资料和数据，我们同意遵照贵方的要求出示有关证明文件。

签字：

贸易公司		制造商	
签字人签名		签字人签名	
签字人部门		签字人部门	
签字人职务		签字人职务	
签字日期		签字日期	
电话		电话	
传真		传真	
邮件		邮件	

服务招标资格预审文件和资格预审申请文件的内容和格式可以参照工程资格预审文件，结合各类服务采购招标的特点和需求编制。

（3）资格预审的评审程序。

资格预审的评审工作包括建立资格审查委员会、初步审查、详细审查、澄清、评审和编写评审报告等程序。

① 组建资格审查委员会。

招标人组建资格审查委员会负责招标资格审查。政府投资项目招标，其资格审查委员会的构成和产生应参照评标委员会规定。其中，招标人的代表应具有完成相应项目资格审查的业务素质和能力，人数不能超过资格审查委员会成员的1/3；有关技术、经济等方面的专家应当从事相关领域工作满8年，并具有高级职称或同等专业水平，不得少于成员总数的2/3，与招标资格申请人有利害关系的人不得进入相关项目的审查委员会，已经进入的应当更换。

表 3.19　货物制造商授权函

致：(招标人)

我们(制造商名称)是按(国家/地区名称)法律成立的一家制造商，主要营业地点设在(制造商地址)。兹指派按(国家/地区名称)的法律正式成立的，主要营业地点设在(贸易公司地址)的(贸易公司名称)作为我方真正的和合法的代理人进行下列有效的活动：

(1) 代表我方在(地址)依据贵方第(投标邀请编号)号投标邀请要求，提供我方制造货物的有关事宜，并对我方具有约束力。

(2) 作为制造商，我方保证以投标合作者约束自己，并对该投标共同和分别承担招标文件中所规定的义务。

(3) 我方兹授予(贸易公司名称)全权办理和履行我方为完成上述各点所必需的事宜，具有替换或撤销的权力。兹确认(贸易公司名称)或其正式授权代表依此合法地办理一切事宜。

我方于＿＿年＿＿月＿＿日签署本文件，(贸易公司名称)于＿＿年＿＿月＿＿日接受此件，以此为证。

签字：

贸易公司		制造商	
签字人签名		签字人签名	
签字人部门		签字人部门	
签字人职务		签字人职务	
签字日期		签字日期	
电话		电话	
传真		传真	
邮件		邮件	

审查委员会设负责人的，审查委员会负责人由审查委员会成员推举产生，或者由招标人确定。审查委员会负责人与审查委员会的其他成员有同等的表决权。审查委员会成员的名单在审查结果确定前应当保密。

② 初步审查。

初步审查的因素主要有：投标资格申请人名称、申请函签字盖章、申请文件格式、联合体申请人等内容。

初步审查的标准是指检查申请人名称与营业执照、资质证书、安全生产许可证是否一致；资格预审申请文件是否经法定代表人或其委托代理人签字或加盖单位印章；申请文件是否按照资格预审文件中规定的内容格式编写；联合体申请人是否提交联合体协议书，并明确联合体责任分工等。上述因素只要有一项不合格，就不能通过初步审查。

③ 详细审查。详细审查是审查委员会对通过初步审查的申请人的资格预审申请文件进行审查。常见的审查因素和标准如下。

a．营业执照。营业执照的营业范围是否与招标项目一致，执证期限是否有效。

b．企业资质等级和生产许可。施工和服务企业资质的专业范围和等级是否满足资格条件要求；货物生产企业是否具有相应的生产许可证、国家强制认证等证明文件。

c．安全生产许可证和质量管理体系认证书。安全生产许可范围是否与招标项目一致，执证期限是否有效；质量认证范围是否与招标项目一致，执证期限是否有效。

d. 职业健康安全管理体系认证书。认证范围是否与招标项目一致，执证期限是否有效。

e. 环境管理体系认证书。认证范围是否与招标项目一致，执证期限在招标期间是否有效。

f. 财务状况。审查经会计师事务所或审计机构审计的近年财务报表，包括资产负债表、现金流量表、损益表、财务情况说明书，以及银行授信额度。核实投标资格申请人的资产规模、营业收入、净资产收益及赢利能力、资产负债率、偿债能力、流动资金比率、速动比率等抵御财务风险的能力是否达到资格审查的标准要求。

g. 类似项目业绩。投标资格申请人提供近年完成的类似项目情况（随附中标通知书和合同协议书或工程竣工验收证明文件），以及正在施工、生产或新承接的项目情况（随附中标通知书和合同协议书）。根据投标资格申请人完成类似项目业绩的数量、质量、规模、运行情况，评审其已有类似项目的施工或生产经验的程度。

h. 信誉。根据投标资格申请人近年来发生的诉讼或仲裁情况、质量和安全事故、合同履约情况，以及银行资信，判断其是否满足资格预审文件规定的条件要求。

i. 项目经理和技术负责人的资格。审核项目经理和其他技术管理人员的履历、任职、类似业绩、技术职称、职业资格等证明材料，评定其是否符合资格预审文件规定的资格、能力要求。

j. 联合体申请人。审核联合体协议中联合体牵头人与其他成员的责任分工是否明确；联合体的资质等级、法人治理结构是否符合要求；联合体各方有无单独或参加其他联合体对同一标段的投标。

k. 其他。审核资格预审申请文件是否满足资格预审文件规定的其他要求，特别注意是否存在投标人的限制情形。

④ 澄清。在审查过程中，审查委员会可以书面形式，要求申请人对所提交的资格预审申请文件中不明确的内容进行必要的澄清或说明。申请人的澄清或说明采用书面形式，并不得改变资格预审申请文件的实质性内容。申请人的澄清和说明内容属于资格预审申请文件的组成部分。招标人和审查委员会不接受申请人主动提出的澄清或说明。

⑤ 评审。

a. 合格制。满足详细审查标准的申请人，可通过资格审查，获得购买招标文件的资格及投标资格。

b. 有限数量制。通过详细审查的申请专利不少于3个，且没有超过资格预审申请文件规定数量的，均通过资格预审，不再进行评分；通过详细审查的申请人数量超过资格预审申请文件规定数量的，审查委员会可以按综合评估法进行评审，并依据规定的评分标准进行评分，得分按由高到低的顺序进行排序，选择申请文件规定数量的申请人通过资格预审。

⑥ 审查报告。审查委员会按照上述规定的程序对资格预审申请文件完成审查后，确定通过资格预审的申请人名单，并向招标人提交书面审查报告。

通过详细审查申请人的数量不足3个的，招标人重新组织资格预审或不再组织资格预审，而采用资格后审方式直接招标。

⑦ 通过评审的申请人名单确定。通过评审的申请人名单，一般由招标人根据审查报告

和资格预审文件规定确定。其后，由招标人或代理机构向通过评审的申请人发出投标邀请书，邀请其购买投标文件和参与投标；同时也向未通过评审的申请人发出未通过评审的通知。

2. 资格后审

资格后审是指开标后由评标委员会对投标人资格进行审查的方法。采用资格后审办法，应按规定发布招标公告，并根据招标文件中规定的资格审查方法、因素和标准，在评标时审查投标人的资格。

采用资格后审的，对投标人资格要求的审查内容、评审方法和标准与资格预审基本相同、评审工作由招标人依法组建的评标委员会负责。

采用邀请招标的项目可以直接向经过资格审查、满足投标资格条件的 3 个以上潜在投标人发出投标邀请书。

3.4.3 编制发售招标文件

按照招标项目的特点和需求，编制招标文件应调查并收集有关技术、经济和市场情况，依据有关规定和标准文本编制招标文件，并可以根据有关规定报招标投标监督部门备案。

按照投标邀请书或招标公告规定的时间、地点发售招标文件。投标人对招标文件内容有异议者，可在规定时间内要求招标人澄清、说明或纠正。

招标人可以根据招标项目的技术经济特点和需要自主决定招标是否编制标底。为了防止串标、围标和低于成本价竞争，并为评标分析对比提供参考依据，可以根据招标采购项目的特点、要求、市场价格及竞争情况，依据招标文件和有关定额规定编制招标项目的标底。标底信息和编制过程应当保密。

为避免发生串标抬标现象，招标人也可以编制，并应当在招标文件中公布招标控制价格（最高投标限价）或采购预算额，或者明确最高投标限价的计算方法。

1. 工程招标公告

工程招标资格预审公告适用于采用资格预审方法的公开招标，招标公告适用于采用资格后审方法的公开招标，二者主要包括以下内容。

（1）招标条件。

① 工程建设项目名称、审批、核准或备案机关名称及批准文件编号。

② 项目业主名称，即项目审批、核准或备案文件中载明的项目投资或项目业主。

③ 项目资金来源和出资比例，如国债资金20%、银行贷款30%、自筹资金50%等。

④ 招标人名称，即负责项目招标的招标人名称，可以是项目业主或其授权组织实施项目并独立承担民事责任的项目建设管理单位。

⑤ 阐明该项目已具备招标条件，招标方式为公开招标。

（2）工程建设项目概况与招标范围。对工程建设项目的建设地点、规模、计划工期、招标范围、标段划分等进行概括性的描述，使潜在投标人能够初步判断是否有意愿，以及自己是否有能力承担项目的实施。

（3）资格预审的申请人或资格后审的投标人资格要求。申请人应具备的工程施工资质等级、类似业绩、安全生产许可证、质量认证体系证书，以及对财务、人员、设备、信誉等能力和方面的要求。是否允许联合体申请资格预审投标人以及相应的要求；申请人申请资格预审、投标人投标的标段数量或指定的具体标段。

（4）资格预审文件、招标文件获取的时间、方式、地点、售价和图纸押金。

① 时间。应满足发售时间不少于 5 日。

② 方式、地点。一般要求持单位介绍信到指定地点购买；采用电子招标投标的，可以直接从网上下载，无需单位介绍信；为方便异地投标人参与投标，一般也可以通过邮购方式获取文件，此时招标人应在公告内明确告知在收到投标人介绍信和邮购款（含手续费）后的约定日期内寄送。应注意，前述约定的日期是指招标人寄送文件的日期，而不是寄达的日期，招标不承担邮件延误或遗失的责任。

招标人为了方便投标人，可以通过信息网络或其他媒介发布资格预审文件或招标文件。通过信息网络或其他媒介发布的招标文件，与书面招标文件具有同等法律效力，但出现不一致时以书面文件为准。

③ 资格预审文件/招标文件售价。资格预审文件/招标文件的售价应当合理，不得以营利为目的。且招标文件售出后，不予退还。

④ 图纸押金。为了保证投标人在未中标后及时退还图纸，必要时，招标人可要求投标人提交图纸押金，在投标人退还图纸时退还该押金，但不计利息。

（5）资格预审文件/招标文件递交的截止时间、送达地点和逾期送达处理。

① 截止时间。根据招标项目具体特点和需要确定资格预审文件/投标文件递交的截止时间。需要注意的是，从招标文件开始发售到投标文件递交截止日不得少于 20 日。

② 送达地点。送达地点一定要详细告知，可附地图。

③ 逾期送达处理。对于逾期送达的或未送达指定地点的资格预审文件/投标文件，招标人不予受理。

（6）公告发布媒体。

按照有关规定同时发布本次招标资格预审公告/招标公告的媒体名称。

（7）联系方式。

包括招标人和招标代理机构的联系人、地址、邮编、电话、传真、电子邮箱、开户银行和账号等。

工程招标资格预审公告格式如表 3.20 所示。

2．货物或服务招标公告

货物或服务招标资格预审公告或招标公告的内容和格式与工程招标基本一致，主要区别是招标范围、内容、规模数量、技术规格、交货或服务方式、地点要求的描述及申请人或投标人的资格条件。

3．招标公告发布媒体

根据《招标公告发布暂行办法》（国家计委［2000］第 4 号令）规定，《中国日报》、《中国经济导报》、《中国建设报》、"中国采购与招标网"（http://www.chinabidding.com.cn）为指定的招标公告媒体。其中，国际招标项目的招标公告应在《中国日报》发布。

表 3.20 工程招标资格预审公告

1．招标条件

本招标项目_____（项目名称）已由_____（项目审批、核准或备案机关名称）以_____（批文名称及编号）批准建设，项目业主为_____，建设资金来自_____（资金来源），项目出资比例为_____，招标人为_____。项目已具备招标条件，现进行公开招标，特邀请有兴趣的潜在投标人（以下简称"申请人"）提出资格预审申请。

2．项目概况与招标范围

_____（说明本次招标项目的建设地点、规模、计划工期、招标范围、标段划分等）。

3．申请人资格要求

（1）本次资格预审要求申请人具备_____资质，_____业绩，并在人员、设备、资金等方面具备相应的施工能力。

（2）本次资格预审_____（接受或不接受）联合体资格预审申请。联合体申请资格预审的，应满足下列要求：_____。

（3）各申请人可就上述标段中的_____（具体数量）个标段提出资格预审申请。

4．资格预审方法

本次资格预审采用_____（合格制/有限数量制）。

5．资格预审文件的获取

（1）请申请人于___年___月___日至___年___月___日（法定公休日、法定节假日除外），每日上午___时至___时，下午___时至___时（北京时间，下同），在（详细地址）持单位介绍信购买资格预审文件。

（2）资格预审文件每套售价___元，售后不退。

（3）邮购资格预审文件的，需要另加手续费（含邮费）_____元。招标人在收到单位介绍信和邮购（含手续费）后___日内寄送。

6．资格预审申请文件的递交

（1）递交资格预审申请文件截止时间（申请截止时间，下同）为___年___月___日___时___分，地点为_____。

（2）逾期送达或者未送达指定地点的资格预审申请文件，招标人不予受理。

7．发布公告的媒介

本次资格预审公告同时在_____（公告的媒介名称）上发布。

8．联系方式

招标人：_____	招标代理机构：_____
地　址：_____	地　址：_____
邮　编：_____	邮　编：_____
联系人：_____	联系人：_____
电　话：_____	电　话：_____
传　真：_____	传　真：_____
电子邮件：_____	电子邮件：_____
网　址：_____	网　址：_____
开户银行：_____	开户银行：_____
账　号：_____	账　号：_____

___年___月___日

根据《政府采购信息公告管理办法》（财政部第 19 号令）规定，财政部负责确定政府采购信息公告的基本范围和内容，指定全国政府采购信息发布媒体。财政部已经分别指定《中国财经报》、"中国政府采购网"（http://www.ccgp.gov.cn）及《中国政府采购》杂志为全国政府采购信息发布媒体。无论是中央还是地方的政府采购信息，都必须在上述媒体上进行公告，地方政府采购信息可以同时在其省级财政部门指定的政府采购信息发布媒体上进行公告。

3.4.4　现场踏勘

招标人可根据招标项目的特点和招标文件的约定，组织潜在投标人对项目实施现场的地形地质条件、周边和内部环境进行实地踏勘了解，并介绍有关情况。潜在投标人应自行负责据此做出的判断和投标决策。

工程设计、监理、施工、工程总承包和特许经营等项目招标一般需要组织现场踏勘。

踏勘项目现场的目的，是使潜在投标人进一步了解现场的施工条件，以便为其有针对性地进行投标提供方便。《中华人民共和国招标投标法》第二十一条规定，招标人根据招标项目的具体情况，可以组织潜在投标人踏勘项目现场；《工程建设项目施工招标投标办法》第三十二条规定，招标人根据招标项目的具体情况，可以组织潜在投标人踏勘项目现场，向其介绍工程场地和相关环境的有关情况；第三十三条又规定，对于潜在投标人在阅读招标文件和现场踏勘中提出的疑问，招标人可以书面形式或召开投标预备会的方式解答，但需要同时将解答以书面方式通知所有购买招标文件的潜在投标人。这些规定，一方面为招标人组织投标人踏勘项目现场或投标预备会议提供了依据，另一方面也对组织内容、方式等进行了规定。

1．准备工作

招标人在组织踏勘现场及投标预备会前，需要进行下列准备工作。

（1）必要资料、数据的收集与整理；

（2）必要的一些表格准备；

（3）招标人踏勘中介绍的内容及确定踏勘行走路线；

（4）专业介绍人员的准备；

（5）踏勘现场条件准备，如行走道路、边界、生产加工条件、交通条件、地上地下障碍物和安全条件等；

（6）人、车进入踏勘现场的条件准备，以及车辆停放场地准备等。

2．踏勘现场组织程序

踏勘现场的组织程序如下。

（1）在招标文件约定的地点召集潜在投标人；

（2）组织潜在投标人前往项目现场；

（3）依据确定的行走路线，介绍现场的各种施工条件及边界条件；

（4）潜在投标人踏勘项目现场；

（5）踏勘结束。

3．投标预备会组织程序

投标预备会的组织程序如下。

（1）与会人员签到；

（2）介绍参加会议的嘉宾；

（3）澄清潜在投标人在规定时间内提出的商务、报价等方面问题；

（4）澄清潜在投标人在规定时间内提出的图纸及有关技术要求等问题；

（5）宣布注意事项，投标预备会议结束。

3.4.5　投标预备会

投标预备会是招标人为了澄清、解答潜在投标人在阅读招标文件和现场踏勘后提出的疑问，按照招标文件规定时间组织的投标预备会议。但所有的澄清、解答均应当以书面方式发给所有购买招标文件的潜在投标人，并属于招标文件的组成部分。招标人同时可以利用投标预备会对招标文件中有关重点、难点内容主动做出说明。

《中华人民共和国招标投标法》第二十二条规定，招标人不得向他人透露已获取招标文件的潜在投标人的名称、数量等需要保密的信息，易引起投标人投诉。是否参加投标预备会由投标人自行决定，招标人可以组织投标人签到，也可以不组织。如果组织，那么应采取有效措施，保证一些须保密的信息不外泄。一般可以要求潜在投标人分别在不同的签到表上留下相关信息。同时，在投标预备会议上，投标人如果有需要进一步澄清的事项，可以通过举手提问的方式，要求招标人进行澄清，以达成统一理解。招标人无须依次询问潜在投标人是否有需要澄清的问题，否则可能导致投标人名称等需要保密的信息的泄密。投标人的投标依据是招标文件，只有招标文件和招标人依据相关规定发出的招标文件的澄清与修改，才能作为投标人投标的依据。

踏勘现场与投标预备会结束后，招标人应及时整理招标文件的澄清与修改。必要时对一些有争议的或是没有完整回答的问题，与有关业务人员协商，给出完整的回答，并在投标截止时间 15 日前，以书面形式发给所有购买招标文件的潜在投标人。需要注意，在发放招标文件的澄清与修改时，需要留下必要的记载，以证明澄清与修改发给了投标人，并要求其进行书面确认。

《中华人民共和国合同法》第十一条规定了书面形式的承载形式，指的是合同书、信件和数据电文，包括电报、电传、传真、电子数据交换和电子邮件等可以有形地表现所载内容的形式。所以招标人发出招标文件的澄清与修改文件的正确做法应是在投标截止时间 15 日以前，将招标文件的澄清与修改以书面形式通知所有购买招标文件的投标人，包括纸质文件、数据电文、传真和邮递等可以有形地表现所载内容的形式。

3.4.6　编制、递交投标文件

潜在投标人应严格依据招标文件要求的格式和内容，编制、签署、装订、密封、标志投标文件，按照规定的时间、地点和方式递交投标文件，并提供相应方式和金额的投标保证金。

投标人在提交投标截止时间之前，可以撤回、补充或修改已提交的投标文件。

投标文件有下列情形之一的，招标人不予受理：

（1）逾期送达或未送达指定地点的；

（2）未按照招标文件要求密封的。

投标保证金作为投标文件的一部分，其作用是保证投标人递交投标文件后，在投标有效期终止前其投标行为的合法性。投标保证金应在投标截止时间前送达招标人。《工程建设项目施工招标投标办法》第三十七条规定，招标人可以在招标文件中要求投标人提交投标保证金，投标人应当按照招标文件要求的方式和金额，将投标保证金随投标文件提交招标人。同时规定，投标人不按招标文件要求提交投标保证金的，该投标文件将被拒绝，按废标处理。

《中华人民共和国招标投标法》第二十八条规定，投标人应在招标文件规定的投标截止时间前，将投标文件送达投标地点，这里的地点为招标文件中明确的投标文件接收地点，一般为某房间或某会议室，而不是投标文件接收人员在该房间内所处的地点。

3.4.7　组建评标委员会

评标委员会应当在开标前依法组建。评标委员会由招标人及其招标代理机构熟悉相关业务的代表和不少于成员总数 2/3 的技术、经济等专家组成，成员人数为 5 人以上单数。

依法必须招标的一般项目的评标专家，可从依法组建的评标专家库中随机抽取；特殊招标项目可以由招标人从评标专家库中直接确定。

3.4.8　开标

开标是招标投标活动的一项重要程序。招标人在投标截止时间，依据招标文件规定的开标地点组织公开开标，公布投标人名称、投标报价及招标文件约定的其他唱标内容。

开标会应邀请所有投标人的法定代表人或其委托代理人参加，并通知有关监督机构代表到场监督，如需要，也可邀请公证机构人员到场公证。

投标人应按招标文件约定参加开标，招标文件无约定时，可自行决定是否参加开标。投标人不参加开标，视为默认开标结果，事后不得对开标结果提出异议。

招标人可以按照招标文件的约定安排出席开标的投标人代表签到，核验投标人的法定代表身份证明或授权代表的授权委托书和身份证件，并留存复印件，以确认投标人身份的真实性。

对开标会议的参加人、开标时间、开标地点等的要求都必须事先在招标文件里表述清楚，并在开标前做好周密的组织。招标文件公布的开标时间、地点、程序和内容一般不得改变，如遇特殊原因需要变更，应按招标文件的约定，及时发函通知所有潜在投标人。政府采购货物招标、服务招标和机电产品国际招标还应按规定发布变更公告。

开标会一般由招标人或招标代理主持。开标会全过程应在投标人代表可视范围内进行，并做好记录。有条件的可全程录像，以备查验。

1．开标准备工作

开标准备工作主要包括 4 个方面。

（1）投标文件接收。

招标人应当安排专人，在招标文件指定地点接收投标人递交的投标文件（包括投标保证金），详细记录对投标文件送达人、送达时间、份数、包装密封、标志等的查验情况，经投标人确认后，出具投标文件和投标保证金的接收凭证。

投标文件密封不符合招标文件要求的，招标人不予受理，在截标时间前，应当允许投标人在投标文件接收场地之外自行更正修补。在投标截止时间后递交的投标文件，招标人应当拒绝接收。

至投标截止时间提交投标文件的投标人少于 3 家的，不得开标，招标人应将接收的投标文件原封退回投标人，并依法重新组织招标。

利用国内资金的机电产品国际招标项目，当投标截止时，投标人少于 3 家的，应依法重新组织招标，或者招标代理机构可以发布投标截止和开标时间变更公告，延期开标。第 1 次投标截止日与变更公告注明的第 2 次投标截止日的间隔不得少于 7 日。如需要对招标文件进行修改，应当在第 2 次投标截止日 15 日前，通过"中国国际招标网"将修改的内容及理由报相应主管部门备案。招标代理机构将修改的内容以书面形式通知所有招标文件收受人，该修改内容为招标文件的组成部分。第 2 次投标截止时，投标人仍少于 3 个的，报经主管部门批准，并经招标代理机构在开标当日通过"中国国际招标网"备案申请后，可直接进入两家开标或采购程序。

使用国外贷款的机电产品国际招标项目，当投标截止时，投标人少于 3 家的，招标代理机构可于开标当日通过"中国国际招标网"进行备案申请确认，之后直接进入两家开标或采购程序。

（2）开标现场。

招标人应保证受理的投标文件不丢失、不损坏、不泄密，并组织工作人员将在投标截止时间前受理的投标文件及可能的撤销函运送到开标地点。

招标人应精细周全地准备开标必备的现场条件，包括提前布置开标会议室，准备开标需要的设备、设施和服务等。

（3）开标资料。

招标人应准备开标资料，包括开标记录（一览）表、标底文件（如有）、投标文件接收登记表、签收凭证等。招标人还应准备相关的国家法律法规、招标文件及其澄清及修改内容，以备必要时使用。

（4）工作人员。

参与开标会议的有关工作人员应按时到达开标现场，包括主持人、开标人、唱标人、记录人、监标人及其他辅助人员。

2．开标程序

招标人应按照招标文件规定的程序开标，一般开标程序如下。

（1）宣布开标纪律。

主持人宣布开标纪律，对参与开标会议的人员提出会场要求，主要是开标过程中不得喧哗；通信工具调整到静音状态；约定的提问方式等。任何人不得干扰正常的开标程序。

（2）确认投标人代表身份。

招标人可以按招标文件的约定，当场核验参加开标会议的投标人授权代表的授权委托书和有效身份证件，确认授权代表的有效性，并留存授权委托书和身份证件的复印件。法定代表人出席开标会的要出示其有效证件。

（3）公布在投标截止时间前接收投标文件的情况。

招标人当场宣布投标截止时间前递交投标文件的投标人名称、时间等。

（4）宣布有关人员名称。

开标会主持人介绍招标人代表、招标代理机构代表、监督人代表或公证人员等，依次宣布开标人、唱标人、记录人、监标人等有关人员姓名。

（5）检查投标文件密封情况。

依据招标文件约定的方式，组织投标文件的密封检查。可由投标人代表或招标人委托的公证人员检查，其目的在于检查开标现场的投标文件的密封状况是否与招标文件约定和受理时的密封状况一致。

（6）宣布投标文件开标顺序。

主持人宣布开标顺序。如招标文件未约定开标顺序的，一般按照投标文件递交的顺序或倒序进行唱标。

（7）公布标底。

招标人设有标底的，予以公布。也可以在唱标后公布标底。

（8）唱标。

按照宣布的开标顺序当众开标。唱标人应按照招标文件约定的唱标内容，严格依据投标函（包括投标函附录，货物、服务投标一览表），并当即做好唱标记录。唱标内容一般包括投标函及投标函附录中的报价、备选方案报价（如有）、完成期限、质量目标、投标保证金等。

（9）开标记录签字。

开标会议应当做好书面记录，如实记录开标会的全部内容，包括开标时间、地点、程序，出席开标会的单位和代表，开标会程序、唱标记录、公证机构和公证结果（如有）等。投标人代表、招标人代表、监标人、记录人等应在开标记录上签字确认，存档备查。投标人代表对开标记录内容有异议的可以注明。

机电产品国际招标应根据规定在开标后将开标记录上传至"中国国际招标网"；外资项目招标，应根据贷款机构要求在开标后将开标记录报送贷款机构。

（10）开标结束。

完成开标会议全部程序和内容后，主持人宣布开标会议结束。

3．开标注意事项

（1）在投标截止时间前，投标人书面通知招标人撤回其投标的，无须进入开标程序。

（2）依据投标函及投标函附录（正本）唱标，其中投标报价以大写金额为准。

（3）在开标过程中，投标人对唱标记录提出异议，开标工作人员应立即核对投标函及投标函附录（正本）的内容与唱标记录，并决定是否应该调整唱标记录。

（4）开标时，开标工作人员应认真核验并如实记录投标文件的密封、标志，以及投标报价、投标保证金等开标、唱标情况，发现投标文件存在问题或投标人自己提出异议的，特别是涉及影响评标委员会对投标文件评审结论的，应如实记录在开标记录上。但招标人不应在开标现场对投标文件是否有效做出判断和决定，应递交评标委员会评定。

3.4.9　评标

招标项目的评标工作由招标人依法组建的评标委员会按照招标文件约定的评标方法、标准进行评标。

1. 评标委员会

（1）评标专家资格。

评标专家应符合《中华人民共和国招标投标法》、《评标委员会和评标方法暂行规定》（国家计委［2001］第 12 号令）和《评标专家和评标专家库管理暂行办法》（国家计委［2003］第 29 号令）规定的条件。

① 从事相关专业领域工作满 8 年并具有高级职称或同等专业水平。

② 熟悉有关招标投标的法律法规，并具有与招标项目相关的实践经验。

③ 能够认真、公正、诚实、廉洁地履行职责。

④ 身体健康，能够承担评标工作。

（2）评标专家权利。

① 接受专家库组建机构的聘请，成为专家库成员。

② 接受招标人依法选聘，担任招标项目评标委员会成员。

③ 熟悉招标文件的有关技术、经济、管理特征和需求，依法对投标文件进行客观评审，独立提出评审意见，抵制任何单位和个人的不正当干预。

④ 获取相应的评标劳务报酬。

⑤ 法律、行政法规规定的其他权利。

（3）评标专家的义务。

① 接受建立专家库机构的资格审查、培训和考核，如实申报个人有关信息资料。

② 遇到不得担任招标项目评标委员会成员的情况应当主动回避。

③ 对招标人负责，维护招标、投标双方的合法利益，认真、客观、公正地对投标文件进行分析、评审和比较。

④ 遵守评标工作程序和纪律规定，不得私自接触投标人，不得收受他人的任何好处，不得透露投标文件评审的有关情况。

⑤ 自觉依法监督、抵制、反映和核查招标、投标、代理、评标活动中的虚假、违法和不规范行为，接受和配合有关行政监督部门的监督、检查。

⑥ 法律法规规定的其他义务。

（4）组建评标组织。

① 评标委员会构成。

a. 评标委员会由招标人代表及技术、经济专家组成，成员人数为 5 人以上单数，其中招标人代表不得超过 1/3，技术和经济方面的专家不得少于 2/3。例如，组建 7 人的评标委员会，其中招标人代表不得超过 2 人，专家不得少于 5 人。

b. 政府采购货物和服务的招标金额在 300 万元以上，技术复杂项目特别规定：评标委员会中的技术、经济方面的专家应当为 5 人以上单数。

c. 对机电产品国际招标的专家有特殊要求，如 500 万美元及以上国际招标项目，所需专家的 1/2 以上应从国家级专家库中抽取。

② 评标专家选取。招标人代表应熟悉招标项目的相关业务，能够胜任评标工作。若招标代理机构代表参加，其身份定位为招标人代表。

评标委员会中技术、经济专家的比例、人数及专业、地域分布应能满足项目专业和公正评价的需要。必须招标项目的评标专家一般由招标人从国务院有关部门或省、自治区、直辖市人民政府有关部门或者招标代理机构的专家库内确定；一般招标项目应采取随机抽取方式选择评标专家，特殊招标项目（技术特别复杂、专业性要求特别高，或者国家有特殊要求的项目）可以由招标人从专家库中直接确定评标专家。

评标委员会成员的名单在中标结果确定前应当保密。

③ 评标专家的回避原则。评标专家有下列可能影响公正评标情况的，应当回避。

a. 投标人的雇员或投标人主要负责人的近亲属。

b. 项目主管部门或行政监督部门的人员。

c. 与投标人有经济利益关系，可能影响对投标公正评审的。

d. 曾因在招标、评标及其他与招标投标有关活动中从事违法行为而受过行政处罚或刑事处罚的。

评标专家从发生和知晓上述规定情形之一起，应当主动回避评标。招标人可以要求评标专家签署承诺书，确认其不存在上述法定回避的情形。评标中，如发现某个评标专家存在法定回避情形的，该评标专家已经完成的评标结果无效，招标人应重新确定满足要求的专家替代。

④ 政府采购货物与服务招标评标专家的特殊要求。

a. 招标采购人就招标文件征询过意见的专家，不得再作为评标专家参加评标。

b. 采购人不得以专家身份参与本部门或本单位采购项目的评标。

c. 招标采购代理机构的工作人员不得参加由本机构代理的政府采购项目的评标。

d. 招标采购人或其代理机构对技术复杂、专业性极强的采购项目，通过随机方式难以确定合适评标专家的，经设区的市、自治州以上人民政府财政部门同意，可以采取选择性方式确定评标专家。

⑤ 机电产品国际招标评标专家的特殊要求。

a. 机电产品国际招标活动中所需评标专家必须由招标代理机构在"中国国际招标网"上从国家、地方两级专家库中采用随机抽取的方式产生。招标代理机构及项目业主不得无故废弃随机抽取的专家，抽取到的专家因客观原因不能参加招标项目评审工作的，应当以书面形式回复招标代理机构。招标代理机构收到回复后应当在网上注明原因并重新随机抽取专家。抽取专家次数超过 3 次的，应当报相应主管部门备案后，重新随机抽取专家。

b. 同一招标项目编号下的同一标包，每位专家只能参加其招标文件审核和评标两项工作中的一项。凡与该招标项目或投标人及其制造商有利害关系的外聘专家，招标代理机构不得选聘其为评标专家，需要重新抽取。

2．评标准备工作

招标人及其招标代理机构应为评标委员会评标做好以下评标准备工作。

（1）准备评标需用的资料。如招标文件及其澄清与修改、标底文件、开标记录等。

（2）准备评标相关表格。

（3）选择评标地点和评标场所。

（4）布置评标现场，准备评标工作所需工具。

（5）妥善保管开标后的投标文件并运到评标现场。

（6）评标安全、保密和服务等有关工作。

3．评标原则与纪律

（1）评标原则和工作要求。

① 评标原则。评标活动应当遵循公平、公正、科学、择优的原则。

② 评标工作要求。评标委员会成员应当按上述原则履行职责，对所提出的评审意见承担个人责任。评标工作应符合以下基本要求。

a．认真阅读招标文件，正确把握招标项目特点和需求。

b．全面审查、分析投标文件。

c．严格按照招标文件中规定的评标标准、评标方法和程序评价投标文件。

d．按法律规定推荐中标候选人或依据招标人授权直接确定中标人，完成评标报告。

（2）评标依据。

评标委员会依据法律法规、招标文件及其规定的评标标准和方法，对投标文件进行系统的评审和比较，招标文件中没有规定的标准和方法，评标时不得采用。投标文件指进入了开标程序的所有投标文件，以及投标人依据评标委员会的要求对投标文件的澄清和说明。

（3）评标纪律。

① 评标活动由评标委员会依法进行，任何单位和个人不得非法干预。无关人员不得参加评标会议。

② 评标委员会成员不得与任何投标人或与招标结果有利害关系的人私下接触，不得收受投标人、中介人及其他利害关系人的好处。

③ 招标人或其委托的招标代理机构应当采取有效措施，确保评标工作不受外界干扰，保证评标活动严格保密，有关评标活动参与人员应当严格遵守保密原则，不得泄露与评标有关的任何情况。其保密内容涉及：

a．评标地点及场所；

b．评标委员会成员名单；

c．投标文件评审比较情况；

d．中标候选人的推荐情况；

e．与评标有关的其他情况等。

为此，招标人应采取有效措施，必要时，可以集中管理和使用与外界联系的通信工具等，同时禁止任何人员私自携带与评标活动有关的资料离开评标现场。

4. 评标程序

招标项目一般在开标后即组织评标委员会评标。评标分为初步评审和详细评审两个阶段。

（1）初步评审。

初步评审是评标委员会按照招标文件确定的评标标准和方法，对投标文件进行形式、资格、响应性评审，以判断投标文件是否存在重大偏离或保留，是否实质上响应了招标文件的要求。经评审认定投标文件没有重大偏离，实质上响应招标文件要求的，才能进入详细评审。

① 初步评审内容。投标文件的初步评审内容包括形式评审、资格评审、响应性评审。工程施工招标采用经评审的最低投标价法时，还应对施工组织设计和项目管理机构的合格响应性进行初步评审。

a. 形式评审。

投标文件格式、内容组成（投标函、法定代表人身份证明、授权委托书等），是否按照招标文件规定的格式和内容填写，字迹是否清晰可辨。

投标文件提交的各种证件或证明材料是否齐全、有效和一致，包括营业执照、资质证书、相关许可证、相关人员证书、各种业绩证明材料等。

投标人的名称、经营范围等与投标文件中的营业执照、资质证书、相关许可证是否一致有效。

投标文件法定代表人身份证明或法定代表人的代理人是否有效，投标文件的签字、盖章是否符合招标文件规定，如有授权委托书，则授权委托书的内容和形式是否符合招标文件规定。

如有联合体投标，应审查联合体投标文件的内容是否符合招标文件的规定，包括联合体协议书、牵头人、联合体成员数量等。

投标报价是否唯一。一份投标文件只能有一个投标报价，在招标文件没有规定的情况下，不得提交选择性报价，如果提交调价函，则应审查调价函是否符合招标文件规定。

b. 资格评审。适用于未进行资格预审程序的评标。

c. 响应性评审。

投标内容和范围是否符合招标内容和范围，有无实质性偏差。

项目完成期限（工期、服务期、供货时间）是否符合招标文件规定的时间，并应提供响应时间要求的进度计划安排的图表等。

项目质量要求，投标文件是否符合招标文件提出的（工程、服务、货物）质量目标、标准要求。

投标有效期，投标文件是否承诺招标文件规定的有效期。

投标保证金，投标人是否按照招标文件规定的时间、地点、方式、金额及有效期递交投标保证金或银行保函。

投标报价，投标人是否按照招标文件规定的内容范围及工程量清单或货物、服务清单数量进行报价，是否存在算术错误，并需要按规定修正。招标文件设有招标控制价的，投标报价不能超过招标控制价。

合同权利和义务。投标文件中是否完全接受并遵守招标文件合同条件约定的权利、义务，是否对招标文件合同条款有重大保留、偏离和不响应内容。

技术标准和要求。投标文件的技术标准是否响应招标文件要求。

d. 工程施工组织设计和项目管理机构评审。采用经评审的最低投标价法时，投标文件的施工组织设计和项目管理机构的各项要素是否响应招标文件要求。

② 废标的一般情形。有下列情形之一，经评标委员会评审认定后作废标处理。

a. 投标文件无单位盖章且无法定代表人或其授权代理人签字或盖章的，或者虽有代理人签字但无法定代表人出具的授权委托书的。

b. 联合体投标未附联合体各方共同投标协议书的。

c. 没有按照招标文件要求提交投标保证金的。

d. 投标函未按照招标文件规定的格式填写，内容不全或关键字迹模糊无法辨认的。

e. 投标人不符合国家或招标文件规定的资格条件的。

f. 投标人名称或组织结构与资格预审审查时不一致且未提供有效证明的。

g. 投标人提交两份或多份内容不同的投标文件，或者在同一投标文件中对同一招标项目有两个或多个报价，且未声明哪个为最终报价的，但按招标文件要求提交备选投标的除外。

h. 串通投标，以行贿手段谋取中标，以他人名义或其他弄虚作假方式投标的。

i. 报价明显低于其他投标报价，或者在设有标底时明显低于标底，且投标人不能合理说明或提供相关证明材料，评标委员会认定该投标人以低于成本报价竞标的。

g. 无正当理由不按照要求对投标文件进行澄清、说明或补正的。

k. 不符合招标文件提出其他商务、技术的实质性要求和条件的。

l. 招标文件明确规定可以废标的其他情形。

国内货物招标和机电产品国际招标的技术评审中，出现下述情形的，投标文件将作废标处理：投标文件不满足招标文件技术规格中加注星号（"*"）的主要参数要求或加注星号（"*"）的主要参数无技术资料支持的；投标文件技术规格中一般参数超出允许偏离的最大范围或最高项数的；投标文件技术规格中的响应与事实不符或虚假投标的；投标人复制招标文件的技术规格相关部分内容作为其投标文件中一部分的；投标文件载明的货物包装方式、检验标准和计算方法等不符合招标文件要求的。

③ 投标报价的算术性错误修正。投标报价有算数错误的，评标委员会一般按以下原则对投标报价进行修正，修正的价格经投标人书面确认后具有约束力。投标人不接受修正价格的，其投标作废标处理。

算术性错误的修正方法：投标文件中的大写金额与小写金额不一致时，以大写金额为准；总价金额与依据单价计算出的结果不一致时，以单价金额为准修正总价，但单价金额小数点有明显错误的除外。

目前，对投标报价算术性修正的原则并没有形成统一的认识。实践中的一般做法是在投标总报价不变的前提下，修正投标报价单价和费用构成。

（2）详细评审。

详细评审是评标委员会根据招标文件确定的评标方法、因素和标准，对通过初步评审的投标文件作进一步评审、比较。

采用经评审的最低投标价法，评标委员会应当根据招标文件中规定的评标价格计算因素和方法，计算所有投标人的评标价，招标文件中没有明确规定的因素不得计入评标价。

采用综合评估法，评标委员会可使用打分方法或者其他方法，衡量投标文件最大限度地满足招标文件规定的各项评价标准的响应程度。需要评价量化的因素及其标准、权重，应当在招标文件的评标方法中明确规定，并应当将评标量化因素、标准建立在同一基础上，使各投标文件具有可比性。

① 工程施工评标的详细评审特点。

a．经评审的最低投标价法。经过初步评审合格并进行算术性错误修正后的投标报价，按招标文件约定的方法、因素和标准进行量化折算，计算评标价。评标价计算通常包括工程招标文件引起的报价内容范围差异、投标人遗漏的费用、投标方案租用临时用地的数量（如果由发包人提供的临时用地）、提前竣工的效益等直接反映价格的因素。使用外币项目，应根据招标文件约定，将不同外币报价金额按招标文件约定日期的汇率转换为约定的货币金额进行比较。

一般简单工程往往忽略以上价格的评标量化因素，可直接采用投标报价进行比较。

b．综合评估法。综合评估法是一个综合评价过程，评价的内容通常包括投标报价、施工组织设计、项目管理机构、其他因素等。

投标报价评审。综合评估法中，投标报价占据重要的权重值，首先要确定衡量最合理报价的评价标准，一般称之为"评标基准价"，表示这个评标基准价的投标报价将视为最合理报价，其报价评分将得满分，偏离该基准价的投标报价将按设定的规则依次扣分。

评标基准价的计算方式：标段有效的投标报价去掉一个最高值和一个最低值后的算术平均值（在投标人数量较少时，也可以不去掉最高值和最低值），或者该平均值再乘以一个合理下降系数，即可作为本标段的评标基准价。

有效投标报价定义为：符合招标文件规定，报价未超出招标控制价（如有）的投标报价。根据评标基准价，即可计算投标报价评分，通常采用等于评标基准价的投标报价得满分，每高于或低于评标基准价一个百分点扣一定的分值，可用数学公式表述清楚。例如，

$$F_1 = F - |D_1 - D|/D \times 100 \times E$$

式中　F_1——投标价得分；

F——投标报价分值权重；

D_1——投标人的投标价；

D——评标基准价；

E——设定投标报价高于或低于评标基准价一个百分点应该扣除的分值，$D_1 \geq D$ 时的 E 值可比 $D_1 < D$ 时的 E 值大。

评标基准价确定后在整个评标期间应保持不变，并且应特别阐明计算评标基准价的范围、条件。因为评标基准价的变动，将直接影响整个评标结果，所以，在计算评标基准价时，不应该有任何不确定因素或歧义。

施工组织设计评审可根据项目技术特点和外部环境情况来确定。还应注意施工组织设计的施工方案、资源投入等与投标报价组成的匹配性、一致性。

项目管理机构评审内容主要包括项目管理机构设置的合理性，项目经理、技术负责人、其他主要技术人员的任职资格，近年类似工程业绩及专业结构等。

其他评标因素包括投标人财务能力、业绩与信誉等。

财务能力评标因素包括投标人注册资本、净资产、资产负债率和主要营业收入的比值，银行授信额度等。

业绩与信誉的评标因素包括投标人在规定时间内已有类似项目业绩的数量、规模和成效。政府或行业建立的诚信评价系统对投标人的诚信评价等。

② 货物评标的详细评审要点。

a. 经评审的最低投标价法。技术简单或技术规格、性能、制作工艺要求统一的货物及其他机电产品等，一般采用经评审的最低投标价法进行评标。详细评审时应当根据招标文件规定的方法、因素、标准，对初步评审合格投标文件的投标报价，采取货币量化方法计算评估价格。经评审的最低投标价法的投标报价详细评审要点如下。

评标总价计算依据。一般国内货物招标，招标人可根据需要，以出厂价或货物交至安装地点为依据，确定投标价格在机电产品国际招标中，明确要求以货物到达招标人指定的安装地点为依据。

报价扣除暂列金额。投标中包括的招标人为不可预见或专业分包等设定的暂列金额应从投标报价中减去。

报价修正和折扣计算。根据招标文件规定，评标时，投标人在开标前提交对原投标报价的修正和折扣计算，注意这种计算应指报价折扣。需要特别注意的是，任何按百分比的折扣必须根据投标报价中指定的基数折算（如核实是否包括暂列金额）。如有条件折扣，其条件作为同时授予其他合同标包的其他项的交叉折扣，则在完成最终评标前不予考虑。

评标货币。机电产品国际招标中，允许使用两种不同货币投标时，应对经纠正算术错误和做了折价调整后的评标价格，按照招标项目开标当日中国人民银行公布的投标货币对要求转换货币的卖出价的中间价，转换成统一的评标货币价格。

报价缺漏项增加。投标中的缺漏项，应通过对投标报价增加预计弥补缺漏项所需费用来处理。如投标报价对相应项目的数量缺少，可用此项单价补齐数量的缺额；有些投标中的缺漏项费用可依据招标文件规定，按该项目各投标人报价的平均价或最高价增加报价额；另外，也可选择外界来源，如公布价格清单、运费价表等作为计算报价缺漏项费用的依据。

报价范围调整。依据招标文件规定，投标报价应考虑与货物发生费用的范围保持一致，包括货物的运输费、保险费及有关将货物运至最终目的地的伴随服务费。

报价偏差折价。投标文件中可接受的非实质性偏差，根据招标文件规定将偏差进行量化，并通过增加投标价来纠正偏差。如对招标文件规定付款方式的偏差，可以采用招标文件规定的利率计算提前支付所产生的利息，并计入评标总价，或者采取招标文件规定的其他办法。对招标文件要求的交货或竣工时间的偏差，如偏差时间招标人尚可接受，应按招标文件规定的时间效益值调整增加评标价；招标文件没有规定，则按招标文件中延误损害赔偿金的规定增加评标价。

进口关税和其他税。机电产品国际招标中，对于境外产品为 CIF（Cost，Insurance and Freight，成本加保险费加运费）价的，评标价中还应考虑进口环节税。工程招标中，承包人自带的用于工程施工的设备和检验的临时进出口设备范围，评标价中不予考虑进口环节税。

b．综合评估法。技术复杂或技术规格、性能、制作工艺要求难以统一的货物及其他机电产品的评标，一般采用综合评估法评标，具体实施又可分为最低评标价法、综合评价法（综合评分法）和性价比法等方法，分别采用折算为货币、打分或其他方法衡量投标文件是否最大限度满足招标文件规定的各项评价标准，推荐评标价最低、综合得分最高或商数最高的投标人为中标候选人。

最低评标价法。最低评标价法经常在机电产品国际招标中应用，是把投标价格、技术、服务等因素统一折算为评标价格进行评价。具体折价办法应在招标文件中规定。

最低评标价法和经评审的最低投标价法的区别在于，经评审的最低投标价法只对与投标价格直接相关的因素进行量化折价，计算评标价格。而最低评标价法往往还需要对货物的性能与效率、售后服务等因素进行量化折价计算评标价格。评标价格的折价因素还应该按照合理设定的一定金额或百分比进行计算，对负偏离的因素进行加价，或者对正偏离的因素进行减价。

综合评价法。综合评价法考量的主要因素有价格、技术、财务状况、信誉、业绩、服务、对招标文件的响应程度等。上述因素及相应分值和权重应在招标文件中规定。

评标委员会各成员应当独立对每个初步评审合格的投标文件的评标因素在规定分值内评价打分，然后按照相应比重或权值计算每个投标人每项评分因素的得分以及专家汇总平均值。货物项目价格评分值占总分值的权重一般为 40%～60%。

$$评标总得分=F_1×A_1+F_2×A_2\cdots\cdots+F_n×A_n$$

式中　F_1、$F_2\cdots\cdots F_n$——各项评分因素按评标办法规定计算评分（如投标价格）或专家评分（如投标技术或商务）的汇总平均分；

A_1、$A_2\cdots\cdots A_n$——各项评分因素所占的权重（$A_1+A_2+\cdots\cdots+A_n=1$）。

【例】 某次评标，技术分权重 40%，价格分权重 50%，商务分权重 10%，投标人评标总得分计算如表 3.21 所示。

表 3.21　投标人评标总得分

投 标 人	技术分权重40%	价格分权重50%	商务分权重10%	总 分	排 序
A	85	100	99	93.9	1
B	86	98	98	93.2	2

投 标 人	技术分权重40%	价格分权重50%	商务分权重10%	总　　分	排　　序
C	70	95	95	85	4
D	90	94	70	90	3

性价比法。《政府采购货物和服务招标投标管理办法》（财政部［2004］第18号）规定的性价比法，也是一种综合评估法，是按照要求对投标文件进行评审后，计算出每个有效投标人除价格因素以外的其他各项评分因素（包括技术、财务状况、信誉、业绩、服务、对招标文件的响应程度等）的专家汇总平均评分，并除以该投标人的投标报价，得出商数即为投标人的评标总分，评标总分最高的投标人为中标候选人。

$$评标总得分=B/N$$

式中　B——投标人的综合得分，$B=F_1×A_1+F_2×A_2+\cdots\cdots+F_n×A_n$；

F_1、F_2……F_n——除价格因素以外的其他各项评分因素的汇总得分；

A_1、A_2、……A_n——除价格因素以外的其他各项评分因素所占的权重（$A_1+A_2+\cdots\cdots+A_n=1$）；

N——投标人的投标报价。

③ 服务评标的详细评审要点。

服务评标一般宜采用综合评估法。除特许经营权项目融资招标对投标人的财务状况和融资能力要求较高的项目外，一般服务评标的详细评审主要注重投标人技术服务方案的科学合理性、服务技术管理能力水平、以往的业绩和信誉，而投标报价的评分权重一般比工程、货物要小得多。

a. 特许经营项目融资。特许经营项目融资招标，详细评审重点是评估投标人的投标报价、技术和管理方案、融资方案、项目协议响应方案4个部分。

投标报价。投标报价主要评价投标人报价水平的高低。如果包含多重报价，还应对投标报价的结构进行评审。

例如，一些污水处理BOT项目要求对最低水量做出保证，相应的报价包括与最低水量有关的报价（基本水价）和超过最低水量以外的水量（或称"超供水量"）的报价（超供水价）两部分，对投标报价的评审需要对基本水价和超供水价进行综合评估。基础设施BOT项目，也经常以特许经营期限作为评审因素。

采用栅栏法评价对技术、标的性能没有特殊要求，而对投标人的财务状况和融资能力要求较高的招标项目，在投标人的技术和管理方案、融资方案和协议响应方案被顺次评估合格后，投标价格是决定因素。如果以转让资产为标的，那么有效投标的资产转让评估价格从高到低的顺序就是评标结果的排序；如果以出售今后服务产品价格为标的，那么有效投标的服务产品出售评估价格从低到高的顺序为评标结果排序。

采用综合评标法时，投标价格不是决定评标结果的唯一因素，投标价格评估不能像栅栏评标法一样决定评标结果。一般采用计算价格评分的形式，根据具体项目对价格的敏感程度，以及招标人对价格的重视程度，设计项目的价格分权重。

技术和管理方案。评审技术和管理方案，主要是评价投标人是否正确理解招标人对项目的技术和管理要求，技术和管理方案是否符合技术标准、规范、要求的条件及不同投标人之间的差距。

　　BOT等新建项目的投标技术和管理方案详细评审的重点是评审项目的建设方案、投资估算、运营和维护方案、保险方案、移交方案等。评估技术和管理方案中设计、建设、运营、维护和移交方面的可行性、可靠性和质量，以及项目技术方案构成的完整程度。对于TOT项目和股权转让项目，评估的内容仅涉及与运营维护管理和移交等有关的内容。

　　技术和管理方案的评估一般分为两个步骤。

　　第一步，从各个角度对所有投标文件的技术方案进行研读，对技术方案的各个部分进行优劣排序。

　　第二步，按照评标办法依据专家的分析判定评分。

　　采用栅栏评估法评标，技术和管理方案的评估结果为通过技术评估和未通过技术评估两种，未通过技术评估将不能进入下一阶段评估。

　　采用综合评估法评估的，在满足技术要求的前提下还要对技术和管理方案进行评分。

　　融资方案。融资方案详细评审主要是确认投标人是否具备良好的财务状况，以及资本金筹措方案、贷款筹措方案和项目的财务可行性等内容；评审投标人是否能在招标文件要求的时间内达到融资目标的交割要求。

　　其中，评审投标人的财务状况，主要通过综合评审投标人的资产、负债及资产流动性等主要财务指标，判断投标人是否有实力完成项目的投资和融资。这部分内容在满足要求的情况下，在融资方案中的权重一般并不大。

　　评审资本金筹措方案和贷款筹措方案，主要是评审项目的资本结构、资本金筹措计划的可行性，贷款方案的合理性和实现的可靠性。一般来讲，投资人筹集资本金有较大的主动性，只要通过审查确认投资人财务状况良好，且有实力就可以完成；贷款筹措方案是融资方案的重点，方案是否可行取决于银行的态度，应重点考察银行出具文件的支持力度，支持力度越强则融资方案可靠性越高；评审项目的财务可行性，主要是评审项目投资估算的合理性和成本费用水平，偿债比率和项目的内部收益率。各种财务指标在合理的区间内有助于通过贷款银行对项目的评审，从而有利于完成融资工作。同时，合理的财务指标也有利于项目的顺利实施。

　　项目协议响应方案。评审项目协议响应方案，主要是确认投标人递交的投标文件是否接受招标文件中项目协议的实质性条款和要求，以及投标人提出的有关条款修改对项目实施的影响程度。

　　项目协议响应方案的详细评审，一般采取扣分方式。评估时，首先研究投标人对合同条款修改的性质，确定修改内容对项目的影响程度，这部分工作不仅仅是单纯的法律问题，所以需要律师、财务和技术人员共同研究完成。对符合招标人利益的修改不扣分，对不利于招标人利益的修改视影响程度扣分，不利影响越大，扣分越多。如果投标人对实质性条款进行的修改致使招标人无法接受，则将作为废标处理。

　　b.工程勘察设计。工程勘察设计详细评审重点考核投标人的项目投标设计方案、主要设计人员的资历、类似工程设计经验、以往设计信誉等，主要突出两个重点。

　　"重"投标设计方案，"轻"投标报价和投标商务承诺。在评审时应根据项目情况尽可能加大对投标技术文件的权重设置，重点评审设计方案的创新性、科学性、合理性、先进性、功能实用性、安全可靠性、可操作性和可持续发展性等。

"重"投标设计方案的主设计人资历和经验。只有具有杰出才能的设计师才更有可能设计出优秀的方案，所以对主设计人资历和经验的考核是评审重要内容之一。

c. 工程监理。工程监理评标在详细评审时重点考核投标人类似项目监理经验，总监理工程师资历，监理队伍的整体实力，监理大纲的编制和对工程特点、难点、关键点的认识等。

注重监理单位的资质、能力与信誉的评审，对大型复杂工程建设项目，还特别注重监理单位类似工程的经验。

注重监理单位实际投入现场监理人员的素质，特别注重对总监理工程师能力的评审。总监理工程师与专业监理工程师的素质与能力，直接影响监理工作的好坏，从而影响监理目标的实现。

监理大纲的科学可行性。招标文件中提出的监理大纲的要求仅仅是概念性的，投标人必须对监理大纲的要求进行拓展、深化，提出科学、具体和可行的创造性实施方案，体现监理招标是一种对知识、技能和经验等综合能力的竞争选择。为此，监理单位应根据工程建设项目特点，结合自身工程经验，提出工程重点、难点与关键点，并针对这些重点、难点与关键点编制监理大纲及其技术措施与实施方案。

注意对监理单位投入试验、检测仪器和设备，以及其应用能力的评审。监理单位提供的试验、检测仪器及设备，是监理的重要辅助手段，是否能满足现场监理的要求，应是评标工作重点之一。但对于招标人提供现场试验、检测仪器，重点是考察监理单位应用仪器设备的能力；对于招标人在现场另建试验、检测、测量等中心的工程建设项目，重点考察监理单位的评价分析试验、检测、测量数据的能力。

d. 科研与咨询。科研与咨询详细评审应注重考核投标人的技术创新能力、经济财务状况、信用状况等。一般要经过阅读标书、集体讨论、现场答疑、推荐评分等程序。具体要解决以下 3 方面的问题。

技术创新能力的评审。研究开发和咨询服务是一种高智力的创新活动，对投标文件的评审最为关键的是评价团队的技术创新能力。首先，课题负责人的技术专长和学术水平是否适应本次招标项目的需要。特别是考察投标文件填写的课题负责人是否属实、可靠，是否为该项目的实际设计人和真正组织者。其次，评价围绕课题负责人组建的研发团队的专业知识结构、能力水平、经验背景是否适合本项目的要求。

技术方案评审。首先，评价技术目标的科学性。投标文件所提出的技术目标与招标文件要求达到的技术要求必须是实质性响应。其次，要看投标文件技术方案的经济报价是否合理，经济成本是否具有比较优势。最后，要看评价投标文件所提出的技术方案是否可行，具体要看技术路径是否正确，技术指标是否合理，能否在指定的时间区间内完成课题研究等。

信用状况评审。科技项目承担者的职业道德和工作态度对能否成功完成创新课题起着重要作用。因此，既要考察其以往承担科研课题的成功率，又要注意分析其失败原因及处理失败项目的态度和做法。要通过综合分析该课题组或课题负责人面对成功和失败的表现来判断其信用状况。科研活动特点决定了研究机构应当规模合理、运转高效，因而在一般情况下，对其财务指标的评价只要满足现有的财务情况，不影响企业的正常经营即可。

5．投标文件的澄清、说明和补正

澄清、说明和补正是指评标委员会在评审投标文件的过程中，遇到投标文件中不明确或存在细微偏差的内容时，要求投标人做出书面澄清、说明和补正，但投标人不得借此改变投标文件的实质性内容。投标人不得主动提出澄清、说明和补正的要求。

若评标委员会发现投标人的投标价或主要单项工程报价明显低于同标段其他投标人报价，或者在设有参考标底且明显低于参考标底价时，应要求投标人做出书面说明并提供相关证明材料。如果投标人不能提供相关证明材料证明该报价能够按招标文件规定的质量标准和工期完成招标项目，那么评标委员会应当认定该投标人以低于成本价竞标，作废标处理。

如果投标人提供了证明材料，评标委员会也没有充分的证据证明投标人低于成本价竞标，那么评标委员会应当接受该投标人的投标报价。

6．评标报告和中标候选人

（1）评标报告。

评标委员会完成评标后，应当向招标人提出书面评标报告，并抄送有关行政监督部门。评标报告应如实记载以下内容：

① 基本情况和数据表；

② 评标委员会成员名单；

③ 开标记录；

④ 符合要求的投标人一览表；

⑤ 废标情况说明；

⑥ 评标标准、评标方法或评标因素一览表；

⑦ 经评审的价格或评分比较一览表；

⑧ 经评审的投标人排序；

⑨ 推荐的中标候选人名单与签订合同前要处理的事宜；

⑩ 澄清、说明、补正事项纪要。

（2）评标报告签署。

评标报告由评标委员会全体成员签字。对评标结论持有异议的评标委员会委员可以书面方式阐述其不同意见和理由。评标委员会成员拒绝在评标报告上签字且不陈述其不同意见和理由的，视为同意评标结论。

评标报告应按行政监督部门规定的内容和格式填写。利用国际金融组织机构贷款项目的招标及机电产品国际竞争性招标采购，分别对评标报告的内容和格式做出了相应规定。招标人及招标代理机构应根据具体规定填写。

（3）中标候选人。

评标委员会推荐的中标候选人应当限定在1～3名，并标明排列顺序。

（4）中标候选人公示。

中标候选人公示应当注意以下事项。

① 招标人依法确定中标候选人后，应当根据招标文件明确的媒体和发布时间进行公布，接受社会监督。

② 中标候选人公示时间应当按有关规定执行。中标候选人公示期间，投标人和其他利害相关人如对中标结果有异议，可以按照法律法规规定的程序提出异议、质疑或投诉。

7. 完整的评标程序

（1）评标委员会专家签到。

（2）评标委员会推选或招标人指定主任委员。

（3）评标委员会熟悉招标文件和有关表格。

（4）评标委员会依据招标文件中的评标标准和方法，进行初步审查。

（5）评标委员会依据招标文件中的评标标准和方法，进行详细审查。

（6）评标委员会推荐中标候选人，完成并签署评标报告。

（7）招标人核对评标报告及相关资料。

（8）招标人宣布注意事项，评标结束。

8. 评标委员会需要注意的问题

招标人组织评标委员会评标，应注意以下问题。

（1）评标委员会的职责是依据招标文件确定的评标标准和方法，对进入开标程序的投标文件进行系统评审和比较，无权修改招标文件中已经公布的评标标准和方法。

（2）评标委员会对招标文件中的评标标准和方法产生疑义时，招标人或其委托的招标代理机构要对此进行解释。

（3）招标人接收评标报告时，如发现评标委员会在遵守招标文件确定的评标标准和方法、评标报告有算数性错误、签字齐全等方面有问题，则应要求评标委员会即时更正。

（4）评标委员会及招标人或其委托的招标代理机构参与评标的人员应该严格保密，不得泄露任何信息。评标结束后，招标人应将评标的各种文件资料、记录表、草稿纸收回归档。

3.4.10　中标

依法必须招标的项目，招标人应按有关规定在招标投标监督部门指定的媒体或场所公示推荐的中标候选人。投标人在公示期内如果对招标投标活动、评标结果有异议，或者发现违法、违规行为，可以向招标人反映或向招标投标监督部门投诉、举报，要求调查处理。

招标人按照评标委员会推荐的中标候选人及公示结果，根据法律法规和招标文件规定的定标原则确定中标人；政府采购项目应在指定媒体上发布中标公告。

提交招标投标情况书面报告。招标人在确定中标人的 15 日内应该按有关规定将项目招标投标情况书面报告提交招标投标行政监督部门。

机电产品国际招标评标报告应在公示期内送招标投标行政监督部门备案。属于利用国际金融组织或外国政府贷款的招标项目，还应向贷款人申请核准评标报告。

发中标通知书。招标人确定中标人（或依据有关规定经核准、备案）后，向中标人发出中标通知书，同时，将中标结果通知所有未中标的投标人。

1. 确定中标人的原则

（1）采用综合评估法的，应能够最大限度满足招标文件中规定的各项综合评价标准。

（2）采用经评审的最低投标价法的，应能够满足招标文件的实质性要求，并且经评审的投标价格最低。但中标人的投标价格应不低于其成本价。

此外，使用国有资金投资或者国家融资的项目，以及其他依法必须招标的施工项目，招标人应当确定排名第一的中标候选人为中标人。排名第一的中标候选人放弃中标，因不可抗力提出不能履行合同，或者招标文件规定应当提交履约保证金而在规定期限内未能提交的，招标人可以确定排名第二的中标候选人为中标人。排名第二的中标候选人出现上述情况的，招标人可以确定排名第三的中标候选人为中标人。

招标人可以授权评标委员会直接确定中标人。

2. 确定中标人的步骤

（1）确定中标人一般在评标结果已经公示，没有质疑、投诉或质疑、投诉均已处理完毕时。

（2）确定中标人前后，招标人不得与投标人就投标价格、投标方案等实质性内容进行谈判。

（3）如果招标人授权评标委员会直接确定中标人的，应在评标报告形成后确定中标人。

3. 中标通知书

中标通知书是指招标人在确定中标人后向中标人发出的书面文件。中标通知书的内容应当简明扼要，通常只需要告知投标人招标项目已经中标，并确定签订合同的时间、地点即可。中标通知书发出后，对招标人和中标人均具有法律约束力，招标人改变中标结果的，或者中标人放弃中标项目的，应当依法承担相应的法律责任。

（1）中标人确定后，招标人应当向中标人发出中标通知书，并同时将中标结果通知所有未中标的投标人。

（2）中标通知书的发出时间不得超过投标有效期的时效范围。

（3）中标通知书需要载明签订合同的时间和地点。需要对合同细节进行谈判的，中标通知书上需要载明合同谈判的有关安排。

（4）中标通知书可以载明提交履约担保等投标人需要注意或完善的事项。

3.4.11　签订合同

招标投标活动的最终目的是为了订立合同，这一订立过程在招标投标活动中又划分成了 5 个阶段：

（1）要约邀请阶段，招标人通过招标公告或投标邀请书、招标文件等发出要约邀请；

（2）要约阶段，投标人依据要约邀请，递交以投标函为首的投标文件；

（3）要约审查阶段，即评标委员会依据招标文件中的评标标准和方法，对投标文件进行评审和比较；

（4）承诺阶段，即招标人依据评标委员会的评标报告，依法确定中标人，并发出中标通知书承诺要约；

（5）合同签订阶段，即按照招标文件和中标人的投标文件订立书面合同。为确保要约与承诺这种合同关系的符合性，《中华人民共和国招标投标法》第四十一条规定了中标人的条件，即中标人的投标能够最大限度地满足招标文件中规定的各项综合评价标准，或者能够满足招标文件的实质性要求，并且经评审的投标价格最低。但是投标价格低于成本的除外。

招标人与中标人应当自发出中标通知书之日起 30 日内，依据中标通知书，招标、投标文件中的合同构成文件签订合同协议书。一般经过以下步骤：

（1）中标人按招标文件要求向招标人提交履约保证金；

（2）双方签订合同协议书，并按照法律、法规规定向有关行政监督部门备案、核准或登记；

（3）招标人退还投标保证金，投标人退还招标文件约定的设计图纸等资料。

1．工程施工合同协议

工程施工合同协议是招标人与中标人依据招标文件及中标结果形成的合同关系，为按约定完成招标工程建设项目，明确双方责任、权利、义务关系而签订的合同协议书。

签订协议时，双方在不改变招标投标实质性内容的条件下，对存在实质性差异的内容可以通过协商取得一致意见。签约时，如果招标文件有规定，那么中标人应按招标文件约定向招标人提交工程施工合同履约担保。合同协议书与下列文件一起构成合同文件。

（1）中标通知书。

（2）投标函及投标函附录。

（3）专用合同条款。

（4）通用合同条款。

（5）技术标准和要求。

（6）设计图纸。

（7）已标价工程量清单。

（8）其他合同文件。

上述合同文件应能互相补充和解释，如有不明确或不一致之处，以上述约定优先次序为准。

2．货物、服务合同协议

货物、服务合同协议的签订、履约担保以及合同文件的构成等内容与工程施工合同协议基本相似。其中应注意：基础设施投融资招标在招标人授权后，先由中标人和招标人草签特许经营协议，然后中标人应该按协议规定的时限、资本金、经营范围注册成立项目公司。最后由项目公司和招标人正式签署特许经营协议。

《中华人民共和国招标投标法》第四十三条和第五十五条明确规定，在确定中标人之前，招标人不能与投标人就投标价格、投标方案等实质性内容进行谈判。这样规定的目的，是进一步规范招标投标活动，因为招标投标活动不同于其他采购方式，当事人在招标投标活

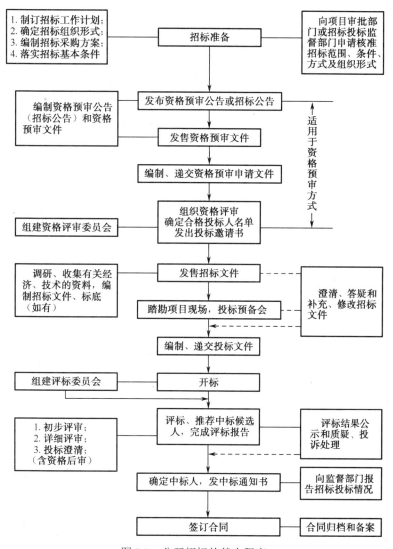

动中的每个环节都存在法定的权利与义务。如果是通常的合同谈判，那么谈判双方均可以提出要约与条件。但法律明文规定在确定中标人之前，不允许对价格、方案等实质性内容进行谈判。

　　下面通过图3.1和图3.2总结一下公开招标的基本程序和机电产品国标招标（资格后审）的基本程序。

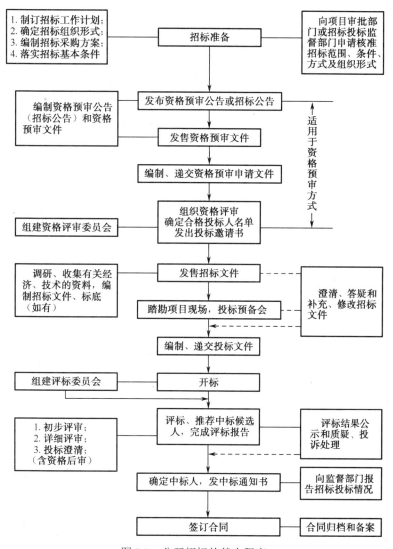

图 3.1　公开招标的基本程序

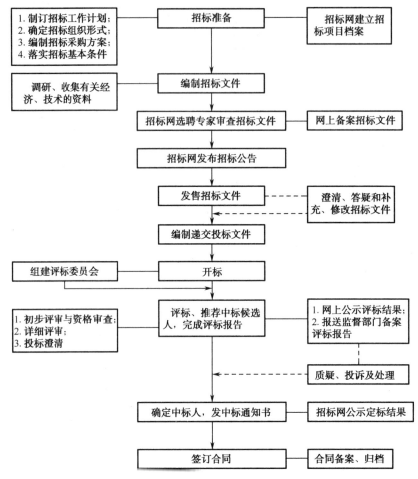

图 3.2　机电产品国际招标（资格后审）基本程序

3.5　招标投标争议的解决

3.5.1　招标投标常见的争议及其表达方式

1．招标投标争议的概念

招标投标争议是指在招标投标活动中因招标投标当事人权益发生的纠纷。

2．招标投标当事主体

招标投标当事主体包括民事主体和行政主体。

招标投标民事主体指招标人和投标人。如果招标人委托招标代理机构代理招标，招标投标民事主体还包括招标代理机构。

招标投标行政主体指根据国家法律法规负责对招标投标活动进行行政监督的国家机关及其授权机构。

根据《国务院办公厅印发国务院有关部门实施招标投标活动行政监督的职责分工意见的通知》（国办发〔2000〕第 34 号令），各级发展改革、建设、水利、交通、铁道、民航、信息产业（通信、电子）等部门负责工程建设项目招标投标活动的行政监督，各级外经贸部门（商务部门）负责进口机电设备招标投标活动的行政监督。

根据《中华人民共和国政府采购法》，各级财政部门负责政府采购活动的监督管理，其中政府采购工程进行招标投标的按《中华人民共和国招标投标法》有关规定执行。

3．招标投标争议的类型

招标投标争议按照争议的当事主体分为招标投标民事争议和招标投标行政争议两种类型。招标投标民事争议是招标投标民事主体之间的争议，招标投标行政争议是招标投标民事主体与招标投标行政主体之间的争议。

（1）招标投标民事争议。招标投标活动是招标人和投标人之间的民事活动。根据《中华人民共和国招标投标法》和其他相关法律法规，招标投标当事主体在招标投标活动中依法享有一定的权利和必须承担的义务。如果当事主体没有依法行使权利、履行义务或对其他当事主体的利益造成损害，那么发生的争议属于民事争议。

（2）招标投标行政争议。各级行政监督部门依照国家相关法律法规的规定，负责监督招标投标活动。行政监督部门履行监督职责的形式包括招标程序备案、审批，对参与招标投标活动的主体和个人行为进行监督和管理，对招标投标活动中的违法行为及其违法主体进行行政处罚等。行政监督部门在实施招标投标行政监督的过程中，其行政行为与招标投标当事主体发生矛盾、冲突而引起的争议属于招标投标行政争议。

4．表达和解决招标投标争议的方式

招标投标民事争议和招标投标行政争议各自具有不同的表达和解决方式。

（1）招标投标民事争议的解决方式。招标投标民事争议包括招标文件争议、招标过程争议、中标结果争议和招标过程其他民事侵权争议 4 种。对于招标文件争议、招标过程争议和中标结果争议，表达和解决争议的方式有异议（质疑）和投诉；对于招标过程其他民事侵权争议，表达和解决争议的方式有协商、调解、仲裁或诉讼。

① 异议（质疑）。异议是指投标人（包括利害关系人，下同）认为招标文件、招标过程和中标结果使自己的权益受到侵害，以书面形式向招标人或招标代理机构提出疑问和主张权利的行为。招标人和招标代理机构是处理异议和质疑的主体。

《中华人民共和国招标投标法》规定投标人向招标人和招标代理机构表达争议的方式是异议和质疑。《中华人民共和国政府采购法》规定投标人向招标人和招标代理机构表达争议的方式是质疑。异议和质疑的本质意义没有区别。

投标人提出异议或质疑应注意以下事项。

a．投标人的异议和质疑要在一定的时间内提出。招标文件的异议和质疑，应该在招标文件发出后、投标截止日之前提出；对招标过程违法行为的异议和质疑，应该在违法行为发生后的最短时间内提出；中标结果的异议和质疑，应该在中标结果公布以后提出。《中华人民共和国政府采购法》还规定了投标人提出质疑的具体时限要求，即投标人认为招标文件、招标过程和中标结果使其权益受到损害的，应当在知道或应知其权益受到损害之日起7 个工作日内提出质疑。

b. 异议和质疑应由投标人或其他利害关系人提出。

c. 异议和质疑应该向招标人或招标代理机构提出。

d. 异议和质疑的对象可以是招标人、招标代理机构，或者其他投标人和利害关系人。

e. 异议和质疑应该采用书面形式，由投标人的法定代表人或其授权代表签字或加盖投标人单位公章。

f. 投标人应该在异议和质疑书中明确表明提出异议和质疑的事项、理由及对招标人和招标代理机构的要求。

g. 投标人应该对异议和质疑中举证内容的真实性负责，其提出的要求应当符合相关法律法规的规定。

h. 投标人不能滥用提出异议和质疑的权利，否则其行为可能因干扰招标投标活动正常秩序而受到行政监督部门的处罚。

② 投诉。投诉是指投标人及其他利害关系人认为招标投标活动不符合法律、法规和规章规定，依法向有关招标投标行政监督部门提出意见并要求相关主体改正的行为。投诉是《中华人民共和国招标投标法》和《中华人民共和国政府采购法》赋予投标人的行政救济手段。各招标投标行政监督部门是处理投诉的主体。

《机电产品国际招标投标实施办法》（商务部［2004］第13号令）中对于投诉使用的术语为"质疑"，但其本质意义与《中华人民共和国招标投标法》和《中华人民共和国政府采购法》中的投诉相同。

③ 协商。协商是招标投标争议双方在发生争议后，通过双方的沟通、协调，在互谅互让、平等友好、公平合理、利益补偿的原则基础上达成一致的争议解决方式。

④ 调解。调解是招标投标争议双方为解决争议而由第三方出面，通过调解和相互妥协解决争议的方式。

⑤ 仲裁。仲裁是指招标投标争议双方自愿将争议交给仲裁机构做出裁决，并负有自动履行义务的一种争议解决方式。这种争议解决方式必须是自愿的，因此争议双方必须达成仲裁协议。

⑥ 诉讼。诉讼是指招标投标争议的当事人依法请求人民法院行使审判权，审理当事双方之间发生的争议，做出有国家强制保证实现其合法权益，从而解决纠纷的审判活动。在招标投标活动中，若当事人未约定仲裁协议，争议发生后也无法达成仲裁协议，则只能以诉讼作为解决争议的最终方式。在招标投标活动中发生的所有民事争议都可以通过民事诉讼得到解决。

当事人提起民事诉讼，应按照《中华人民共和国民事诉讼法》的规定在诉讼时效内提出诉讼。

⑦ 其他表达民事争议的方式。随着我国法治建设的深入，投标人在权益受到侵害时拥有越来越多的救济途径。投标人除了以上几种表达和解决争议的方式外，还有以下几种方式可以选择。

a. 借助于招标人和招标代理机构的内部监督。内部监督包括招标人和招标代理机构上级单位对其招标行为的监督、招标人与招标代理机构单位的自我监督。目前大多数招标人和招标代理机构都建立了内部监督机制。投标人可以借助于这种内部监督机制，解决招标投标争议。

b．借助于其他部门的监督职能。除了招标投标行政执法监督部门外，具有招标投标活动相关监督职能的部门还有：监察机关、审计机关及中国共产党的纪律检查部门。

监察机关是指依法监察国家机关及其工作人员的行政机关。

审计机关是指依法负责审计监督的行政机关。

纪律检查部门是中国共产党专门负责监督党员行为的组织。

投标人在参加招标投标活动中，如果发现招标人和招标代理机构及其工作人员有违法、违纪行为的，可以选择向上述部门投诉和寻求帮助。

c．借助于行业协会的自律监督。我国招标投标行业已经建立了行业性组织——中国招标投标协会。协会通过建立招标投标行业自律机制、职业道德准则和行为规范，维护招标投标主体的合法权益。投标人可以借助于行业协会的自律作用，解决招标投标争议。

d．借助于社会舆论监督。招标投标活动是一项阳光工程。《中华人民共和国招标投标法》和《中华人民共和国政府采购法》都规定招标投标活动应该公开进行，并接受社会监督。其中，新闻媒体是实施社会舆论监督的有力武器。投标人可以充分利用各种媒体，依靠公众的力量监督招标投标活动，同时维护自己的合法权益。

（2）招标投标行政争议的解决方式。招标投标行政争议的解决方式有行政复议和行政诉讼两种。行政复议和行政诉讼制度是国家为了保护民事主体的权益而设置的行政和司法救济手段。招标投标民事主体可以充分利用行政复议和行政诉讼，充分保护自身权益。

①行政复议。招标投标争议的行政复议，是指招标投标的民事主体认为招标投标行政监督部门的行政行为违法，而向行政监督部门的本级人民政府或上一级主管部门提出要求重新处理的一种制度。

行政监督部门的本级人民政府或上一级主管部门是处理行政复议的主体。

②行政诉讼。招标投标争议的行政诉讼，是指招标投标中的民事主体认为招标投标行政监督部门和行政行为违法，向有管辖权的人民法院请求通过审查行政行为合法性的方式解决争议的一种制度。

有管辖权的人民法院是处理行政诉讼的主体。

5．表达和解决招标投标争议的程序

（1）属于招标文件、招标过程和中标结果争议的，《中华人民共和国招标投标法》和《中华人民共和国政府采购法》规定的投标人表达和解决争议的程序有所不同。

《中华人民共和国招标投标法》规定，发生招标投标争议时，投标人可以先通过提出异议（质疑）解决争议。如果提出异议（质疑）后争议不能得到解决，再采取投诉的方式。由于提出异议（质疑）不是投标人投诉的前置条件，投标人也可以不经异议（质疑）而直接采取投诉的方式。

《中华人民共和国政府采购法》规定质疑是投标人投诉的前置条件。当发生招标投标争议时，投标人必须首先向招标人和招标代理机构提出质疑。如果对招标人和招标代理机构的答复不满意或招标人和招标代理机构逾期未答复的，投标人才可以向行政监督部门投诉。

（2）属于招标过程其他民事侵权争议的，应按照"协商—调解—仲裁（诉讼）"的程序解决争议。争议双方应当优先选择协商和调解的方式解决争议，因为协商和调解是效率最

高、成本最低的争议解决办法。当协商和调解不能解决争议时，争议双方可以协商一致选择仲裁机构仲裁解决争议，也可以由一方当事人向人民法院提起民事诉讼。相对于诉讼，仲裁的时间较短、效率较高，争议双方应优先选择仲裁。

招标投标民事争议的表达和解决程序如图3.3所示。

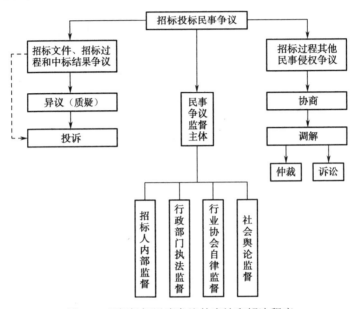

图 3.3　招标投标民事争议的表达和解决程序

（3）招标投标行政争议的解决程序如图 3.4 所示。

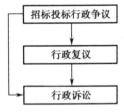

图 3.4　招标投标行政争议的解决程序

发生招标投标行政争议，民事主体可以首先提出行政复议，对行政复议结果不满意的再向人民法院提出行政诉讼；民事主体也可以不通过行政复议而直接向人民法院提出行政诉讼解决行政争议。但是，如果民事主体已经向行政复议机关提出行政复议申请，并且行政复议机关已经依法受理的，在法定行政复议期限内不得向人民法院提起行政诉讼。民事主体向人民法院提出行政诉讼，人民法院已经依法受理的，不得申请行政复议。

3.5.2　招标投标争议的预防和处理

招标投标争议大多数都是民事争议发生在先，然后可能发展成为行政争议。因此，避免民事争议的发生是预防招标投标争议的关键。

1. 招标投标民事争议的主要内容

招标投标民事争议的内容包括招标文件争议、招标过程争议、中标结果争议和招标过程其他民事侵权争议。

（1）招标文件争议。

招标文件是招标投标活动的规则，对招标投标双方均具有法律约束力，必须坚持公平、公正的原则，否则就会引起争议。招标文件争议主要包括以下内容。

① 招标文件以不合理的资格条件限制潜在投标人投标或明显倾向于个别投标人。

② 招标文件出现专有技术、专利产品、特定品牌等倾向性内容或技术规格明显有利于个别投标人产品。

③ 评标办法不科学、不公平。

④ 招标文件商务条款具有倾向性、歧视性或设置不合理。

⑤ 政府采购项目没有体现对于节能、环保产品和民族产业的优先和支持政策。

⑥ 招标文件有其他违法违规情形。

（2）招标过程争议。

招标过程争议包括从招标公告发出到中标结果公布之前的所有招标实施环节和实施步骤。招标过程争议主要包括以下内容。

① 公开披露信息内容及其方式的争议，具体包括对资格预审公告、招标公告、更正通知、中标结果等必须公开披露信息的发布媒体、公告（示）期、公告（示）内容等。

② 资格预审和招标文件发售的争议，包括发售时间、售价、购买的条件等。

③ 投标文件递交和开标过程的争议，包括投标文件递交时间和递交过程、投标截止时间、投标文件的密封情况、投标文件的开封过程、唱标内容和开标结果的确认等。

④ 评标过程的争议，包括评标委员会的组建方式、专家数量、专家回避情况、评标中的澄清和评审过程等。

⑤ 具体操作的争议，包括招标过程中工作人员的工作方式、服务态度等。

⑥ 招标过程其他环节的争议。

（3）中标结果争议。

中标结果争议一般包括以下内容。

① 没有按照招标文件规定的评标办法和评标标准评标。

② 对投标人实行区别对待。

③ 对评标中的事实认定错误。

④ 评标中的具体判定、评标价格和评标分数的计算错误等。

⑤ 招标人、招标代理机构、评委会成员及其他投标人在投标中有违法行为，影响中标结果。

（4）招标过程其他民事侵权争议。

招标过程其他民事侵权争议是指除招标文件争议、招标过程争议和中标结果争议以外与招标有关的其他各种民事侵权争议，包括以下内容。

① 投标人财产权受到招标人侵害（如无故延迟或拒绝退还投标人递交的投标保证金、无故拒绝兑现现应支付投标人的补偿金等）。

② 投标人知识产权受到招标人或其他投标人侵害，如招标人以某投标人的专利技术作为招标文件技术要求，其他投标人以某投标人专利技术投标，招标人未经许可擅自采用未中标投标人的技术成果。

③ 投标人签署合同的权利受到侵害（如投标人中标后招标人拒绝签订合同或要求对投标内容进行实质性修改的）。

④ 投标人或其他利害关系人在投标活动中损害其他投标人或其他利害关系人利益。

⑤ 其他民事侵权行为。

2. 招标投标争议的预防

招标人应从以下方面入手预防招标投标争议的发生。

（1）选择适当的招标组织形式。

招标组织形式有招标人自行招标和招标人委托招标代理机构招标两种。招标人如果自行组织招标，应当具有编制招标文件和组织评标的能力，并在招标前向有关行政监督部门备案。招标工作是一项专业性非常强的技术工作。为了减少招标投标争议的发生，招标人没有设立专门招标机构或没有足够数量具有招标职业资格或专职招标人员时，一般应当委托招标代理机构招标。

（2）尽量选择公开招标的采购方式。

《中华人民共和国招标投标法》规定，招标方式有公开招标和邀请招标两种。《中华人民共和国政府采购法》规定，政府采购方式有公开招标、邀请招标、竞争性谈判、询价和单一来源采购 5 种。对于依法必须招标和实行政府采购的项目，招标人必须按核准的招标方式进行招标；其他适合于公开招标的项目应尽量选择公开招标方式。采用公开招标方式，公开、公平、公正地规范实施招标的每个环节，是预防招标投标争议的主要措施。

（3）制定科学合理的招标工作计划和招标方案。

招标是一项时间程序要求很强的工作，每个招标环节都有其自身的工作内容和程序。招标人必须根据项目工期和采购进度，合理安排招标计划，科学制定招标方案。在招标程序和项目进度出现矛盾时，应当以招标程序符合法律法规为原则，绝不能为了满足项目进度的要求而牺牲招标程序的合法性。

（4）招标文件应充分体现公平公正原则。

① 投标人资格条件应该合理、适当。

a. 规定投标人应具备的资格必须符合有关规定和该项目合理需要，与招标项目无关的资格不应作为该项目投标人应该具备的资格条件。

b. 规定投标人必须拥有某种资格、资质证书时，应该明确颁发相应证书的机关名称和资格、资质等级标准及有效范围。

c. 国家行政机关根据行政许可设置和颁发的资格、资质证书可以作为投标人必须具备的资格条件。除行政机构之外的其他实体颁发的各类证书一般不宜作为投标人必须具备的资格条件。

② 投标人资格条件应该准确、清晰、无歧义，避免提出概念含混、模棱两可、无法衡量的要求。

③ 在满足项目要求的前提下，投标人资格条件的设置要尽量使足够数量的投标人具备条件参与投标竞争。

④ 政府投资和政府采购项目招标文件应按照国家相关法律法规体现对国内制造产品、节能环保产品、自主创新产品、中小企业和少数民族地区产业的扶持。

⑤ 招标文件不能出现与国家法律法规相冲突的规定。

⑥ 招标文件技术规格中不得出现专有技术、专利产品、特定品牌的要求。如果必须借

用专有技术、专利产品、特定品牌才能准确表达技术要求，那么应增加诸如"标明的专有技术、专利产品、特定品牌的字样只起说明作用，任何与其同等的技术均应被认为符合招标要求"的说明。

⑦ 招标文件应在专门的章节里规定判定废标（或无效投标）的标准。

⑧ 评标办法应尽可能对各项评审因素做出量化，评审因素不得具有不合理的倾向性规定。

（5）招标过程中应注意的事项。

① 招标人和招标代理机构应当按照《中华人民共和国招标投标法》等相关法律法规的规定实施招标投标的各个程序和环节，公平对待所有投标人，避免出现因招标程序不当造成对投标人利益的损害。

② 招标公告、中标公告等招标信息必须在法律法规规定的媒体上按规定的格式和内容刊登。

③ 严格遵守招标投标法律法规规定的时间程序要求。

④ 评标委员会的组成应该符合法律法规规定。

（6）评标过程中应注意的事项。

① 评标委员会必须按照招标文件规定的评标标准和评标方法进行评标。

② 招标人做出的无效投标和评标委员会做出的废标决定，一定要有充分的依据。这种依据只能是法律法规、政策和招标文件的规定。

③ 评标委员会应该客观公正地评标。评标的依据只能是招标文件、投标文件及相关法律法规。

④ 评标委员会成员在评标过程中不得与投标人及利害关系人联系。评标委员会对投标文件的澄清，应当以书面形式进行。

⑤ 不得要求或允许投标人利用澄清、说明或补正的机会，改变投标文件的实质性内容。

（7）评标完成后应注意的事项。

① 招标人必须依法确定中标人。

② 招标人应按照招标文件和中标人的投标文件订立书面合同，不得要求和允许中标人对投标内容做实质性变更，不得订立背离合同实质性内容的其他协议。

③ 招标人及其招标代理机构应及时退还投标人的投标保证金。承诺支付投标补偿金的应按照约定的时间和方式支付。

3．招标人及其招标代理机构对招标投标争议的处理

（1）投标人异议和质疑的处理。

招标人在招标活动中会接到投标人提出的异议和质疑。招标中出现异议和质疑并不代表招标活动出现了问题，招标人应该正确对待。

① 招标人接到投标人异议和质疑后，应该首先履行接收手续，向投标人书面出具接收证明，或者在投标人提供的回执上签字确认。

② 大多数异议和质疑都是由于投标人不了解全面情况或对一些问题发生误解造成的。招标人应当主动、耐心地向投标人澄清、说明，消除投标人的误解。

③ 如果投标人对招标文件和招标过程提出异议和质疑的问题确实存在，那么招标人应

当及时采取措施予以纠正，并答复投标人；如果经核实上述问题损害了投标人的权益，并且违反了相关法律法规或招标文件的规定，但招标人已经无法纠正的，那么招标人应主动向行政监督部门报告情况。行政监督部门将视情况做出重新招标或其他处理决定。

④ 投标人对评标结果提出的异议和质疑，招标人可以请评标委员会提出答复意见，然后根据评标委员会提出的答复意见答复投标人。如果投标人提出的问题属实，属于评标委员会的评标错误，评标委员会应纠正错误，并出具评标委员会意见；如果纠正错误导致改变中标结果，招标人应公示改变后的中标结果。如果行政监督部门对招标项目的中标结果实行备案或审批管理，那么招标人还应将评标委员会意见报行政监督部门备案或审批，然后再答复投标人，并公示纠正的中标结果。

⑤ 给投标人的答复应使用书面形式并在合理的时间内做出。政府采购项目的质疑答复应在收到质疑之日起7个工作日内做出。

（2）投诉的处理。行政监督部门负责招标投标的投诉处理。招标人应当配合行政监督部门处理投诉。招标人在配合行政监督部门处理投诉时，应该注意以下几点。

① 应该以理解的态度正确对待投标人的投诉。

② 招标人应当认真研究投标人的投诉事项，配合调查。原评标委员会成员应根据监督部门的要求配合调查。

③ 如果行政监督部门要求招标人在处理投诉期间暂停签订合同的，招标人应暂停与拟中标人的合同洽商。如果合同已经签订，那么应暂停合同的执行，等待投诉处理结果。

④ 招标人应当向行政监督部门如实提交处理投诉所需的所有招标投标的相关资料并报告有关情况。

⑤ 行政监督部门在处理投诉的过程中，招标人及其招标代理机构可以主动与投诉人联系，澄清、说明事实，沟通认识，消除误解。

⑥ 招标人及其招标代理机构对行政监督部门做出的投诉处理决定无异议的，应当执行行政监督部门的处理决定；招标人及其招标代理机构对行政监督部门做出的投诉处理决定有异议的，有权提出行政复议或行政诉讼。

3.6 招标投标的行政监督和行业自律

3.6.1 招标投标的行政监督

《中华人民共和国招标投标法》第七条规定，招标投标活动及其当事人应当接受依法实施的监督。有关行政监督部门依法对招标投标活动实施监督，依法查处招标投标活动中的违法行为；第六十五条规定，投标人和其他利害关系人认为招标投标活动不符合本法有关规定的，有权向招标人提出异议或者依法向有关行政监督部门投诉。据此，国务院有关部门和各级地方人民政府按照职责分工，依据《中华人民共和国招标投标法》及相关法律法规对招标投标活动实施监督管理，以维护和规范招标投标市场秩序，保护招标投标当事人的合法权益。

1．行政监督执法的主体和对象

《国务院办公厅印发国务院有关部门实施招标投标活动行政监督的职责分工意见的通知》（国办发〔2000〕第 34 号令）对国务院有关招标投标监督主体及其监督执法范围做出了原则规定，各地对招标投标监督也做出了相应规定。招标人、投标人、招标代理机构及有关责任人员、评标委员会成员等主体的招标投标行为均属于行政监督的对象。

《中华人民共和国政府采购法》第十三条规定，各级人民政府财政部门依法履行对政府采购活动的监督管理职责。其中政府招标采购工程及其有关的货物、服务的招标投标活动由招标投标监督部门监督执法。

2．行政监督执法的内容

招标投标具有严格的程序性，每项程序操作都可能会影响"三公"原则的贯彻。因此，应当依法对强制招标范围的招标投标活动的全过程实施监督，主要包括：

（1）项目招标内容范围、招标条件、招标方式和组织形式；

（2）招标公告内容和发布媒体；

（3）招标资格预审文件和投标人资格；

（4）招标文件及其评标标准和方法；

（5）投标、开标程序；

（6）评标委员会组成和评标；

（7）评标报告和中标人；

（8）合同的签订和履行。

此外，行政执法监督还包括受理招标投标活动的投诉举报、处罚违法行为，认定招标代理机构资格，指导和监督招标采购的职业队伍建设，电子招标平台建设，评标专家库建设以及招标投标信用体系建设等。

3．行政监督的方式

主要通过以下行政执法方式实现行政监督，包括行政审批、核准、备案、受理投诉、举报、行政复议、行政稽查、督查、调查统计、行政处罚、行政处分或移送司法审查等。

招标投标当事人对于行政主体违法侵权的具体行政行为，可根据有关法律，采用申请行政复议、提起行政诉讼等方式获得救济。

4．改革完善行政监督体制

目前招标投标的行政监督还存在职责范围交叉、分散，缺乏综合执法，监督规则、范围和方式不尽统一等问题。随着政府职能的转变，招标投标的行政监督体制也将进一步改革完善，招标投标监督的范围、内容、主体、环节、时间和方式等都有待进一步统一规范。

3.6.2　招标投标的行业自律

随着政府职能的不断转变，市场经济和招标投标运用的深入发展，招标投标主体形式复杂多样，其自我约束机制各不相同，招标项目种类繁多。单一的行政监督管理体制已难以满足有效维护复杂多变的招标投标市场秩序的需要，招标投标行业自律机制在维护和规范招标投标市场秩序中的作用就显得日益重要。

招标投标行业自律组织应结合行业实际情况宣传并贯彻国家法律政策，制定和实施行业自律规则、行为规范；组织开展企业和个人从业资格管理及素质培训教育；建立行业信用评价体系和信息系统，指导、评选和监督检查企业和个人的市场自律行为，激励诚信守法，惩处违规失信，从而倡导、培育全行业诚信守法、公正科学的职业文化；增强企业、个人主动、积极维护社会公共利益和行业全局、长远发展利益的自觉意识及凝聚力，构建形成全行业遵守招标投标市场秩序的内部有效制衡机制及企业、个人的自我约束力。

行业自律是建立健全现代市场机制不可缺少的主要组成部分，具有行政监督不可替代的重要作用。行业自律与行政监督对于维护和规范招标投标秩序的不同作用主要体现在 4 个方面。

1．作用的机理不同

行政监督是政府以法律政策为依据，采用行政规则、指令、检查、处罚等对招标投标主体行为实施的外部强制性约束。行业自律是招标投标主体及其从业人员在自律组织构建的内部制衡机制中产生的自我行为约束。

2．作用的层面不同

随着政府职能的转变，行政监督着重宏观、整体层面，主要对市场主体共性和突出的行为实施约束。而行业自律是将政府宏观监督层面落实到企业、个人微观监督层面，对所有企业及其从业人员的具体职业行为和产品进行监督约束。同时，行业自律组织可以为政府决策提供咨询服务，并协助政府加强行业统筹协调，依法维护行业整体和长远利益。

3．作用的形式不同

行政监督主要采用立法、执法、违法惩戒的方式制约招标投标主体行为。而行业自律主要采用制度引导、培训教育、告诫预防、沟通协调、监督检查、纠止控制、违规惩戒等手段全过程、多环节、多方式地约束招标投标主体行为。

4．作用的效果不同

行政监督行为具有强制性、权威性、威慑性，但面对宽泛、复杂、动态的市场主体及其市场行为往往针对性不强，操作性不强，时效性不够，行政监督执法的成本高、效率低。而行业自律可以充分借助社会监督的作用，尽早发现市场秩序存在的问题，同时针对市场和企业主体不同的实际情况，以及违法违规行为产生的原因，依据法律政策，及时采取指导、协调、检查、纠正并制定相应行业规则等自律措施，帮助企业、个人及时反映和有效解决有关诉求及诱发违规违法行为的相关问题。但是，行业自律又必须以行政和司法监督为支撑。行业自律与行政监督必须相互结合，互为补充，才能使宏观管理和微观管理相得益彰，有效维护和规范招标投标市场的秩序。

工程施工监理项目招标案例

某大型体育场馆位于某市北部体育中心区南部，西侧为 100 米宽的步行绿化广场，东侧为 6 800 平方米水域，北侧为北一路，南侧为南一路，总用地面积 160 478 平方米，建筑面积 126 802 平方米，绿地面积 41 163 平方米，建筑高度 67.71 米。该工程为特级体育建筑，地下结构为全现浇混凝土结构，地上主体结构为钢结构，设计使用年限 70 年，防火等级为一级。计划开工时间为 2005 年 8 月 1 日，计划竣工时间为 2007 年 12 月 1 日。总工期为 28 个月。

采用公开招标方式确定该项目工程施工监理人。

1. 资格预审

招标人编制了资格预审文件，其中的资格审查标准包括必要条件和附加条件。

（1）资格审查必要条件，如表 3.22 所示。

表 3.22 资格审查必要条件

序 号	审查因素	合 格 条 件
1	有效营业执照	境内企业：具有工商行政主管部门颁发的营业执照、法人条形代码证书；境外企业：在工商行政主管部门进行了有效注册，同时办理了市场准入
2	资质等级证书	建设行政主管部门核发的房屋建筑工程监理甲级资质
3	财务状况	有开户银行资信证明和符合要求的财务报表。近两年财务状况良好，企业无亏损，无工商、税务处罚情况发生
4	履约情况	无因投标申请人违约或不恰当履约引起的合同中止、纠纷、争议、仲裁和诉讼记录
5	企业业绩	企业近 5 年有两项及以上总建筑面积在 10 万平方米以上的大型公共建筑，两项吨位在 150 吨及以上的钢结构或网架的施工监理业绩
6	总监理工程师	具有建设行政主管部门颁发的注册监理工程师资格证书和注册证书
7	不良记录	近两年内没有受到建设行政主管部门的通报批评、处罚

（2）资格预审附加条件标准，如表 3.23 所示。

表 3.23 资格预审附加条件标准

序 号	审查因素	附加合格条件内容
1	总监理工程师	有高级工程师或高级经济师技术职称
2	总监理工程师的业绩	监理过 1 个体育场馆项目或近 5 年监理过 1 个总建筑面积在 10 万平方米以上的群体建筑，且其中包含屋面结构为钢结构或网架结构（用钢梁在 150 吨及以上）的群体建筑
3	总监代表	要求与总监理工程师相同
4	监理部人员构成	人员构成合理，证件齐全。至少包括建筑、结构、给排水、通风空调、电气、设备、预算、统计等专业监理工程师和监理旁站人员
5	检测设备	现场各种检测工具、设备配备齐全，完好

招标人于 2005 年 5 月 16 日在《中国建设报》、"中国采购与招标网"和该省政府政务服务中心网站上发布了招标公告。在规定的时间内，先后共有 6 家潜在投标人购买了资格预审文件。至 2005 年 5 月 26 日中午 12 时资格预审申请截止时间前，这 6 家潜在投标人均递交了资格申请文件。

招标人从政府建设行政主管部门组建的专家库中随机抽取了技术、经济专家 4 人，招标人代表 1 人，组成了资格审查委员会。经过审查，6 家资格申请人均符合资格预审文件中的资格审查标准，通过了资格审查。

招标人在规定的时间内，向 6 家通过资格审查的潜在投标人发出了资格预审合格通知书，邀请这 6 家监理企业投标。

2．招标文件

招标人组织了招标文件的编制，招标文件包括投标邀请书、投标人须知、评标办法、合同条款及格式、服务要求、其他辅助资料、投标文件格式等内容。其中专用合同条款的编写，除包含《建设工程监理规范（GB 50319—2013）》规定的监理服务内容外，又针对本项目的特点，补充了一些专门要求。

（1）监理单位必须针对本工程的情况，组建驻地监理机构。监理机构的人员配备原则：①专业配套，工程涉及的所有专业，必须由专业人员负责；②人员数量要适应监理工作的需要，包括总监理工程师、总监代表、土建结构、装修装饰、水、电（强、弱）、暖通、预算、安全管理和监理旁站等人员。

（2）监理人员必须持证上岗。总监理工程师必须持有建设行政主管部门颁发的注册监理工程师和注册证书，并具有高级职称，有担任总监理工程师的经历。专业监理工程师必须具有中级以上职称，必须通过了监理岗位培训。

（3）工程开工后至工程竣工验收前，总监理工程师或总监代表至少有 1 人常驻工地。总监理工程师在工地的时间不能少于 2/3，在监理本项工程期间，总监理工程师不得在其他项目兼职。

（4）视工程监理业务需要，委托人和监理人商定后认为需要委托人提供人员协助工作时，监理人应组织有关人员的技术培训，承担相应的监理责任等。

评标方法为综合评估法，其设定的评分标准如下。

（1）商务部分。评分标准如表 3.24 所示。

表 3.24　商务部分评分标准

序号	评标因素	标准分	评标标准		分值
1	企业信誉	5	ISO9000 认证	有	3
				无	0
			资信状况	良好	2
				不好或无资信证明	0
2	项目业绩	20	同等级工程业绩	≥4 个	10
				≥3 个	8
				≥2 个	6
			钢结构工程业绩	≥5 个	10
				≥3 个	8
				≥2 个	6
3	人员配备	25	总监理工程师	具有一级注册监理工程师证书	5
				不具有一级注册监理工程师证书	0

续表

序号	评标因素	标准分	评标标准		分值
4	人员配备	25	总监理工程师	近5年监理过150吨及以上钢结构或网架结构施工	5
				近5年无钢结构、网架结构监理经验	0
			专业配套	专业工种完全配套，其中人员有类似工程、钢结构工程监理业绩	5
				专业工种配套基本齐全	3
			职称年龄结构	配备人员数量合理，全部为高、中级职称，且年龄结构合理	5
				配备人员数量合理，以高、中级为主，老、中、青搭配合理	3
			注册监理工程师所占比例	50%以上	5
				40%~50%（不含50%）	3
				30%~40%（不含40%）	2
				30%以下	1
5	服务承诺	5	有承诺且较完善		5
			有承诺但完善程度一般		3
			无承诺		0
6	投标报价	10	报价在国家物价管理部门规定的收费范围内为有效报价，否则为废标。评标基准价=有效投标报价的算术平均数 投标报价等于评标基准价，得10分；每偏离评标基准价0.01个百分点扣0.5分；直至0分。		10

（2）监理大纲。评分标准如表3.25所示。

表3.25　监理大纲评分标准

序号	评标因素	标准分	评分标准	分值
1	质量控制	5	科学合理，有针对性	5
			方法可行，措施一般	3~4
			措施不力，方法不合理	0
2	进度控制	6	科学合理，有针对性	6
			方法可行，措施一般	3~4
			措施不力，方法不合理	0
3	造价控制	4	科学合理，有针对性	4
			方法可行，措施一般	2
			措施不力，方法不合理	0

序号	评标因素	标准分	评分标准	分值
4	合同和信息管理	4	科学合理，有针对性	4
			方法可行，措施一般	2～3
			措施不力，方法不合理	0
5	重点部位	10	重点突出，有对难点的解决方案	7～10
			在重点选择和对难点的解决方案上措施一般	3～6
			在重点不突出，无难点的解决方案	0
6	检测设备	3	检测设备齐全，完全满足工程检测要求	3
			检测设备的配置基本满足工程检测要求	1～2
			不配置检测设备	0
7	安全管理	3	考虑全面，有针对性，措施完善	3
			方法可行，措施一般	1～2
			措施不力，方法不合理	0

招标文件于 2005 年 6 月 1 发售。6 家通过资格审查的潜在投标人均购买了招标文件。招标人于 2005 年 6 月 6 日上午组织了现场踏勘，下午组织了投标预备会议，集中澄清了潜在投标人提出的各种问题。会后向购买招标文件的潜在投标人发出了招标文件澄清与修改。

3．开标

2005 年 6 月 25 日，6 家投标人均在投标截止时间前递交了投标文件，经过密封检查，均符合受理条件。上午 10 时，招标人在该省政府政务服务中心 3 楼第 4 会议室组织了开标。各投标人的报价均在国家物价管理部门规定的范围内。

4．评标与定标

评标工作于 2005 年 6 月 25 日下午—6 月 27 日举行。招标人于开标当日在该省综合性评标专家库中随机抽取了技术、经济专家 5 人，专业分别为建筑、建筑结构、钢结构、电气和造价专业；招标人代表 2 人，专业为工程管理和建筑经济，均具有高级工程师职称。

评标程序为：

（1）评标委员会专家签到，签署不存在需要回避情形的承诺书；

（2）评标委员会推选主任委员；

（3）评标委员会进行初步审查；

（4）评标委员会评审、比较监理大纲；

（5）评标委员会评审、比较商务标；

（6）投标文件的澄清、说明与补正；

（7）评标委员会完成并签署评标报告；

（8）评标结束。

投标文件均通过了初步审查，在详细审查过程中，监理大纲采用暗标方式进行评审，即评标开始前由招标人的纪检人员将监理大纲上投标人的名称、标志等内容隐去，编号后交由评标委员会评审。由于本工程主体结构为钢结构，评标委员会着重对各投标人配备的人员及业绩、监理大纲中的重点难点分析、"三控三管一协调"的具体措施等进行了认真审查，按照招标文件中的评标标准和方法，对投标文件进行了最后打分，分数汇总如表 3.26 所示。

表 3.26 分数汇总表

投标人名称	商务部分得分	监理大纲得分	最后得分	排序
投标人 1	58	30	88	3
投标人 2	60	29	89	2
投标人 3	60	31	91	1
投标人 4	54	28	82	5
投标人 5	56	31	87	4
投标人 6	55	26	81	6

招标人在定标过程中，详细审查了"投标人 3"的合同履约能力，特别是其配备的人员素质、业绩等内容，认为"投标人 3"具备履行本项目监理委托合同的能力，于是在 2005 年 7 月 2 日向"投标人 3"发出了中标通知书，同时告知其他投标人中标结果。

5. 合同签订

2005 年 7 月 15 日，招标人与中标人按照招标文件和其投标文件签订了工程监理委托合同协议书。该监理人按照其投标文件中配备的人、财、物组建了项目监理部，并在 2005 年 7 月 25 日进驻施工现场。

6. 招标体会

工程监理招标的重点是考核监理人业绩和拟派监理部成员执业资格、业务素质和类似项目监理业绩等。该项目招标有以下体会。

（1）在招标文件中，设置满足项目特点和需求的评标因素及标准，是实现招标结果的前提，而确定哪些评标因素属于招标关注重点则是一个难题。虽如此，分析项目设计特点和建设管理重点，无疑会对该项工作有所帮助。例如，本次招标确定的监理专业、人员要求、业绩要求，以及监理大纲评标因素中的重点部位和检测设备等，均为针对项目设计和管理特点提出的评标因素。实践表明，该类评标因素，对招标人选择符合项目特点及要求的监理人，确实起到了作用。

（2）选择适用于招标项目专业评价的评标专家，是招标组织中确保招标结果的重要保障。监理行业的评标专家基本上来源于监理企业。为防止外行评审内行，或者低水平的评审高水平的现象发生，依据招标项目技术、经济特点，确定符合项目评标需求的专业和专家，是保证评标结果，实现招标目标的重要保障。

货物评标综合评分法案例

1. 项目背景

某项目于 2014 年 6 月 5 日发布招标公告，采用国内公开招标采购网络设备，2014 年 6 月 5 日至 6 月 12 日发售招标文件，6 月 25 日 10 时为投标截止时间。在规定的发售时间内共有 8 家投标人购买了招标文件。

招标文件中除对投标人资质提出明确要求，还特别规定：每家代理商只能代理一家制造商设备，即每家制造商只能授权一家代理商投标。

招标文件规定的评标方法：对有效投标采用综合评估法评出投标人综合得分顺序，综合评价技术、商务和价格。3 部分权重分别为：技术部分权重为 50%；价格部分权重为 30%；商务部分权重为 20%。

在投标截止前，招标人收到 1 家投标人的书面声明：由于未得到制造商授权不再参与投标。

2．开标

截至 2014 年 6 月 25 日 10 时，共有 6 家投标人按时递交了投标文件；有 1 家投标人于10：02 到达，因迟交而被拒绝。招标人委托代理机构组织开标仪式，所有递交投标文件的6 家投标人均自愿出席。招标代理机构按招标文件规定进行开标和唱标并记录，如表 3.27所示。

表 3.27　开标记录表

序号	投标人名称	规格/型号/数量	投标价格（万元）	投标保证金	投标人声明
1	A	—	600	有	无
2	B	—	630	有	无
3	C	—	686	有	有：总价10%的折扣
4	D	—	465	有	无
5	E	—	430	有	无
6	F	—	370	有	无

3．评标

（1）初步评审阶段。

初步评审阶段首先审核投标文件的商务和技术有效性、完整性，判断和确定投标是否有效，并整理待澄清问题。

①　商务初步评审。判断各投标人的商务投标文件响应，包括是否提交投标函、法人授权书、投标一览表、分项报价表、合格的银行资信证明、合格的投标保证金、投标有效期是否满足要求，以及是否包含其他导致不得进入详细评审的商务条款。经检查，投标人 E的投标有效期为 60 天，不满足招标文件规定的 90 天要求，未通过商务初步评审。

②　技术初步评审。判断各投标人的技术投标文件响应的技术规格中，主要参数是否满足招标文件要求，技术规格中的响应与事实是否存在不符或虚假投标，业绩是否满足招标文件要求，是否复制招标文件的技术规格相关部分内容作为其投标文件的一部分，是否包含其他导致不得进入详细评审的其他技术条款。

经检查，投标人 B 由于业绩不满足招标文件要求而导致未通过技术初步评审。

综上，通过商务初步评审和技术初步评审并进入详细评审阶段的投标人有：A、C、D、F。

（2）详细评审阶段。

详细评审阶段继续深入审核比较投标文件中的各项指标的具体响应情况，完成问题澄清，并对投标人进行商务、技术和价格的详细评价打分。

① 澄清。招标文件规定详细评审阶段可以书面方式要求投标人对投标文件中含义不明确、同类问题投标文件不一致，或者有明显文字和计算错误的内容做必要的澄清、说明或补正。但需要注意，不允许投标人通过修正或撤销对投标文件进行实质性修改。本项目分别对投标人 A 和 D 做出如下技术澄清。

问题一：技术投标文件中第 9.6 款响应网络流量为 300kb，请澄清该数据是如何计算的。

问题二：技术投标文件第 2.3 款响应的接口配置与投标文件所附数据表中响应的接口配置表述不一致，请澄清。

评标专家通过对投标文件进行详细审阅和比较，并根据投标澄清结果，分别对商务、技术和价格进行详细评审和打分。

② 详细评审。

a. 商务详细评审：对投标人须知的响应情况（20 分）；对合同条款的响应情况（60 分）；商务履约能力（20 分）。商务评分统计表如表 3.28 所示。

表 3.28　商务评分统计表

评标成员	投标人			
	A	C	D	F
评委 1 评分	90	95	88	80
评委 2 评分	95	92	90	85
评委 3 评分	90	88	85	75
评委 4 评分	85	90	86	80
评委 5 评分	82	88	81	85
评委 6 评分	87	91	83	79
评委 7 评分	96	98	89	82
平均分	89	92	86	81
商务加权分	17.8	18.4	17.2	16.2

b. 技术详细评审：对技术规范书的响应情况（20 分）；技术参数指标（10 分）；产品工艺质量（10 分）；产品的运行评价（40 分）；产品的运行业绩（10 分）；投标商的售后服务（10 分）。技术评分统计表如表 3.29 所示。

表 3.29　技术评分统计表

评标成员	投标人			
	A	C	D	F
评委 1 评分	87	90	85	68
评委 2 评分	90	94	90	73
评委 3 评分	94	96	87	80
评委 4 评分	90	88	89	75
评委 5 评分	92	85	84	78

续表

评标成员	投标人			
	A	C	D	F
评委 6 评分	90	87	85	81
评委 7 评分	95	92	93	85
平均分	91	90	88	77
技术加权分	45.5	45	44	38.5

c. 价格详细评审。价格比较和评分表如表 3.30 所示。

表 3.30　价格比较和评分表

货币单位：万元

项目		投标人			
		A	C	D	F
报价	最终报价/开标价格	600	686	465	370
	算术修正值	0	0	20	0
	声明（如有无条件调价和折扣）	0	−68.6	0	0
	投标总价	600	617.4	485	370
价格调整	供货范围偏差	0	−10	−2	20
	技术服务费调整	−20	0	0	0
	其他的额外费用（如有）	0	0	0	0
	调整总和	−20	−10	−2	20
评标价格（投标总价+调整总和）		580	607.4	483	390
价格得分		67	64	80	100
价格加权分		20.1	19.2	24	30

评标价格折算成价格得分的方法：最低评标价格的投标人在价格部分得满分 100 分，其余各个投标人评标价格的得分计算公式为价格部分得分=（最低评标价/各投标人的评标价格）×100。

d. 综合评分及排序表，如表 3.31 所示。

表 3.31　综合评分及排序表

投标人	商务加权分	技术加权分	价格加权分	总分	排序
A	17.8	45.5	20.1	83.4	3
C	18.4	45	19.2	82.6	4
D	17.2	44	24	85.2	1
F	16.2	38.5	30	84.7	2

注：评委会推荐综合评估最优的投标人 D 为第一中标候选人。

下列表格为在招标投标流程中用到的文件，如表 3.32～表 3.46 所示。

表 3.32　工程投标函

（招标人名称）：

1. 我方已仔细研究了_____（项目名称）标段施工招标文件的全部内容，愿意以人民币（大写）元（￥_____）的投标总报价，工期_____日历天，按合同约定实施和完成承包工程，修补工程中的任何缺陷，工程质量达到_____。

2. 我方同意在自规定的开标日起____天的投标有效期内严格遵守本投标文件的各项承诺，在此期限届满之前，本投标文件始终对我方具有约束力，并随时接受中标。我方承诺在投标有效期内不修改、撤销投标文件。

3. 随同本投标函提交投标保证金一份，金额为人民币（大写）元（￥_____）。

4. 如我方中标：

（1）我方承诺收到中标通知书后，在中标通知书规定的期限内与你方签订合同。

（2）随同本投标函递交的投标函附录属于合同文件的组成部分。

（3）我方承诺按照招标文件规定向你方递交履约担保。

（4）我方承诺在合同约定的期限内完成并移交全部合同工程。

5. 我方在此声明，所递交的投标文件及有关资料内容完整、真实和准确。且不存在法律法规限制投标的任何情形。

6. _____（其他补充说明。）

投标人：_____（盖单位章）

法定代表人或其委托代理人：_____（签字）

地址：_____

网址：_____

电话：_____

传真：_____

邮政编码：_____

____年___月___日

表 3.33　工程投标函附表

序　号	条 款 名 称	合同条款号	约 定 内 容	备　注
1	项目经理			姓名
2	工期			日历天
3	缺陷责任期			
4	履约担保金额			
5	发出开工通知期限			
6	逾期竣工违约金			
7	逾期竣工违约金限额			
8	提前竣工的奖金			
9	提前竣工的奖金限额			
10	价格调整的差额计算		见价格指数权重表	
11	开工预付款			
12	材料、设备预付款			

续表

序　号	条 款 名 称	合同条款号	约 定 内 容	备　注
13	进度付款证书最低限额			
14	进度付款支付期限			
15	逾期付款违约金			
16	质量保证金百分比			
17	—			
18	最终付款支付期限			
19	保修期			

投标人：（盖单位章）

投标文件签署人签名：＿＿＿＿＿＿

表 3.34　价格指数权重表

名称		基本价格指数		权重			价格指数来源
		代号	指数值	代号	允许范围	投标人建议值	
定值部分				A			
变值部分	人工费	F_{01}		B_1	＿至＿		
	钢材	F_{02}		B_2	＿至＿		
	水泥	F_{03}		B_3	＿至＿		
	……	……		……	……		
合计						1.00	

表 3.35　工程投标保证金保函

＿＿＿＿＿＿＿（招标人名称）：

　　鉴于＿＿＿＿＿＿（投标人名称）（以下简称"投标人"）于＿＿年＿＿月＿＿日参加（项目名称）＿＿＿＿＿＿标段施工的投标，

＿＿＿＿＿＿（出具保函的银行名称，以下简称"我方"）无条件的、不可撤销的保证：投标人在规定的投标文件有效期内撤销或

修改其投标文件的，或者投标人在收到中标通知书后无正当理由拒签合同或拒交规定履约担保的，我方承担保证责任。收到你

方书面通知后，在 7 日内无条件向你方支付人民币（大写）＿＿＿＿＿＿元。

　　本保函在投标有效期内保持有效。要求我方承担保证责任的通知应在投标有效期内送达我方。

保函银行名称：＿＿＿＿＿＿（盖单位章）

法定代表人或其委托代理人：＿＿＿＿＿＿（签字）

地　　　址：＿＿＿＿＿＿

邮 政 编 码：＿＿＿＿＿＿

电　　　话：＿＿＿＿＿＿

传　　　真：＿＿＿＿＿＿

＿＿年＿＿月＿＿日

表 3.36 劳动力计划表

单位：人

工种	按工程施工阶段投入劳动力情况						

表 3.37 拟分包工程情况表

分包人名称		地址	
法定代表人		电话	
营业执照号		资质等级	
拟分包的工程建设项目	主要内容	预计造价（万元）	已做过的类似工程

表 3.38 正在施工的和新承接的工程情况表

项目名称	
项目所在地	
发包人名称	
发包人地址	
发包人电话	
合同价格	
开工日期	
竣工日期	
承担工作	
工程质量	
项目经理	
技术负责人	
总监理工程师及电话	
项目描述	
备注	

表 3.39 货物投标函

致：（招标人）

　　根据贵方为 (项目名称) 项目招标采购货物及服务的投标邀请 (招标编号)，签字代表 (姓名、职务) 经正式授权并代表投标人 (投标人名称、地址) 提交下述文件正本一份及副本____份：

　　1. 投标一览表

　　2. 投标分项报价表

3．货物说明一览表

4．技术规格偏离表

5．商务条款偏离表

6．按招标文件投标人须知和技术规格要求提供的其他有关文件

7．资格证明文件

8．投标保证金金额（金额和币种）

在此，签字代表宣布同意如下：

1．所附投标价格表中规定的应提交和交付的货物投标总价为____（注明币种，并用文字和数字表示的投标总价）。

2．投标人将按招标文件的规定履行合同责任和义务。

3．投标人已详细审查全部招标文件，包括____（补遗文件）（如果有的话）。我们完全理解并同意放弃对这方面有不明及误解的权力。

4．本投标有效期为自开标日起____（有效期日数）日历日。

5．投标人同意投标人须知中（第____条）关于没收投标保证金的规定。

6．根据投标人须知的规定，我方承诺，与买方聘请的为此项目提供咨询服务的公司及任何附属机构均无关联，我方不是买方的附属机构。

7．投标人同意提供贵方可能要求的与其有关的一切数据或资料。投标人完全理解贵方不一定接受最低价的投标或收到的任何投标。

8．与本投标有关的一切正式信函请寄：

地址：_____　传真：_____

电话：_____　电子邮件：_____

投标人代表签字：_____

投标人名称：_____

公章：_____

日期：_____

表 3.40　货物投标一览表

投标人名称：_____　国别：_____　招标编号：_____

序号	包号	货物名称	规格和型号	数量	制造商名称	投标货币	投标报价	投标保证金	交货期

投标人：（盖单位章）

投标代表签字：_____

表 3.41 货物投标保证金保函

开具日期：_____

致：（招标人）

本保函作为（投标人名称）（以下简称"投标人"）对（招标人或招标代理机构）（招标编号）的投标邀请提供（货物名称）的投标保函。

（出具保函银行名称）无条件地、不可撤销地具结保证本行、其继承人和受让人，一旦收到贵方提出的就下述任何一种事实的书面通知，立即无追索地向贵方支付金额为（金额和币种）的保证金：

1. 在投标有效期内，投标人撤回或修改投标文件；

2. 在收到中标通知后____日内，投标人未能与买方签订合同；

3. 在收到中标通知后____日内，投标人未能按招标文件规定提交履约保证金。

本保函自开标之日起（保函有效期日数）个日历日内有效，并在贵方和投标人同意延长有效期内保持有效。延长的有效期只需要通知本行即可。贵方有权提前终止或解除本保函。

出具保函银行名称：_____

签字人姓名和职务：_____

签字人签名：_____

银行公章：_____

表 3.42 货物投标分项报价表

投标人名称：_____ 招标编号：_____

包号：_____

序号	名称	型号规格	数量	原产地和制造商名称	单价（注明装运地点）	总价	至最终目的地的运费和保险费
1	主机和标准附件						
2	备品备件						
3	专用工具						
4	安装、调试、检验						
5	培训						
6	技术服务						
7	其他						
总计							

投标代表签字：_____

注：如果不提供详细分项报价可视为没有实质性响应招标文件。

表 3.43 工程设计投标函

致：（招标人名称）

根据贵方_____设计方案招标项目的招标公告，招标编号为：_____，我方针对该项目的投标报价为：_____（大写）元人民币。并正式授权下属签字人_____（姓名和职务）代表投标人_____（投标人名称），提交招标文件要求的全套投标文件，包括：

1. 投标商务文件、投标经济文件及投标技术文件（投标设计文件）；

2. 投标保证金金额为：_____元；

3. 其他资料。

据此函，签字人兹宣布同意如下：

1. 经视察项目现场，且我方已详细审核并确认全部招标文件，包括修改文件（如有时）及有关附件。

2. 一旦我方中标，我方将组建项目设计组，保证按合同协议书中规定的设计周期____日历天内完成设计并提供相应的设计服务。

3. 如果招标文件中要求提供设计保险，我方将在签订合同后按照规定提交上述总价____%的设计保险作为我方的设计担保，如我方的设计出现规定不应出现的缺陷，招标人可依据此要求其进行赔偿。

4. 我方同意所提交的投标文件，包括本投标函，在____日内有效，在此期间内如果中标，我方将受此约束。

5. 除非另外达成协议并生效，你方的中标通知书和本投标文件将成为约束双方的合同文件的组成部分。

6. 我方声明：本投标人和本方案的设计师是本投标方案的真正作者。

7. 我们在此保证，本投标文件的所有内容均属独立完成，未经与其他投标人以限制本项目的竞争为目的进行协商、合作或达成谅解后完成。

8. 我方理解，贵方并无义务接受价格最低的投标报价，同时对中标结果不需要做出任何解释。

9. 其他补充说明_____。

本投标有关的一切正式往来信函请寄：

地址：_____邮编：_____

电话：_____传真：_____

法定代表人：_____（如投标人为联合体投标人，联合体各成员共同盖章）

授权代表：（印刷体姓名，并签字）_____

日期：___年___月___日

表 3.44　服务投标函附录

序号	条款名称	合同条款号	约定内容	备注
1	项目负责人			
2	投入服务人员数量		__人	
3	允许人员更换比例		__%	
4	赔偿限额		服务费总价__%	
5	服务期		__个月	
6	服务费支付期限		中期支付期限为__日，最终支付期限为__日	
7	动员预付费		合同价格的__%	
8	履约保证金		服务费的__%	
9	最低支付限额		__元	

投标人：（盖单位章）

投标文件签署人签名：_____

表 3.45　工程施工合同协议书

_____（发包人名称，以下简称"发包人"）为实施_____（项目名称），已接受_____（承包人名称，以下简称"承包人"）对该项目_____标段施工的投标。发包人和承包人共同达成如下协议。

1. 本协议书与下列文件一起构成合同文件：

（1）中标通知书；（2）投标函及投标函附录；（3）专用合同条款；（4）通用合同条款；（5）技术标准和要求；（6）图纸；（7）已标价工程量清单；（8）其他合同文件。

2. 上述文件互相补充和解释，如有不明确或不一致之处，以合同约定次序在先者为准。

3. 签约合同价：人民币（大写）_____元（￥_____）。

4. 承包人项目经理：_____。

5. 工程质量符合_____标准。

6. 承包人承诺按合同约定承担工程的实施、完成及缺陷修复。

7. 发包人承诺按合同约定的条件、时间和方式向承包人支付合同价款。

8. 承包人应按照监理单位指示开工，工期为_____日历天。

9. 本协议书一式_____份，合同双方各执一份。

10. 合同未尽事宜，双方另行签订补充协议。补充协议是合同的组成部分。

发包人：_____（盖单位章）

法定代表人或其委托代理人：_____（签字）

___年___月___日

承包人：_____（盖单位章）

法定代表人或其委托代理人：_____（签字）

___年___月___日

表 3.46　履约担保函

_____（发包人名称）：

鉴于_____（发包人名称，以下简称"发包人"）接受_____（承包人名称，以下简称"承包人"）于___年___月___日参加____（项目名称）____标段施工的投标。我方愿意无条件地、不可撤销地就承包人履行与你方订立的合同，向你方提供担保。

1. 担保金额人民币（大写）_____元（￥_____）。

2. 担保有效期自发包人与承包人签订合同生效之日起至发包人签发工程接收证书之日止。

3. 在本担保有效期内，因承包人违反合同约定的义务给你方造成经济损失时，我方在收到你方以书面形式提出的在担保金额内的赔偿要求后，在7天内无条件支付。

4. 发包人和承包人按招标文件合同条款约定的条款变更合同时，我方承担本担保规定的义务不变。

担保人：_____（盖单位章）

法定代表人或其委托代理人：_____（签字）

地　　　　址：_____

邮　政　编　码：_____

电　　　　话：_____

传　　　　真：_____

___年___月___日

如表 3.47 所示为招标组织程序。

表 3.47　招标组织程序

序号	工作名称		主要内容
1	招标公告或投标邀请书	公开招标	公开招标，应当发布招标公告。依法必须进行招标的项目的招标公告，应当通过国家指定媒介，如《中国日报》、《中国经济导报》、《中国建设报》和《中国采购与招标网》等发布。 招标公告应当载明招标人的名称和地址、招标项目的性质、数量、资金来源、资格条件、实施地点和时间、获取招标文件或资格预审文件的办法等事项
		邀请招标	邀请招标，招标人应当向 3 个以上具备承担招标项目的能力、资信良好的特定的法人或者其他组织发出投标邀请书。投标邀请书应当载明招标人的名称和地址、招标项目的性质、数量、资金来源、资格条件、实施地点和时间以及获取招标文件的办法等事项
2	资格预审文件或招标文件的编制		编制资格预审文件，应当载明资格预审的条件、标准和方法，一般包括资格预审公告、申请人须知、资格审查办法、资格预审申请文件格式、项目概况等内容。 编制招标文件，应当包括招标项目的技术要求、对投标人资格审查的标准、投标报价要求和评标标准等实质性要求和条件以及拟签订合同的主要条款。一般包括投标邀请书、投标人须知、评标标准和方法、合同条款及格式、技术标准和要求、投标文件格式等内容。 招标文件规定的各项技术标准应符合国家强制性标准。招标文件中规定的各项技术标准均不得要求或标明某一特定的专利、商标、名称、设计、原产地或生产供应者，不得含有倾向或者排斥潜在投标人的其他内容。如果必须引用某一生产供应者的技术标准才能准确或清楚地说明拟招标项目的技术标准时，则应当在参照后面加上"或相当于"的字样。 招标人可以要求投标人在提交符合招标文件规定要求的投标文件外，提交备选标方案，但应在招标文件中明示，并提出相应的评审和比较办法。招标人应当确定投标人编制投标文件所需要的合理时间。但是，依法必须进行招标的项目，自招标文件开始发出之日起至投标人提交投标文件截止之日止，最短不得少于 20 日。 招标人可以在招标文件中要求投标人提交投标保证金，一般不得超过投标总价的 2%，但最高不得超过 80 万元人民币。除现金外，投标保证金可以是银行出具的银行保函、保兑支票、银行汇票；政府采购货物与服务的，其投标保证金不得超过采购项目概算的 1%
3	资格预审文件或招标文件的发售		按招标公告或者投标邀请书规定的时间、地点出售招标文件或资格预审文件。自招标文件或者资格预审文件出售之日起至停止出售之日止，最短不得少于 5 个工作日。 招标文件可以通过信息网络或者其他媒介发布，通过信息网络或者其他媒介发布的招标文件与书面招标文件具有同等法律效力，但出现不一致时以书面招标文件为准。 对招标文件或者资格预审文件的收费应当合理，不得以营利为目的。对于所附的设计文件，招标人可以向投标人酌收押金；对于开标后投标人退还设计文件的，招标人应当向投标人退还押金。 招标文件或者资格预审文件售出后，不予退还。招标人在发布招标公告、发出投标邀请书后或者售出招标文件或资格预审文件后不得擅自终止招标
4	资格审查		资格审查主要审查潜在投标人或者投标人是否符合下列条件： ①具有独立订立合同的权利；②具有履行合同的能力，包括专业、技术资格和能力、资金、设备和其他物质设施状况，管理能力，经验、信誉和相应的从业人员；③没有处于被责令停业，投标资格被取消，财产被接管、冻结，破产状态；④在最近 3 年内没有骗取中标和严重违约及重大质量问题；⑤法律、行政法规规定的其他资格条件

续表

序号	工作名称	主要内容
4	资格审查	资格审查分为资格预审和资格后审。资格预审，指在投标前对潜在投标人进行的资格审查；资格后审，指在开标后评标委员会对投标人进行的资格审查。 采取资格预审的，应当在资格预审文件中载明资格预审的条件、标准和方法；采取资格后审的，应当在招标文件中载明对投标人资格要求的条件、标准和方法。招标人不得改变载明的资格条件或者以没有载明的资格条件对潜在投标人或者投标人进行资格审查。 经资格预审后，招标人应当向资格预审合格的潜在投标人发出资格预审合格通知书，告知获取招标文件的时间、地点和方法，并同时向资格预审不合格的潜在投标人告知资格预审结果。资格预审不合格的潜在投标人不得参加投标。经资格后审不合格的投标人的投标应作废标处理。 资格审查时，招标人不得以不合理的条件限制、排斥潜在投标人或者投标人，不得对潜在投标人或者投标人实行歧视待遇。任何单位和个人不得以行政手段或者其他不合理方式限制投标人的数量
5	现场踏勘	根据招标项目的具体情况，可以组织潜在投标人现场踏勘。潜在投标人依据招标人介绍情况作出的判断和决策，由投标人自行负责
6	招标文件的澄清与修改	对于潜在投标人在阅读招标文件和现场踏勘中提出的疑问，招标人可以书面形式或召开投标预备会的方式解答，但需要在招标文件要求提交授标文件截止时间至少15日前将解答以书面方式通知所有购买招标文件的潜在投标人
7	标底	项目需要编制标底的，编制过程和标底文件必须保密。标底由招标人自行编制或委托中介机构编制。一个工程只能编制一个标底
8	投标文件不予受理情形	投标文件有下列情形之一的，招标人不予受理： （1）逾期送达的或者未送达指定地点的； （2）未按招标文件要求密封的
9	开标	开标由招标人主持并公开进行，邀请所有投标人参加。开标时间应当为提交投标文件截止时间的同一时间，地点为招标文件中确定的地点。 招标人在招标文件要求提交投标文件的截止时间前受理的所有投标文件，开标时都应当众予以拆封、宣读开标，由投标人或者其推选的代表检查投标文件的密封情况，也可以由招标人委托的公证机构检查并公证；经确认无误后，由工作人员当众拆封，宣读投标人名称、投标价格和投标文件的其他主要内容。 开标过程应当记录，并存档备查
10	评标	评标由招标人依法组建的评标委员会负责。 依法必须进行招标的项目，其评标委员会由招标人的代表和有关技术、经济等方面的专家组成，成员人数为5人以上单数，其中技术、经济等方面的专家不得少于成员总数的2/3。上述专家应当从事相关领域工作满8年并具有高级职称或者有同等专业水平，由招标人从国务院有关部门或者省、自治区、直辖市人民政府有关部门提供的专家名册或者招标代理机构的专家库内的相关专业的专家名单中确定，其中政府投资项目的评标专家，须由政府相关部门组建的专家库中产生有下列情形之一的人员，不得担任评标委员会成员： （1）投标人或者投标人主要负责人的近亲属； （2）项目主管部门或者行政监督部门的人员； （3）与投标人有经济利益关系，可能影响对投标公正评审的；

序号	工作名称	主要内容
10	评标	（4）曾因在招标、评标以及其他与招标投标有关活动中从事违法行为而受过行政处罚或刑事处罚的评标委员会成员的名单在中标结果确定前应当保密。招标人应当采取必要的措施，保证评标在严格保密的情况下进行。任何单位和个人不得非法干预、影响评标的过程和结果。 评标委员会应当根据招标文件规定的评标标准和方法，对投标文件进行系统评审和比较。招标文件中没有规定的标准和方法不得作为评标的依据。 评标委员会可以要求投标人对投标文件中含义不明确的内容作必要的澄清或者说明，但是澄清或者说明不得超出投标文件的范围或者改变投标文件的实质性内容。 评标委员会完成评标后，应当向招标人提出书面评标报告，并推荐合格的中标候选人。国务院对特定招标项目的评标有特别规定的，从其规定
11	定标	招标人根据评标委员会提出的书面评标报告和推荐的中标候选人确定中标人，也可以授权评标委员会直接确定中标人。 在确定中标人前，招标人不得与投标人就投标价格、投标方案等实质性内容进行谈判。招标人不得向中标人提出压低报价、增加工作量、缩短完成期限、增加配件或者售后服务量以及其他超出招标文件规定的违背中标人意愿的要求，并以此作为发出中标通知书和签订合同的条件。 依法必须进行施工招标的项目，以及使用国有资金投资或者国家融资的其他招标项目，招标人应当确定排名第一的中标候选人为中标人；排名第一的中标候选人放弃中标、因不可抗力提出不能履行合同，或者招标文件规定应当提交履约保证金而在规定的期限内未能提交的，招标人可以确定排名第二的中标候选人为中标人。 排名第二的中标候选人因前款规定的同样原因不能签订合同的，招标人可以确定排名第三的中标候选人为中标人。 招标人可以授权评标委员会直接确定中标人，国务院对中标人的确定另有规定的，从其规定。 中标通知书对招标人和中标人具有法律效力。中标通知书发出后，招标人改变中标结果的，或者中标人放弃中标项目的，须依法承担法律责任
12	合同签订	招标人和中标人应当自中标通知书发出之日起 30 日内，按照招标文件和中标人的投标文件订立书面合同。招标人和中标人不得再行订立背离合同实质性内容的其他协议。 招标人不得直接指定分包人
13	履约担保	招标文件要求中标人提交履约保证金或者其他形式履约担保的，中标人应当提交；拒绝提交的，视为放弃中标项目。 招标人要求中标人提供履约保证金或其他形式履约担保的，招标人应当同时向中标人提供合同价款支付担保
14	投标保证金退还	招标人与中标人签订合同后 5 个工作日内，应当向中标人和未中标的投标人一次性退还投标保证金
15	招标结果报告	依法必须进行招标的项目，招标人应当自确定中标人之日起 15 日内，向有关行政监督部门提交招标投标情况的书面报告。 书面报告的内容： （1）招标范围；

序号	工作名称	主要内容
15	招标结果报告	（2）招标方式和发布招标公告的媒介； （3）招标文件中投标人须知、技术条款、评标标准和方法、合同主要条款等内容； （4）评标委员会的组成和评标报告； （5）中标结果。 必要时，招标人与中标人签订的合同需向有关行政监督部门备案
16	不得擅自 终止招标	招标人在发布招标公告、发出投标邀请书后或者售出招标文件或资格预审文件后不得擅自终止招标，否则，有关行政监督部门给予警告，根据情节可处 3 万元以下的罚款；给潜在投标人或者投标人造成损失的，应当赔偿损失

第四章

政府采购

知识目标

1. 了解政府采购的范围和管理方式
2. 了解政府采购的基本原则和特点
3. 了解政府采购的实施条件
4. 了解政府采购的组织方式

能力目标

1. 能够明确政府采购的方式
2. 能够明确政府采购的程序

本单元知识结构图

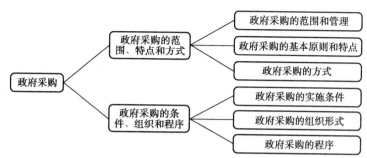

引导案例

政府采购评标组织与结果分析

某医院为事业单位编制，其手术室净化系统项目采购采用政府财政性资金。该医院按照国家相关法律法规的要求，委托具有采购代理资质的某代理机构采用公开招标的方式择优选择中标供应商。该代理机构于 2007 年 7 月 2 日在中国政府采购网发布招标公告。在规定时间内，共有 7 家投标人领取了招标文件。

招标文件中的评标办法为百分制打分法，其中报价得分=65×（1-I 投标报价-评标基准价 I/评标基准价）。这里，评标基准价=（所有报价之和÷供应商个数）×（1-3%）。

2007 年 7 月 10 日，采购人某医院发现图纸和设备清单需要更改，采购代理机构应采购人的要求分别给 7 家投标人发送了最新的图纸和设备清单。2007 年 7 月 23 日，该医院手术室净化系统项目举行开标、评标会议，由地方财政部门现场全程监督。评标委员会由省内拥有类似设备的医院推荐的 6 位资深专家组成，但未报有关财政部门备案。评标委员会在开标结束后对该项目所有投标文件进行了评审，在评审过程中，"投标人 1"和"投标人 2"的技术部分因没有响应招标文件的实质性要求作为废标处理。评标委员会推荐"投标人 3"作为本项目的中标供应商。中标结果在中国政府采购网公布。

指出此次招标过程是否存在问题，并说明原因。

此次招标中存在的问题如下。

（1）招标文件修改存在问题。采购代理机构对招标文件的修改不是在提交投标文件截止时间15日前，且对招标文件的修改没有在政府采购信息发布媒体上发布公告，发送修改资料时没有办理登记手续。《中华人民共和国招标投标法》第二十三条、《政府采购货物和服务招标投标管理办法》（财政部第［2004］第 18 号令）第二十七条规定，招标人对已发出的招标文件进行必要的澄清或修改的，应当在招标文件要求提交投标文件截止时间至少15 日前，以书面形式通知所有招标文件收受人。该澄清或修改的内容为招标文件的组成部分。

（2）评标委员会组成存在问题。该项目的评标委员会的专家产生方式不符合《政府采购评审专家管理办法》，应从财政部门设立的政府采购评审专家库中，通过随机方式抽取评标专家。在没有建立政府采购评审专家库的地区，采购机构按照规定确定评标专家后，应报财政部门备案同意。本项目评标专家没有报有关财政部门备案同意，不符合《政府采购评审专家管理办法》的规定。

评标专家人数不符合法律规定。《中华人民共和国招标投标法》第三十七条规定，评标委员会由招标人的代表和有关技术、经济等方面的专家组成，成员人数为 5 人以上单数，其中技术、经济等方面的专家不得少于成员总数的 2/3。

（3）对供应商报价评审公式不符合要求。《财政部关于加强政府采购货物和服务项目价格评审管理的通知》（财政部［2007］第 2 号令）规定，综合评分法中的价格分统一采用低价优先法计算，即满足招标文件要求且投标价格最低的投标报价为评标基准价，其价格分为满分。其他投标人的价格分统一按照下列公式计算：投标报价得分=（评标基准价/投标报价）×价格权值×100。

政府采购是指各级国家机关、事业单位和团体组织，使用财政性资金，依据《中华人民共和国政府采购法》及有关规定采购货物、工程和服务的行为。

4.1 政府采购的范围、特点和方式

4.1.1 政府采购的范围和管理

1. 政府采购范围

《中华人民共和国政府采购法》从采购主体、采购资金、采购类别、采购形式、采购地域等多方面，对政府采购的范围进行了界定。

（1）采购主体。政府采购活动中的采购主体包括各级国家机关、事业单位和团体组织。

（2）采购资金。采购人全部或部分使用财政性资金进行采购的，属于政府采购的管理范围。财政性资金包括预算资金、预算外资金和政府性基金。

（3）采购类别。政府采购标的范围包括货物、工程和服务，但政府采购工程进行招标投标的，适用《中华人民共和国招标投标法》。

（4）采购形式。政府采购是指政府以合同形式有偿取得货物、工程和服务的行为，包括购买、租赁、委托和雇佣等。

（5）采购地域。我国政府采购法律管辖的地域范围，是指在中华人民共和国境内从事的政府采购活动。

2. 政府采购的限额标准

政府采购的限额标准包括纳入政府采购管辖的最低限额标准和公开招标的标准，超过此标准就应依法纳入政府采购管理程序。

政府采购管辖的最低限额标准和公开招标限额标准，属于中央预算的政府采购的项目，由国务院规定；属于地方预算的政府采购项目，由省、自治区、直辖市人民政府规定。

《中华人民共和国政府采购法》实施以来，国务院办公厅公布的中央预算单位政府采购管辖的最低限额标准为：货物和服务单项或批量为 50 万元，工程为 60 万元；公开招标限额标准为：货物和服务单项或批量为 120 万元，工程为 200 万元。

3. 政府采购管理

各级人民政府财政部门依法履行对政府采购活动的监督管理。其中，政府采购工程的招标投标监督管理依据《中华人民共和国招标投标法》及其相应的监督管理规定执行。

4.1.2　政府采购的基本原则和特点

1．政府采购基本原则

政府采购具有公开透明、公开竞争、公正和诚实信用的原则。这与《中华人民共和国招标投标法》的原则是一致的，是建立和规范市场经济秩序的要求，也是由政府采购资金来源于社会公众并接受社会公众监督的特性决定的。

2．政府采购的特点

（1）政府采购资金来源的公共性。

一是政府采购的资金来源于政府财政收入，或者需要由财政资金进行偿还的公共借款，这些资金最终来源于公众的纳税、公共事业服务和其他公共收入；二是政府采购的目标具有公共性，即政府采购的产品或服务是为了向社会提供公共服务。

（2）政府采购的强制性。

为了规范政府采购行为，提高资金使用效益，维护国家利益和社会公共利益，我国颁布了《中华人民共和国政府采购法》及一系列相关法律法规。属于政府采购范围的项目采购计划、方案、程序、方式及其资金使用等，必须严格按照有关法律、法规组织实施和规范管理。

（3）政府采购的政策性。

政府采购有责任维护国家和社会公共利益，促进社会经济协调平衡发展，体现社会责任感。政府采购对于平衡社会有效需求和供给，推动经济产业结构调整升级，保护和扶持民族产业，促进地区经济发展，扶植中小企业发展，支持科技创新，支持环境生态保护和节约能源等社会经济公益事业都能发挥显著的促进作用。

（4）政府采购的经济性和非营利性。

政府采购活动必须遵循市场经济规律，追求财政资金使用效益的最大化。同时，政府采购活动不以营利为目标，而是以追求社会公共利益为最终目标。

4.1.3　政府采购的方式

《中华人民共和国政府采购法》规定了政府采购方式包括公开招标、邀请招标、竞争性谈判、单一来源采购、询价和国务院政府采购监督管理部门认定的其他采购方式。

1．公开招标

公开招标是指采购人以招标公告的方式广泛邀请不特定的供应商（或承包商，下同）参加投标。公开招标是政府采购的主要采购方式。

2．邀请招标

邀请招标是指采购人依法从符合相应资格条件的供应商中随机邀请 3 家以上供应商，并以投标邀请书的方式邀请其参加投标。

3．竞争性谈判

采购人邀请特定的对象谈判，并允许谈判对象二次报价确定签约人的采购方式。竞争性谈判是指采购人通过与符合相应资格条件不少于 3 家的供应商分别谈判，商定价格、条件和合同条款，最后从中确定成交供应商的采购方式。

主要适用于招标后没有供应商投标或没有合格的，或者重新招标未能成立的；技术复杂或性质特殊，不能确定详细规格或具体要求的；采用招标所需时间不能满足用户紧急需要的；不能事先计算出价格总额的 4 种情形。

竞争性谈判组织程序与内容如表 4.1 所示。

表 4.1　竞争性谈判组织程序与内容

序　　号	组织程序	主要内容
1	成立谈判小组	谈判小组由采购人的代表和有关专家共 3 人以上的单数组成，其中专家的人数不得少于成员总数的 2/3，专家应从事相关领域工作 8 年以上，具有本科及以上学历、高级技术职称或有同等专业水平。必要时，由采购人从政府相关部门组建的专家库中确定。与供应商存在利害关系的采购人员、谈判小组人员及相关工作人员须回避
2	编制谈判文件	谈判文件应当明确谈判程序、谈判内容、合同草案的条款及评定成交的标准等事项
3	邀请谈判供应商	从符合相应资格条件的供应商名单中确定不少于 3 家的供应商参加谈判，并向其发出谈判邀请书
4	发出谈判文件	向邀请的谈判供应商发出谈判文件
5	接收谈判申请文件	接收在申请截止时间前递交的谈判申请文件
6	谈判	谈判小组逐一与供应商进行谈判。在谈判中，任何一方不得透露与谈判有关的其他供应商的技术资料、价格和其他信息
7	最终报价	谈判结束后，要求所有参加谈判的供应商在规定时间内进行最终报价
8	评估报告	谈判小组完成书面的评估报告，确定成交候选人名单及签订合同应注意的事项
9	确定成交供应商	采购人从谈判小组提出的成交候选人中确定成交供应商。属于政府采购项目的，采购人须根据符合采购需求、质量和服务相等且报价最低的原则确定成交供应商，发出成交通知书，并将结果通知所有参加谈判的未成交的供应商
10	合同签订	采购人在发出成交通知书 30 日内，按照采购文件确定的事项与成交供应商签订书面合同
11	合同备案	必要时，采购人与成交供应商在签订合同后的 7 个工作日内，将采购合同副本报行政监管机构备案

4．询价

采购人邀请特定的对象一次性询价确定签约人的采购方式。采购人从符合相应资格条件的供应商名单中确定不少于 3 家的供应商，向其发出询价通知书让其报价，最后从中确定成交供应商的采购方式。

主要适用于采购标的的规格、标准统一，货源充足且价格变化幅度小的情况。

询价组织程序与内容如表 4.2 所示。

表 4.2 询价组织程序与内容

序 号	组织程序	主 要 内 容
1	成立询价小组	询价小组由采购人的代表和有关专家共 3 人以上的单数组成。其中专家的人数不得少于成员总数的 2/3，专家应从事相关领域工作 8 年以上，具有本科及以上学历、高级技术职称或有同等专业水平。必要时，由采购人从政府相关部门组建的专家库中确定。与供应商存在利害关系的采购人员、询价小组人员及相关工作人员须回避
2	编制询价通知书	询价通知书应当明确询价内容、程序及评定成交的标准等事项
3	邀请询价供应商	从符合相应资格条件的供应商名单中确定不少于 3 家的供应商参加询价
4	发出询价通知书	向邀请的询价供应商发出询价通知书
5	受理报价文件	受理在申请截止时间前递交的报价文件
6	询价	被询价供应商一次报出不得更改的价格
7	确定成交供应商	采购人从询价小组提出的成交候选人中确定成交供应商。属于政府采购项目的，采购人须根据符合采购需求、质量和服务相等且报价最低的原则确定成交供应商，并将结果通知所有被询价的供应商
8	合同签订	采购人在发出成交通知书 30 日内，按照采购文件确定的事项与成交供应商签订书面合同
9	合同备案	必要时，采购人与成交供应商在签订合同后的 7 个工作日内，将采购合同副本报行政监管机构备案

5．单一来源采购

单一来源采购是指采购人直接与唯一的供应商进行谈判，签订合同的采购方式。

主要适用于只能从唯一供应商处采购的；发生了不可预见的紧急情况不能从其他供应商处采购的；必须保证原有采购项目一致性或者服务配套的要求，需要继续从原供应商处添购，且添购资金总额不超过原合同采购金额 10%的 3 种情形。

单一来源采购程序与内容如表 4.3 所示。

表 4.3 单一来源采购程序与内容

序 号	工 作 名 称	主 要 内 容
1	采购	依据国家相关法律法规，采购人与供应商在保证采购项目质量和双方商定合理价格的基础上与供应商签订书面合同，进行采购
2	合同备案	必要时，采购人与成交供应商签订完合同后 7 个工作日内，将采购合同副本报行政监管机构备案

6．其他政府采购方式

其他政府采购方式是指国务院政府采购监督管理部门认定的除以上 5 种采购方式以外的其他政府采购方式。采购人依法选择使用。

4.2　政府采购的条件、组织和程序

4.2.1　政府采购的实施条件

政府采购项目及其资金计划必须编入年度政府预算，并经本级财政部门和人大审核批准方可实施。未编报政府采购实施计划的临时性采购项目或追加预算的采购项目，由采购人提出申请说明，经财政部门按照职责权限批准后，才能组织实施。

4.2.2　政府采购的组织形式

我国政府采购实行集中采购和分散采购相结合的组织形式。集中采购是政府采购的重要组织形式。集中采购分为集中采购机构代理采购和部门集中采购。对于《政府集中采购目录及标准》中的集中采购项目，必须统一委托依法设立的集中采购机构代理采购；对于《政府集中采购目录及标准》中的部门集中采购项目，由中央部门或地方部门实行部门集中采购。中央部门和地方部门的集中采购可以自行组织采购，或者委托代理机构采购。

分散采购是指采购《政府集中采购目录及标准》以外的，且为政府采购限额以上的采购项目。分散采购项目可以由采购人自行采购，也可以委托采购代理机构代理采购。

政府集中采购的范围。属于中央预算的政府采购项目，其集中采购目录由国务院确定并公布，属于地方预算的政府采购项目，其集中采购目录由省、自治区、直辖市人民政府或其授权的机构确定并公布。

4.2.3　政府采购的程序

1．确定采购需求

（1）政府采购预算。

政府采购预算是政府在一个年度内，为各预算单位实施采购的计划。它反映各预算单位年度采购项目及资金使用计划，是部门预算的组成部分，是开展政府采购的前提。

政府预算编制部门在编制下一财政年度部门预算时，单独列出该财政年度政府采购的项目及资金预算，并作为财政预算的一部分报本级财政部门汇总。

政府采购预算一般包括采购项目、采购资金来源、采购项目数量、规格和采购项目时间等内容。

（2）政府采购计划。

政府采购计划是财政部门对政府采购预算执行管理的一种方式，是政府采购工作的依据。政府采购计划对列入政府采购预算的采购项目，在采购组织形式、采购方式、政府采购资金实行直接拨付的范围、政府采购预算的补报及政府采购项目的调整程序等方面做出了具体规定。

财政部门负责政府采购预算和计划管理。政府采购计划一经批准确定，原则上不做调整，如遇特殊情况需要调整时，仍要按原报批程序审批。

（3）进口产品审核。

《中华人民共和国政府采购法》第十条规定，采购人应当采购本国货物、工程和服务，但是以下情形除外：

① 需要采购的货物、工程或服务在中国境内无法获取或无法以合理的商业条件获取的。

② 为在中国境外使用而进行采购的。

③ 其他法律、行政法规另有规定的。按照财政部《政府采购进口产品管理办法》和《财政部办公厅关于政府采购进口产品管理有关问题的通知》的规定，如果确实需要采购进口产品且符合以上除外情形时，开始采购前须向设区的市、自治州以上人民政府财政部门办理进口产品审核手续。

采购人报财政部门办理进口产品审核手续，应按规定格式填写《政府采购进口产品申请表》和相关证明材料。相关证明材料的要求根据进口产品的不同情况有所区别：

① 进口产品属于国家法律法规政策明确规定鼓励进口的，应出具国家关于鼓励进口产品的法律法规政策文件复印件。

② 进口产品属于国家法律法规政策明确规定限制进口的。由进口产品所属行业的设区的市、自治州以上主管部门出具《政府采购进口产品所属行业或采购单位主管部门意见》和专家组出具的《政府采购进口产品专家论证意见》；论证专家应在采购人以外的单位聘请，专家组由 5 人以上单数组成，其中必须包括 1 名法律专家。

③ 进口产品属于国家限制进口的重大技术装备和重大产业技术的，应当出具国家发展改革委的意见。

④ 属于国家限制进口的重大科学仪器和装备的，应当出具科技部的意见。

⑤ 属于其他进口产品的，由进口产品所属行业的设区的市、自治州以上主管部门出具《政府采购进口产品所属行业或采购单位主管部门意见》或专家组出具的《政府采购进口产品专家论证意见》。

采购进口产品的申请经财政部门批准后，才能采购进口产品。

2．确定采购组织形式

对《政府集中采购目录》中的采购项目实行集中采购。对《政府集中采购目录》之外的采购项目，达到政府采购限额标准的，实行分散采购；没有达到政府采购限额标准的，采购人可以采用《中华人民共和国政府采购法》以外的其他采购方式。

3．确定采购方式

（1）公开招标。

政府采购项目达到公开招标限额标准的，应采取公开招标方式采购。应公开招标项目因特殊需要而采用其他采购方式的，采购人应在采购活动开始前获得设区的市、自治州以上人民政府采购监督管理部门的批准。

（2）邀请招标。

当供应商数量有限或采用公开招标方式的成本费用占政府采购项目总价值比例过大而不值得时，可以采用邀请招标方式采购。

（3）竞争性谈判。

当出现以下情况时，采购人可以采用竞争性谈判方式采购：招标公告发出后没有足够的合格供应商投标；重新招标未能成立；技术复杂、性质特殊，事先不能确定详细规格和具体要求，或者事先不能计算出标的价格总额的；招标所需时间不能满足采购人紧急需要。

（4）询价。

采购的货物规格、标准统一，现货货源充足且价格变化幅度小的政府采购项目，可以采用询价方式采购。

（5）单一来源采购。

符合以下条件之一的，采购人可以采用单一来源采购方式：采购项目只有唯一的供应商；发生不可预见的紧急情况不能从其他供应商处采购；必须保证原有采购项目的一致性或服务配套的要求，需要继续从原供应商处添购，且添购资金总额不超过原合同采购金额10%的。

凡未达到政府采购限额标准的项目，可以根据采购项目特点选择适当的采购方式。

4．组织采购活动

各种政府采购方式应遵循以下程序。

（1）采用公开招标和邀请招标方式的一般程序见本教材 3.4 节有关招标投标的基本程序，具体流程如图 4.1 和图 4.2 所示。

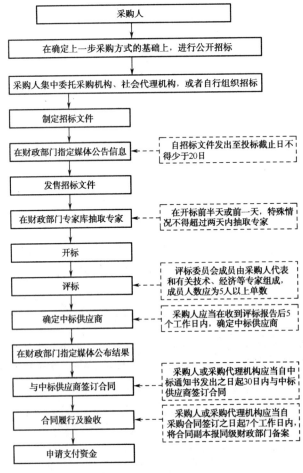

图 4.1　公开招标采购流程

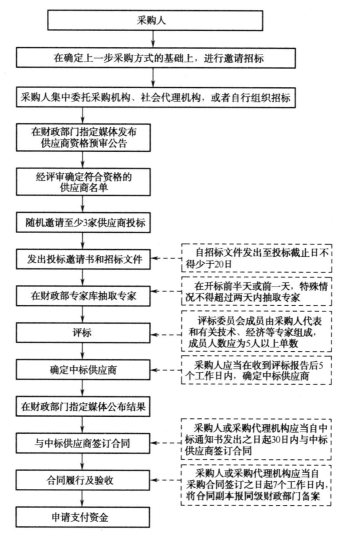

图 4.2 邀请招标采购流程

① 政府采购货物和服务的公开招标大多数采用资格后审方法。当投标人不足 3 家，或者通过评标，实质响应招标文件的投标人不足 3 家时，采购人及其采购代理机构应当报告财政部门，经财政部门批准后按照以下原则处理：a. 招标文件没有不合理条款、招标公告时间及程序符合规定的，采取竞争性谈判、询价或者单一来源方式采购；b. 招标文件存在不合理条款的，招标公告时间及程序不符合规定的，应予废标（招标无效），并重新招标。

② 邀请招标，应该从资格评审合格的投标人名单中采用随机抽取方式选择邀请 3 家以上的投标人。

政府采购项目公开招标和邀请招标如果出现以下特定的情形，应予废标（招标无效）：①符合专业条件的供应商或者对招标文件作实质响应的供应商不足 3 家的；②出现影响采购公正的违法、违规行为的；③投标人的报价均超过了采购预算，采购人不能支付的；④因重大变故，采购任务取消的。

政府采购项目的废标规定为采购人在特殊情况下保护公共利益和维护自身权益提供了

保障手段。废标后，采购人应当将废标理由通知所有投标人。

（2）采用竞争性谈判方式的程序包括：竞争性谈判前，采购人及其采购代理机构应根据采购特点和需求选好符合相应资格条件的候选供应商。供应商候选名单可以由采购人直接确定，也可以采用资格审查的方式确定。资格审查的具体程序如下：在财政部门指定媒体上发布资格预审公告，公布供应商资格条件；供应商按公告要求提交资格证明文件；对供应商资格进行评审，确定合格的供应商候选名单。然后，进入以下竞争性谈判程序，如图 4.3 所示。

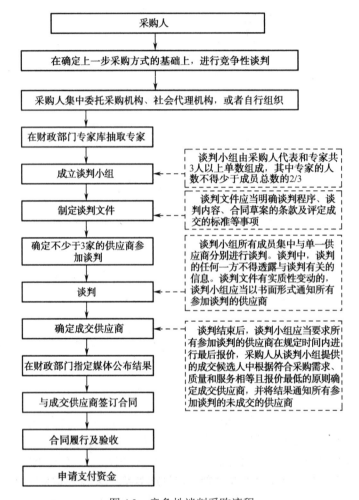

图 4.3　竞争性谈判采购流程

① 成立谈判小组。谈判小组由采购人的代表和有关专家共 3 个以上的单数组成，其中专家的人数不得少于成员总数的 2/3。专家应从财政部门设立的专家库中随机抽取。

② 制定谈判文件。谈判文件应明确谈判程序、谈判内容、合同草案的条款、评定成交的标准等事项。

③ 确定邀请参加谈判的供应商名单。谈判小组从符合相应资格条件的供应商候选名单中确定不少于 3 家供应商参加谈判，并向其发出谈判文件。

④ 谈判。谈判小组应给供应商合理的时间准备谈判。谈判应在谈判文件规定的时间和地点进行。谈判时，全体谈判小组成员集中，逐一与供应商分别谈判。谈判文件有实质性变动的，谈判小组应当以书面形式通知所有参加谈判的供应商。

⑤ 确定成交供应商。谈判结束后，谈判小组要求所有参加谈判的供应商在规定时间内进行最后报价。谈判小组对供应商最后报价由低至高进行排序后，向采购人推荐成交候选人。采购人根据符合采购需求、质量和服务相等且报价最低的原则，确定成交供应商。

⑥ 将成交结果通知所有参加谈判的供应商，并在财政部门指定的媒体上发布成交结果。

⑦ 向成交供应商发出成交通知书和签订采购合同。

（3）采用询价采购方式的程序包括：采购人及其采购代理机构在进行询价前应根据采购特点和需求选好符合相应资格条件的候选供应商。具体程序与竞争性谈判完全相同，不再赘述。然后，开始进入询价程序，如图 4.4 所示。

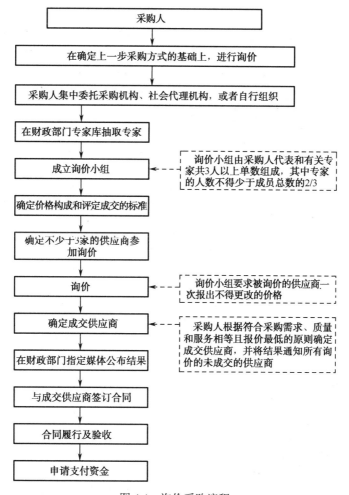

图 4.4 询价采购流程

① 成立询价小组。询价小组由采购人的代表和有关专家共 3 个以上的单数组成，其中

专家的人数不得小于成员总数的 2/3。专家应从财政部门设立的专家库存中随机抽取。

② 准备询价文件或询价通知书。准备询价文件或询价通知书应对采购项目的价格构成、报价要求和评定成交的标准等事项做出规定。

③ 确定被询价的供应商名单。询价小组从符合相应资格条件的供应商候选名单中确定不少于 3 家供应商参加询价。

④ 询价。询价小组向确定被询价的供应商发出询价文件或询价通知书，要求其报价；询价小组应给供应商合理的时间准备报价。

⑤ 报价。供应商提供报价文件或报价书，价格一次报出，不得更改。

⑥ 确定成交供应商。询价小组对供应商报价由低至高进行排序后，向采购人推荐成交候选人。采购人根据符合采购需求、质量和服务相等且报价最低的原则，确定成交供应商。

⑦ 将成交结果通知所有被询价的供应商，并在财政部门指定的媒体上公布成交结果。

⑧ 向成交供应商发出成交通知书，签订采购合同。

（4）采用单一来源采购方式的程序包括：采购人与单一供应商就采购合同涉及的事项进行直接谈判，在保证采购项目性能、质量和标准的前提下，合理商定合同价格及有关合同条件；在财政部门指定的媒体上公布采购结果；签订合同，如图 4.5 所示。

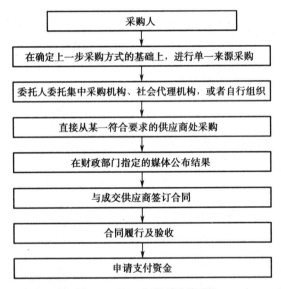

图 4.5　单一来源采购流程

5．采购合同的签订、履约和验收

采购人或采购代理机构应于中标、成交通知书发出之日起 30 日内，与中标或成交供应商签订书面合同，明确采购人和中标或成交供应商之间的权利和义务，并严格按照采购合同的约定履行。采购人应当在政府采购合同自签订之日起 7 个工作日内，将合同副本报同级政府采购监督管理部门和有关部门备案。

在政府采购合同履行中，采购人需要追加合同标的相同的货物、工程或者服务的，在不改变原合同其他条款的前提下，可以与供应商协商签订补充合同，追加与合同标的相同的货物、工程或服务，所有补充合同累积增加的采购金额不得超过原合同采购金额的 10%。

补充合同的副本也应报同级财政部门和有关部门备案。

政府采购合同执行完毕后，采购人或受委托的采购代理机构应该按照规定和要求组织合同履行情况的验收。采购人应组织验收小组，对供应商履约情况及合同执行结果进行检验和评估，大型或复杂的采购项目，采购人还应请专业机构参加验收。验收完成后，验收方成员应当在验收书上签字，并承担相应的法律责任。

6. 申请支付采购资金

政府采购履约验收后，采购人向财政部门报送合同履行报告等资料，申请支付采购资金。财政部门负责审核和支付资金。

政府采购合同价款的支付方式有国库直接支付和采购人支付。国库直接支付的，财政部门将采购合同价款直接付给供应商。

7. 政府采购文件的保存

采购人、采购代理机构应妥善保存政府采购文件，保存期限为从采购结束之日起至少15年。

政府采购文件包括采购活动记录、采购预算、采购人与采购代理机构签订的委托代理协议书、招标文件及其澄清文件、投标文件、评标标准、评标报告、定标文件、合同文本、验收证明、质疑和质疑答复、投诉处理决定等。

参考文献

[1] 李恒芳，廖小丽. 优秀采购员手册. 广州：广东经济出版社，2009.

[2] 赵立民. 外贸谈判策略与技巧. 北京：中国海关出版社，2009.

[3] 郝惠文. 采购主管必读手册. 深圳：海天出版社，2007.

[4] 龚国华，吴�����山，王国才. 采购与供应链. 上海：复旦大学出版社，2005.

[5] 李恒芳，廖小丽. 优秀采购员手册. 广州：广东经济出版社，2005.

[6] 尼尔伦伯格，谈判的艺术. 曹景行，陆延，译. 上海：上海翻译出版公司，1986.

[7] 顾海. 国外药品采购谈判实践及启示. 中国医疗保险，2011(09).

[8] 谷丽丽，王喜富. 一类大宗物料采购谈判定价模型研究. 物流技术，2010(07).

[9] 黄海涛. 高校设备采购谈判中的策略与技巧. 市场周刊（理论研究），2010(12).

[10] 董华平. 浅谈企业采购中商务谈判策略. 科技情报开发与经济，2007(22).

[11] 钟才培. 采购人员谈判入门. 中小企业科技，2005(05).

[12] 王蓁. 与零售商进行采购谈判常见问题的解决方式. 中小企业科技，2005(09).

[13] 杨守平. 商品采购谈判三要素. 商场现代化，2000(02).

[14] 胡欣新. 心智的较量——采购谈判中的技巧运用（一）. 经济工作通讯，1987(22).

[15] 弗雷德里克·E. 古尔德，南希·E. 乔伊斯，工程项目管理. 孟宪海，译. 北京：清华大学出版社，2006.

[16] 余建星. 工程项目风险管理. 天津：天津大学出版社，2006.

[17] 雷胜强，周昌明等. 简明建设工程招标投标工作手册. 北京：中国建筑工业出版社，2005.

[18] 李春亭，李燕. 工程招投标与合同管理. 北京：中国建筑工业出版社，2004.

[19] 戚安邦. 项目管理十大风险. 北京：中国经济出版社，2004.

[20] 邱菀华等. 现代项目管理导论. 北京：机械工业出版社，2002.

[21] 国际咨询工程师联合会，FIDIC 招标程序. 张永波，刘英，译. 北京：中国计划出版社，1998.

[22] 威廉姆斯，汉斯，风险管理与保险. 陈伟等，译. 北京：中国商业出版社，1990.

[23] 张维迎. 博弈论与信息经济学. 上海：上海三联书店，2004.

[24] 杰克·赫什莱佛，约翰 G. 赖利，不确定性与信息分析. 刘广灵，李绍荣，译. 北京：中国社会科学出版社，2000.

[25] 卞耀武. 中华人民共和国招标投标法释义. 北京：法律出版社，2000.

[26] 姚传志，张福来. 跨世纪的阳光工程. 北京：中国商业出版社，1999.

[27] 张守一. 现代经济对策论. 北京：高等教育出版社，1998.

[28] 张维迎. 博弈论与信息经济学. 上海：上海人民出版社，1996.

[29] 穆素娉等. 技术招标与投标. 北京：科学技术文献出版社，1989.

[30] 托马斯，对策论及其应用. 靳敏，王辉青，译. 北京：解放军出版社，1988.

[31] 张汉江，陈收，刘洋. 风险投资的分段最优激励合同. 系统工程，2001(01).

[32] 李保明，刘家壮. 效用函数与纳什均衡. 经济数学，2000(04).

[33] 李菊芳，李希平. 军品采购合同定价中的激励与风险. 军事经济研究，2000(08).

[34] 刘兵，张世英. 企业激励机制设计与代理成本分析. 系统工程理论与实践，2000(06).

[35] 曹均华，黄智猛，吴开兵，俞自由. 关于激励机制问题的研究. 系统工程理论方法应用，2000(01).

[36] 陈耀辉，孙春燕，景睿. 效用函数的数理分析. 重庆师范学院学报（自然科学版），1999(02).

[37] 鲁耀斌，张金隆，黎志成. 多激励合同定价中最优风险分担率的研究. 系统工程理论与实践，1999(05).

[38] 赵伟，廖良才，陈英武. 武器装备项目合同管理研究. 国防科技参考. 1999(02).

[39] 蒋洪浪，俞自由. 企业风险的内部监督——风险选择的激励机制. 上海交通大学学报，1998(12).

[40] 刘树林，汪寿阳，黎建强. 投标与拍卖的几个数学模型. 管理科学学报，1998(02).